读懂
中国优势

钟君 - 主编

人民东方出版传媒
东方出版社

抗击新冠肺炎疫情斗争取得重大战略成果,充分展现了中国共产党领导和我国社会主义制度的显著优势,充分展现了中国人民和中华民族的伟大力量,充分展现了中华文明的深厚底蕴,充分展现了中国负责任大国的自觉担当,极大增强了全党全国各族人民的自信心和自豪感、凝聚力和向心力。

目录
CONTENTS

绪 论
当代中国优势的彰显与验证　　/ 001

第一章
政治优势：
无比坚强的领导力　最可靠的主心骨　　/ 049
第一节　领导力爆棚的中国共产党　/ 052
第二节　抄作业都抄不好的西方政党　/ 081

第二章
体制优势：
集中力量　能办大事　　/ 091
第一节　什么是大事？　/ 093
第二节　合力战疫的中国　/ 097
第三节　"疫"盘散沙的西方　/ 110

第 三 章

价值优势：
人民至上　生命至上　　／ *131*

第一节　生命至上　　／ *133*
第二节　人民战争　　／ *139*
第三节　资本至上　　／ *150*
第四节　西式民主的破灭　　／ *161*

第 四 章

经济优势：
公有为基　公益托底　　／ *169*

第一节　公有制和国有企业的独特优势　　／ *171*
第二节　公益性 vs 市场化　　／ *184*
第三节　中国特色社会主义市场经济的韧性　　／ *192*
第四节　新自由主义政策与"疫"边倒的美国经济　　／ *203*

第 五 章

文化优势：
乐观团结　奉献牺牲　　／*207*

第一节　从中国人的精神基因说起　　／ *209*
第二节　集体自由 vs 个人自由　　／ *218*
第三节　实质公正 vs 形式公正　　／ *232*
第四节　新冠病毒 vs 政治病毒　　／ *240*

第六章

军队优势：
人民军队爱人民 / 251

第一节 人民军队不负人民 / 253
第二节 西方军队难堪大任 / 262

第七章

合作优势：
大国担当　和平共赢 / 271

第一节 再次拯救罗马的，不是白鹅 / 273
第二节 全人类抗疫的兵工厂 / 277
第三节 虚幻的共同体 / 283
第四节 人类命运共同体理念的三大制高点 / 297

附录 / 303

后记 / 331

绪论　INTRODUCTION

当代中国优势的彰显与验证

勤劳勇敢智慧的中国人民在几千年的劳动实践中对中国农作物生产和自然天气情况进行了记录，总结了农业生产和自然灾害的周期性和规律性，形成了口口相传的《地母经》，这对于预防瘟疫和灾害有独特的意义。据《地母经》记载，庚子年不是个好年景："诗曰：太岁庚子年，人民多暴卒。春夏水淹流，秋冬频饥渴。高田犹及半，晚稻无可割。秦淮足流荡，吴楚多劫夺。桑叶须后贱，蚕娘情不悦。见蚕不见丝，徒劳用心切。卜曰：鼠耗出头年，高低多偏颇。更看三冬里，山头起墓田。"2020年恰逢庚子，新冠肺炎疫情蔓延，南方洪水肆虐，貌似《地母经》关于庚子灾难的预言成真。然而，今天的中国已经不是1840年庚子那个被西方坚船利炮轰开大门挨打的中国，已经不是1900年庚子那个被八国联军大肆洗劫挨抢的中国，也已经不是1960年庚子那个遭受严重自然灾害挨饿的中国。历史车轮滚滚向前，时代潮流浩浩荡荡。2020年庚子的中国已经迎来了从站起来、富起来到强起来的伟大飞跃，迎来了实现中华民族伟大复兴的光明前景。面对新冠肺炎疫情、南方水患等风险与灾难，中国人民在中国共产党的领导下，保持定力，泰然处之，成功应对，中国优势得到实践验证和充分彰显。

历史是一面镜子。抗击新冠肺炎疫情的成功实践必将成为中国历史发展的里程碑事件，成为中国优势的历史缩影和时代验证。中国抗疫的成功实践折射出中国共产党领导的社会主义国家在治国理政、特别是风险治理方面的巨大优势，折射出中国特色社会主义的独特优势，折射出人类社会发展的历史趋势。经此一疫，我们更加清楚地认识到：中国共产党领导是中国特色社会主义制度的最大优势和中国特色社会主义最本质的特征，而中国特色社会主义则是当代中国的最大优势。

第一节　风险社会与世界百年未有之大变局

一

随着现代化和全球化的不断发展,在技术进步、生活富足和经济繁华的背后,全球金融危机、环境污染、资源枯竭、非典、新冠肺炎等风险与危机也在日益扩张。西方风险社会理论认为,在现代化的过程中,风险社会得以形成。风险不仅大量出现而且全球化了,比过去更难以被计算、管理或避免,与两极分化的财富分配逻辑不同,风险分配的逻辑是"人人平等",面对风险,人人无处可逃。尽管资产阶级力图将阶级重复转化为风险管理的技术议题,即将风险的总体性原因物化为一个社会学或经济学的实证问题,提出并形成了风险社会理论,但是马克思的辩证唯物主义和历史唯物主义作为认识世界和改造世界的科学思想武器,为认清风险和化解风险提供了思想指导,为研究风险社会打开了一扇更为深邃的窗户。秉承历史决定论和历史选择论辩证统一的唯物史观认为,风险社会是历史现象,既不是从来就存在的,也不会永远存在下去。风险不是从来就有的。在人类产生之前,自然灾害不能被称为风险。在人类产生之后,伴随着社会实践的开展,风险开始产生,但处于可控范围。只是在分工和私有制产生之后,随着阶级的产生,统治阶级的特殊利益和公共利益开始对立和分裂，实践后果二重性之间的平衡被打破，风险便不断产生。资本主义生产方式对资本增殖的无限向往是风险社会的现实根源，资本主义生产方式出现，世界市场的形成和全球化时代的到来，使风险日益成为全球性风险，如此风险社会才算真正形成。相对于片面强调工具理性的资本主义制度而言，坚持价值理性与工具理性相统一的社会主义制度则具有化解风险的安全性优势。

一、资本主义生产方式对资本增殖的无限向往是风险社会的现实根源

透过历史唯物主义的视野，风险社会的根源及其表现清晰可见。历史唯物主义认为，风险与人类实践相伴而生，它既不是从来就存在的，也不会永远存在下去。尽管历史唯物主义并没有提出风险社会的概念，但是全球风险社会的现实及其所带来的挑战并没有超出历史唯物主义的理论视野，这些问题完全能够在历史唯物主义的基本构架内得到合理的解释和说明。在历史唯物主义看来，整个社会发展的历史就是矛盾运动的过程，其本身就是充满风险，是不断爆发危机的过程。可以说，历史唯物主义从来都没有忽视过人类历史发展过程中无处不在的风险。马克思指出："在我们这个时代，每一种事物好像都包含有自己的反面……技术的胜利，似乎是以道德的败坏为代价换来的。随着人类愈益控制自然，个人却似乎愈益成为别人的奴隶或自身的卑劣行为的奴隶。甚至科学的纯洁光辉仿佛也只能在愚昧无知的黑暗背景上闪耀。"[1]

---

[1] 《马克思恩格斯选集》第1卷，人民出版社2012年版，第776页。

资本主义生产方式对资本增殖的无限向往是风险社会的现实根源。在历史唯物主义看来,科学技术的发展是生产发展的直接推动力,是推动社会历史进步的巨大杠杆。马克思指出:应当"把科学首先看成是历史的有力杠杆,看成是最高意义上的革命力量。"① 但在风险社会理论看来,科技工具理性的泛滥就是风险社会的根源。其实不然,在历史唯物主义看来,科技工具理性的泛滥不过是风险社会的直接成因,风险社会的根源在于其背后的资本躁动。资本存在的唯一目的就是实现自身的无限增殖,"资本害怕没有利润或利润太少,就像自然界害怕真空一样。一旦有适当的利润,资本就胆大起来。如果有10%的利润,它就保证到处被使用;有20%的利润,它就活跃起来;有50%的利润,它就铤而走险;为了100%的利润,它就敢践踏一切人间法律;有300%的利润,它就敢犯任何罪行,甚至冒绞首的危险"②。正是资本这种无限扩大利润的欲望,为了获取巨额的物质利益无视科学技术的无约束运用存在的各种风险,放纵并支撑了科技工具理性的泛滥。

资本主义生产方式以及由此衍生出来的消费主义、利己主义、新自由主义等社会思想打破了生产力改造自然能力和规避风险能力的平衡,即打破了生产力和"反生产力"的平衡,导致风险社会的产生。以极端个人主义(利己主义)为价值前提,以资本增殖为唯一目的的资本主义生产方式必然导致过度生产和过度消费。一方面,在资本主义条件下,过度生产成为必然。尽管资本主义生产方式曾经代表了先进的生产方式,曾经在历史上起过非常革命的作用,但资本主义生产方式支配下的生产实践活动是异化的,资本的本性在于无限增殖,生产只是实现这种

---

① 《马克思恩格斯全集》第19卷,人民出版社1963年版,第372页。
② 《马克思恩格斯文集》第5卷,人民出版社2009年版,第871页。

目的的根本手段和途径。生产的目的不是满足生产和发展的需要,而在于占有,就是片面追求物质财富。实践的风险后果并未因为物质财富的增加而得到有效的制约和限制;相反,为了节约化解风险(例如环境污染、核风险等)必须付出的成本来节省物质财富,实践的风险被故意忽视,风险后果被故意遮蔽。在资本主义条件下,只关注技术应用所能带来的利润增长,而不关注技术应用的风险后果。因此,维持社会必要的存在和发展的物质生产是有限的,为更大程度地占有而进行的生产却是无限的。基于对物质财富的无限欲望,无节制的过度生产成为必然,与之相伴而生的风险因为故意的忽视和遮蔽,也在无限放大。另一方面,除生产外,作为资本扩张和增殖的另一个逻辑支点,消费也被资本异化,过度消费成为必然。生产是资本得以增殖的源泉,消费则是资本增殖得以实现的最终途径和保证。如果没有消费,生产便不会转变为利润。于是,资本为了增殖,过度的生产转化为过度的消费,过度的消费反过来刺激过度的生产。在资本的逻辑中,生产和消费的关系在原有的意义上发生了根本性的颠倒:不再是为消费而生产,而是为生产而消费。"消费'在这里对生产进行了必要的逻辑性替代。"[①] 正是基于这样的逻辑性替代,消费主义开始泛滥,"消费社会"产生。在资本主导的消费社会里,消费需求是人为地创造出来的,人们消费的目的更多地开始满足心理的欲望,而不是生理的基本需求。很多消费需求既不是人类生存所必需的,也不是人类发展所必需的。消费主义的泛滥,把人们的生活方式由"好好过日子"转变为"过好好日子",使人们为了满足被资本创造出来的各种虚假需求和欲望,而时常处于痛苦和无聊之中。

---

① 【法】让·波德里亚:《消费社会》,刘成富、金志钢译,南京大学出版社2001年版,第66页。

由此,就可以理解为什么叔本华要感慨:人生就是一团欲望,欲望得不到满足就痛苦,欲望得到满足就无聊,人生就像钟摆一样在痛苦与无聊之间摇摆。

资本主义生产方式必然引发社会风险和社会危机。资本主义生产方式与风险社会之间这种内在的因果关系是资本主义自身所无法克服的,其根本原因在于资本主义基本矛盾的不可调和性和不可克服性。生产的社会化与资本主义私人占有制之间的矛盾是资本主义生产方式的基本矛盾。现代社会化的大生产与资本主义私人占有制的"不相容性"表现在以下两个方面:其一是"无产阶级和资产阶级的对立";其二是"个别工厂中生产的组织性和整个社会中生产的无政府状态之间的对立"。这种矛盾的突出表现,就是其周期性的经济危机。资本主义生产方式引发的社会风险正是通过资本主义经济危机表现出来的。正如马克思在《资本论》中所阐发的,资本主义为了利润而生产,为了生产而生产,为了消费而消费,必然导致规律性的生产过剩的风险,并最终引发以经济危机为主要表征的各种危机。

面对风险社会,既不能熟视无睹、掩耳盗铃,亦不能悲观失望、仰天长叹。我们应当看到,社会主义代替资本主义是一个长期的和艰巨的历史过程,在人类历史上,"无论哪一个社会形态,在它所能容纳的全部生产力发挥出来以前,是决不会灭亡的;而新的更高的生产关系,在它的物质存在条件在旧社会的胎胞里成熟以前,是决不会出现的"。[①]"两个决不会"原理揭示了人类社会历史发展的曲折性,承认社会主义的胜利和资本主义的灭亡并非一蹴而就,社会主义和资本主义之间存在长期共存的可能性,以及风险社会将长期存在的可能性。但更应当看

[①] 《马克思恩格斯选集》第2卷,人民出版社2012年版,第3页。

到,资本主义的生产关系是人类历史上最后一个对抗形式,资本主义必将被社会主义所代替。《共产党宣言》明确揭示,"资本主义必然灭亡,社会主义必然胜利"。这是马克思、恩格斯运用科学的世界观和方法论,考察人类社会发展的一般规律和资本主义社会发展的特殊规律得出的基本结论,是马克思和恩格斯对社会主义理论的最伟大贡献之一。"两个必然"揭示了社会主义必然代替资本主义这一人类社会历史发展规律和趋势,揭示了社会主义和资本主义的最终命运,揭示了历史发展的必然性,为人类社会的发展指明了方向。风险社会也必然会伴随着资本主义制度的灭亡而逐渐消亡。

二、世界百年未有之大变局是风险社会的直接表现

风险社会是资本主义生产方式所开创的世界历史条件下的产物,更是世界百年未有之大变局的直接表现。

只要有实践,就可能会有风险。但风险的存在并不一定意味着我们一定生活于风险社会。只有在历史成为世界历史,资本主义生产方式全球扩展的全球化时代,风险社会才得以形成。"资产阶级,由于一切生产工具的迅速改进,由于交通的极其便利,把一切民族甚至最野蛮的民族都卷到文明中来了。它的商品的低廉价格,是它用来摧毁一切万里长城、征服野蛮人最顽强的仇外心理的重炮。它迫使一切民族——如果它们不想灭亡的话——采用资产阶级的生产方式;它迫使它们在自己那里推行所谓的文明,即变成资产者。一句话,它按照自己的面貌为自己创造出一个世界。"[1]在资本主义生产关系(阶级利益对立的最

---

[1] 《马克思恩格斯选集》第1卷,人民出版社2012年版,第404页。

高形式）全球深度扩展的条件下，资本主义国家的各种风险也成为全球性风险。在全球化条件下，资本主义无法克服的内在矛盾由传统的资本主义企业内部的有序性与整个社会的无序性之间的矛盾，在全球范围内扩大为一国、一个区域或跨国企业内部的相对有组织性与资本在全球范围流动的无序性之间的矛盾。由此，原来在一国或一个区域内表现的风险现在转化、放大为全球的风险。在世界历史条件下，资本关系支配下的实践造就了对人类生存和发展形成根本威胁的各种全球性风险。由于资本关系的介入，资本无限增殖的本性打破了实践的两个方面后果——人类自由的发展与风险后果的威胁——之间的平衡，两个方面的孤立和分裂越发严重：一边是物质财富的极度增加，一边是全球性风险的根本性威胁，这就是我们正处于其中的全球性风险社会。[①]
20世纪80年代后，资本主义开始以新自由主义为遮羞布，鼓吹经济的自由化、市场化、私有化和全球化为核心的理论观点，宣扬在以私有化为基础的市场机制下，全球经济可以自由、和谐发展，资源可以充分高效利用，经济动力可以充分发挥。新自由主义反映了资本主义全球化的要求，是全球化资本的理论代言人。全球资本主义关系的发展重大后果就是全球风险社会的来临。在风险全球化的过程中，风险不但扩散到世界各地，更是叠加在一起，经济风险与政治风险叠加；物质风险与非物质风险叠加；人与自然方面的风险和人与人之间的风险叠加；物质生活方面的风险和精神生活方面的风险叠加。风险发展不再单纯是一种量的扩张，更是一种质的改变。风险的数量、类型和规模的扩散与叠加，使得全球性风险对人类的生存和发展形成了巨大威胁。

---

① 庄友刚：《跨越风险社会——风险社会的历史唯物主义研究》，人民出版社2008年版，第110页。

习近平总书记经常强调,领导干部要胸怀两个大局,一个是中华民族伟大复兴的战略全局,一个是世界百年未有之大变局。其中,世界百年未有之大变局就是世界资本主义制度由成熟走向衰落的必然过程,也是风险社会的直接表现。2017年9月20日,习近平总书记在主持中共十八届中央政治局第四十三次集体学习时明确指出:"时代在变化,社会在发展,但马克思主义基本原理依然是科学真理。尽管我们所处的时代同马克思所处的时代相比发生了巨大而深刻的变化,但从世界社会主义500年的大视野来看,我们依然处在马克思主义所指明的历史时代。"① 历史时代和历史阶段是唯物史观常用的两个时代概念。历史时代是广义的时代概念,是从生产力所决定的生产关系出发,以社会生产方式为标准对人类社会大的历史时代的判定。历史时代的性质由这个时代占主导地位的社会生产方式决定。历史阶段是狭义的时代概念,是指从特定角度对某个社会形态发展阶段的判定,例如资本主义自由竞争阶段、垄断阶段、帝国主义阶段,社会主义初级阶段等。我们必须清醒地认识到,尽管中国特色社会主义进入了新时代,中华民族迎来了从站起来、富起来到强起来的伟大飞跃,科学社会主义焕发新生机,趋向复兴,但我们仍处于社会主义初级阶段,社会主义仍然处于低潮;尽管资本主义趋向灭亡,但其生产方式仍在世界上占主导地位,因此,我们现在仍处于资本主义的历史时代。当前,我们既处在马克思主义所指明的由资本主义向社会主义过渡的这个大的历史时代,同时也处于列宁所说的帝国主义这个小的历史时期,还处于帝国主义由垄断的、寄生即腐朽的资本主义开始向垂死的资本主义过渡这个更小的历史阶段。可以说,这是以美国为代表的国际金融垄断资本遇到了百年以来前所未

---

① 《习近平谈治国理政》第2卷,外文出版社2017年版,第66页。

有的重大危机,是资本主义内部生产全球化与生产资料私人占有这一基本矛盾的总爆发。这必将带来风险社会的扩张和加剧,引发全球性的剧烈变化,使世界呈现百年未有之大变局,社会主义和资本主义这两条道路、两种制度的结构性矛盾将日益凸显,以和平演变为主要形式的意识形态斗争、以贸易摩擦为主要形式的经济斗争、以"颜色革命"为主要形式的政治斗争、以局部武装摩擦为主要形式的军事冲突等将愈加激烈。

当今人类处于资本主义社会形态占统治地位并逐步向社会主义过渡的大的历史时代。20世纪80年代末90年代初,国际局势风云变幻,苏联解体、东欧剧变,世界社会主义运动遭受严重挫折,所谓"民主化浪潮"席卷全球。面对社会主义低潮,中国不但把社会主义的旗帜举住了,而且举稳了。与之形成鲜明对照的是,近年来西方主要国家接连出现各种乱象,国家乌烟瘴气、政府狼狈不堪、民众怨声载道,西方道路遭到越来越多人的质疑和诟病。那些被迫接受西方道路的国家大都跌入了"民主陷阱",几乎没有成功的范例。当今世界的变局百年未有,生活在同一个地球村里的人们越来越成为"你中有我,我中有你"的命运共同体,但殖民主义、霸权主义、零和博弈的思维方式依然根植于西方文明深处,少数西方资本主义发达国家依然试图用军事霸权、金融霸权乃至文化霸权树立所谓的"国际准则",维系其主导地位。新中国成立后,面对帝国主义的重重封锁,从坚持"打扫干净屋子再请客"到提出和平共处五项原则,再到提出"两个中间地带"和"三个世界"战略思想,我国确立和奉行独立自主和平外交政策,向世界作出了"永远不称霸、永远不搞扩张"的庄严承诺,得到越来越多的国家认同,走出了一条和平发展的新路。党的十八大以来,面对霸权主义和强权政治依然存在、保护主义和单边主义不断抬头、战乱恐袭和饥荒疫情此伏彼现、传统安全和非传统安全问题复杂交织的严峻形势,习近平总书记顺应时代要求和各国加快发展的愿望,继承和发展了马克思主义共同体思想,向全世界提出推动构建人类命运共同体的中国方案,提出"一带一路"重大倡议,传承与发展了中华民族千百年来与不同国家文明交流、互鉴、和平共存的伟大传统,占据国际道义制高点,在世界范围内彰显了中华民族热爱和平、推动发展、共享机遇、共谋大同的民族优势,中国也逐渐成为化解全球风险的中坚力量。

第二节　战疫中被验证的中国优势

一

新冠肺炎疫情的全球肆虐是风险社会的重要表现,世界各国防控新冠肺炎疫情的不同策略更是世界百年未有之大变局背景下各国价值取向、社会制度和综合国力的具体体现。中国打赢新冠肺炎疫情防控阻击战的成功实践,充分说明中国特色社会主义在应对风险和挑战方面具有独特优势,中国特色社会主义就是当代中国的最大优势。2020年9月8日,习近平总书记在全国抗击新冠肺炎疫情表彰大会上指出:"抗击新冠肺炎疫情斗争取得重大战略成果,充分展现了中国共产党领导和我国社会主义制度的显著优势,充分展现了中国人民和中华民族的伟大力量,充分展现了中华文明的深厚底蕴,充分展现了中国负责任大国的自觉担当,极大增强了全党全国各族人民的自信心和自豪感、凝聚力和向心力,必将激励我们在新时代新征程上披荆斩棘、奋勇前进。"[①]

面对史无前例的新冠肺炎疫情,以习近平同志为核心的党中央审

[①] 习近平:《在全国抗击新冠肺炎疫情表彰大会上的讲话》,《人民日报》2020年9月9日。

时度势、运筹帷幄、沉着应对，领导和指挥全党全军全国各族人民坚定信心、同舟共济、科学防治、精准施策，打响了疫情防控的人民战争、总体战、阻击战，在保持政治稳定和社会安宁的同时，仅用两个月就基本阻断了新冠肺炎疫情的本土传播，经济社会秩序加快恢复。在这场同严重疫情的殊死较量中，中国人民和中华民族以敢于斗争、敢于胜利的大无畏气概，铸就了生命至上、举国同心、舍生忘死、尊重科学、命运与共的伟大抗疫精神。世界卫生组织总干事谭德塞表示，中国展现的领导力和政治意愿值得其他国家学习。尽管中国为世界赢得了抗击疫情的宝贵时间和经验，但是以美国为代表的西方国家面对疫情，社会矛盾"疫"点就着，陷入了疫情失控、制度失灵、管理失效、社会失序、经济失速、人民失业、种族失和的混乱局面，所谓的资本主义"制度优势"荡然无存。中国和西方国家的疫情防控形势形成鲜明对照，中国特色社会主义制度优势充分彰显，中国优势在中国人民有效应对新冠肺炎疫情的实践过程中得到充分验证。

一、党领导一切，党旗在防控疫情斗争第一线高高飘扬，为抗击疫情提供坚强的政治保证，彰显中国特色社会主义的政治优势

中国共产党所具有的无比坚强的领导力，是风雨来袭时中国人民最可靠的主心骨。党的十九大报告指出："中国特色社会主义最本质的特征是中国共产党领导，中国特色社会主义制度的最大优势是中国共产党领导。"① 中国抗击疫情的显著成效是对这一命题的最新也是最好的注解。党

---

① 习近平：《决胜全面建成小康社会　夺取新时代中国特色社会主义伟大胜利——在中国共产党第十九次全国代表大会上的报告》，人民出版社 2017 年版，第 20 页。

集中领导、统一指挥、凝心聚力的政治优势,是做好党和国家各项工作的根本保证,是战胜一切困难和风险的"定海神针"。疫情发生以来,党中央统揽全局、果断决策,以非常之举应对非常之事。党中央坚持把人民生命安全和身体健康放在第一位,第一时间实施集中统一领导,中央政治局常委会、中央政治局召开21次会议研究决策,领导组织党政军民学、东西南北中大会战,提出坚定信心、同舟共济、科学防治、精准施策的总要求,明确坚决遏制疫情蔓延势头、坚决打赢疫情防控阻击战的总目标,周密部署武汉保卫战、湖北保卫战,因时因势制定重大战略策略。成立中央应对疫情工作领导小组,派出中央指导组,建立国务院联防联控机制。习近平总书记果断决策、亲自指挥,为疫情防控领航掌舵、定调压舱。党中央印发《关于加强党的领导、为打赢疫情防控阻击战提供坚强政治保证的通知》,发出最强动员令。各级党组织和广大党员、干部,特别是基层干部坚决落实中央部署,力克形式主义、官僚主义,把打赢疫情防控阻击战作为最重大的政治任务,让党旗在防控疫情斗争第一线高高飘扬,把党的政治优势、组织优势、密切联系群众优势切实转化成疫情防控的强大优势。面对空前的疫情,十几亿人口的大国,水不停、电不停、暖不停、通信不停、物资供应不断、社会秩序不乱……只有中国,只有在中国共产党领导下,才能做到。中国共产党作为领导一切的最高政治领导力量,其总揽全局、协调各方的主心骨作用充分发挥,中国特色社会主义的政治优势充分彰显。

与此形成鲜明对照的是,部分西方国家却因为政党纷争走向政治极化,决策效率低下,丧失疫情防控的最佳时机。面对来势汹汹的疫情,美国民主党与共和党也未能携手抗击疫情,而是各怀鬼胎。由于民主党人的反对,共和党人的第三轮紧急经济援助计划在参议院2020年3月23日的程序性投票中未能达到60票的门槛,宣告失败。众议院民主党人随后抛出一项2.5万亿美元的替代性刺激计划,也遭到共和党人的反对。截至 4 月中旬，美国国会仍旧没有就下一步应该怎样应对疫情达成一致，民主党和共和党均表示不会放弃各自的提议，僵局进一步扩大。另外，在两党激烈党争的大背景下，由于美国重灾区的各州州长多为民主党人，由共和党主导的联邦政府和各州政府的合作也开始产生严重分歧。与此同时，美国的疫情愈演愈烈，截至 2020 年 12 月 19 日，人口约 3.3 亿的美国累计确诊病例已经超过 1788 万人，全世界累计确诊病例超过 7592 万人，而人口约 14 亿的中国累计确诊病例不到 10 万人。

二、全国一盘棋，集中领导、统一指挥、举国动员、形成合力，彰显中国特色社会主义制度集中力量办大事的体制优势

中国特色社会主义制度所具有的显著优势，是抵御风险挑战、提高国家治理效能的根本保证。坚持全国一盘棋，调动各方面积极性，集中力量办大事是中国国家制度和国家治理体系的显著优势之一。集中领导、统一指挥、举国动员，是打赢疫情防控阻击战的根本依靠。面对新中国成立以来传播速度最快、感染范围最广、防控难度最大的疫情，中国人民风雨同舟、众志成城，构筑起疫情防控的坚固防线。从武汉到湖北，从湖北到全国，在党中央统一指挥、统一协调、统一调度下，拧成一股绳、下好一盘棋，社会主义制度释放出强大的领导能力、应对能力、组织动员能力、贯彻执行能力，迅速转化为应对大风大浪、抵御风险挑战时的治理效能：武汉"封城"，人民解放军医护人员率先进入武汉，全国各地 42000 多名医务人员、180 多个医疗队陆续奔赴武汉、驰援湖北；动员各方力量夜以继日建设火神山、雷神山医院，分秒必争改造方舱医院，快速实现"人等床"到"床等人"；19 个省份对口支援湖北省除武汉市外的 16 个市州及县级市的救治和防控工作。最优秀的人员、最

急需的资源、最先进的设备千里驰援,在最短时间内实现了医疗资源和物资供应从紧缺向动态平衡的跨越式提升。全国各地启动重大突发公共卫生事件一级响应,联防联控、群防群控的防控体系得以建立,全国统一的应急物资保障体系迅速运行,形成了众志成城、抗击疫情的局面,疫情防控形势实现大逆转。及时将全国总体防控策略调整为"外防输入、内防反弹",推动防控工作由应急性超常规防控向常态化防控转变,健全及时发现、快速处置、精准管控、有效救治的常态化防控机制。

与此形成鲜明对照的是,部分西方国家缺少集中领导和统一指挥,中央政府推诿扯皮,地方政府各自为战,疫情防控混乱不堪。美国疫情暴发后,联邦政府和各州政府之间、各州政府之间在储备和采购医疗物资方面产生矛盾,相互抢夺医疗资源。联邦政府的指令形同虚设,各州自行其是,加利福尼亚等州因对联邦政府不满,联合起来公开对抗联邦政策。无独有偶,欧洲的比利时政治制度复杂,语言文化南北对立,基层—大区—中央三层政府互相掣肘,掌控各地区各部门卫生医疗资源的行政主管(卫生部长)多达九位,抗疫共识难以达成,战胜疫情的宝贵时机被白白浪费。

三、人民至上,把人民群众生命安全和身体健康放在第一位,应收尽收、应治尽治,彰显中国特色社会主义以人民为中心的价值优势

人民性是马克思主义最鲜明的品格。为人民谋幸福,是中国共产党人的初心。人民利益至上是中国特色社会主义制度的根本价值取向。习近平总书记反复强调,坚持以人民为中心,坚持全心全意为人民服务的根本宗旨,始终把人民放在心中最高的位置,始终为人民利益而

奋斗。生命重于泰山。面对疫情,以习近平同志为核心的党中央一开始就明确要求把人民群众生命安全和身体健康放在第一位。按照集中患者、集中专家、集中资源、集中救治原则,严格落实早发现、早报告、早隔离、早治疗措施,坚决做到应收尽收、应治尽治、应检尽检、应隔尽隔。不惜付出封城禁足、工厂停工、公共场所停业等一切代价防控疫情,全力以赴救治患者,不遗漏一个感染者,不忽略每一个病人,不放弃每一个生命,坚持中西医结合,费用全部由国家承担,最大限度提高了治愈率、降低了病亡率。与此同时,面对疫情突发对民生所带来的重大影响,各级政府坚持就业优先,积极保障"米袋子"和"菜篮子"供应,强化对困难群众的救助保障,关心关爱一线人员,为境外我国公民提供必要的防护指导、物资保障和交通支持,千方百计地保障中国公民的健康安全和工作生活,向留学生等群体发放"健康包",协助确有困难的中国公民有序回国。

与之形成鲜明对照的是,英国等部分西方国家面对疫情仍然秉持资本至上的价值立场,宁愿牺牲民众生命,也不愿意让资本利益集团为巨额防疫投入买单,甚至提出"群体免疫"策略,并将其美化为"更高级的人道主义",还计划让绝大部分人感染新冠病毒,通过牺牲部分人的生命,使大部分人获得抗体,最终获得群体免疫力。鼓吹"群体免疫"的背后,不过是社会达尔文主义的当代变种。社会达尔文主义作为西方国家人权理论的思想支柱,其人权本质上是建立在生产资料资本主义私有制基础上的资产阶级的特权、财产权,是资产阶级的剥削权、压迫权和掠夺权,是少数剥削者剥削多数被剥削者的人权。社会达尔文主义把人民受剥削受压迫说成是天经地义的事,是反人民的理论。"群体免疫"策略更是体现了西方资本主义制度的虚伪性和反人民性。

四、医保买单、财政兜底，物资充足、保障有力，彰显中国特色社会主义的经济优势

公有制为主体、多种所有制经济共同发展，按劳分配为主体、多种分配方式并存，社会主义市场经济体制等社会主义基本经济制度，为抗击疫情提供了强大的经济支撑，彰显社会主义优越性。公有制为主体保证国有经济掌握关系国计民生的关键领域和基础性行业，为中国共产党领导人民集中力量办大事提供坚实的物质基础。中建集团仅用十天时间，便建成了建筑面积 34000 平方米，可容纳 1000 张床位的火神山医院。中国石化针对口罩原材料短期紧缺的情况，迅速生产熔喷布，并全部定向供应制作口罩，不对企业和个人销售，防止中间商囤积投机倒把赚差价，有效缓解医疗物资供需矛盾，并且抑制了原材料价格的持续暴涨。社会主义市场经济体制既能发挥市场的决定性作用，又更好地发挥了政府作用，政府高效干预医用物资和民生物资的生产调度，为遏制疫情蔓延提供坚实物资保障。政府主导，确保医疗卫生、社会保障等基本公共服务真正体现公益性，公立医院在救治患者中发挥中流砥柱作用。对新冠肺炎患者实行免费救治，医保买单，财政兜底。据统计，确诊住院患者人均医疗费用达到 2.15 万元，重症患者超过 15 万元，少数危重症患者达到几十万元，甚至超过百万元，医保均按规定予以报销。面对严峻疫情，中国经济表现出巨大韧性，中国的股市、债市运作相对平稳，"米袋子"和"菜篮子"供应充足，水电气暖供应正常，疫情防控和复产复工在全球率先出现向好态势。党中央准确把握疫情形势变化，立足全局、着眼大局，及时作出统筹疫情防控和经济社会发展的重大决策，坚持依法防控、科学防控，推动落实分区分级精准复工复产，最大限度地保障人民生产生活。加大宏观政策应对力度，扎实做好"六稳"工作，全面落实"六保"

任务，制定一系列纾困惠企政策，出台多项强化就业优先、促进投资消费、稳定外贸外资、稳定产业链供应链等措施，促进新业态发展，推动交通运输、餐饮商超、文化旅游等各行各业有序恢复，实施支持湖北发展一揽子政策，分批分次复学复课。以更大的决心、更强的力度推进脱贫攻坚，支持扶贫产业恢复生产，优先支持贫困劳动力务工就业，防止因疫致贫或返贫。中国成为疫情发生以来第一个恢复增长的主要经济体，在疫情防控和经济恢复方面都走在世界前列，显示了中国强大的修复能力和旺盛的生机活力！

与之形成鲜明对照的是，部分西方国家受疫情影响出现了严重的经济衰退。美股在3月份连续4次出现熔断，而此前几十年美股只出现过1次熔断。截至4月第一周，美国首次申请失业救济的人数已经超过1600万。4月底有超过2000万人失业，全国失业率达到15%。更为严重的是，资本主义制度下医疗制度的伪福利性使很多人因为没有保险或保额不足根本不敢去医院看病。美国2018年有近2800万"非老年"的民众没有医疗保险，占总人口的近9%，加上因新冠肺炎疫情失业而失去医疗保险的1000万民众，美国目前有大约3800万民众没有医疗保险。独立的非营利性组织FAIR Health的调查显示，如果患者没有保险或选择了网络外（out-of-network）医疗机构看病，因新冠疫情到医院就诊的费用预计在42486—74310美元。对那些使用网络内医疗服务看病的患者，根据其保险分担费用的不同，自付费用将在21936—38755美元。

五、凝心聚力、众志成城，敢于牺牲、礼赞英雄，志愿奉献、友爱互助，彰显中国特色社会主义的文化优势

社会主义核心价值观、中华优秀传统文化所具有的强大精神动力，是凝聚人心、汇聚民力的强大力量。中国特色社会主义文化以马克思主义为指导，将中华优秀传统文化、革命文化、社会主义先进文化汇聚成中国人民万众一心战胜疫情的强大精神力量。中国人历来抱有家国情怀，崇尚天下为公、克己奉公，信奉天下兴亡、匹夫有责，强调和衷共济、风雨同舟，倡导守望相助、尊老爱幼，讲求自由和自律统一、权利和责任统一。在这次抗疫斗争中，14亿中国人民显示出高度的责任意识、自律观念、奉献精神、友爱情怀，筑起团结一心、众志成城的强大精神防线。面对疫情，全国人民众志成城、凝心聚力，响应号召、自觉隔离，武汉人民识大体、顾大局，闭门不出、支持抗疫。4万多名医护人员"不计报酬，无论生死"，白衣执甲、逆行湖北；基层社区工作者勇挑重担、甘于奉献；无数社会工作者、志愿者、快递小哥冲锋在前、无私奉献；全国广大共产党员踊跃捐款，截至3月26日，全国党员自愿捐款82.6亿元。中国人民把个人的生命体验与家国命运紧密相连，同声相应、同气相求、同命相依，用自己的实际行动展现了中国精神、中国价值、中国力量。与此同时，感恩救助、致敬生命、礼赞英雄之风蔚为大观。清明节，全国人民默哀3分钟，深切哀悼牺牲烈士和逝世同胞。各援鄂医疗队分批撤离湖北时，湖北人民阳台相送、街头鞠躬，人民警察列队敬礼、鸣笛开道，以最高礼遇送别英雄，落地后各地机场以民航界最高礼遇"过水门"的方式，迎接援鄂英雄凯旋。

与之形成鲜明对照的是，部分西方国家在疫情期间思想混乱，人心动荡。警察大规模"请病假"，医护人员罢工溃散，种族歧视加剧，

民众陷入恐慌。截至 3 月 24 日,纽约市有 2774 名警察请病假,占警员的 7.6%。美国密歇根州部分护士罢工呼吁增派人手,而医院方面却同意他们离职。意大利南部莱切省索莱托市一家暴发疫情的养老院,护理人员集体逃离,留下 87 名孤立无援的老人,致使多位老人不幸去世。

六、坚持群众路线,发挥基层党组织战斗堡垒作用,构筑群防群治抵御疫情的人民防线,彰显中国特色社会主义的治理优势

中国人民所具有的不屈不挠的意志力,是战胜前进道路上一切艰难险阻的力量源泉。群众路线是党的生命线和根本工作路线,贯穿于社会治理制度之中,转化为共建共治共享的治理效能,彰显着中国特色社会主义制度的治理优势。社区防控阵地是抗击疫情的两大阵地之一。我们党强化联防联控、群防群控,把群众发动起来,紧紧依靠人民,构筑起与疫情斗争的人民防线。各级党委(党组)充分发挥基层党组织战斗堡垒作用和共产党员先锋模范作用,把基层党组织和广大党员全面动员起来,发扬不畏艰险、无私奉献的精神,既当"守门员""疏导员",又当"跑腿员""宣传员",坚定站在疫情防控第一线。建立健全区县、街镇、城乡社区等防护网络,做好疫情监测、排查、预警、防控、物资发放和心理疏导等工作,加强联防联控、严防死守、不留死角,构筑群防群治抵御疫情的严密防线。激活社会多元治理主体的参与性、主动性和积极性,广大社区居民不但自觉服从管理,而且主动要求担任志愿者参与疫情防控,人民群众成为打赢疫情防控阻击战的主力军。疫情防控期间,社会安宁,秩序井然。抗疫期间,460 多万个基层党组织

冲锋陷阵，400多万名社区工作者在全国65万个城乡社区日夜值守，各类民营企业、民办医院、慈善机构、养老院、福利院等积极出力，广大党员、干部带头拼搏，人民解放军指战员、武警部队官兵、公安民警奋勇当先，广大科研人员奋力攻关，数百万快递员冒疫奔忙，180万名环卫工人起早贪黑，新闻工作者深入一线，千千万万志愿者和普通人默默奉献……

逆行英雄

与之形成鲜明对照的是，在疫情重压之下，部分西方国家治理失灵，社会动荡。不少美国人开始抢购物资甚至打砸商店引发暴乱，尤其是针对亚裔暴力事件频繁发生。美国民众除了抢购食物、卫生纸等生活必需品外，也开始疯狂购入枪支、弹药和防弹衣等商品。意大利27所监狱发生暴动，造成6人死亡，另有50人越狱。在疫情非常严重的情况下，法国仍然举行了大规模的抗议游行，西班牙仍然举行了妇女节大游行。匈牙利、捷克等国的枪支销量激增，越来越多人试图武装起来保护自己，担心疫情蔓延出现的严重物资短缺可能导致的法律和秩序瓦解。

七、人民军队为抗击疫情提供强力支撑，保证国家安全稳定，彰显中国特色社会主义党对人民军队绝对领导的独特优势

党对人民军队的绝对领导是党和国家的重要政治优势，更是中国特色社会主义制度的独特优势。面对严峻复杂的国际疫情和世界经济形势，人民军队不但为抗击疫情提供强大的人力和科技支撑，更保证着国家安全稳定，随时准备应对外部环境变化。疫情发生后，人民解放军在党中央和中央军委统一指挥下，牢记人民军队宗旨，闻令而动，勇挑重担，敢打硬仗，积极支援地方疫情防控。一声令下，全军4000多名医护人员火速驰援武汉，接管火神山医院，不但圆满完成医疗救治任务，而且实现"打胜仗、零感染"。军队的科研机构加紧开展对疫苗的科研攻关，驻鄂部队也组成运力支援队保障物资运输。与此同时，全军部队坚持抗疫不误战斗力，始终保持正规训练生活秩序和良好战备状态，海军组织辽宁舰航母编队跨区机动，航经宫古海峡、巴士海峡，到南海有关海域开展训练。

与之形成鲜明对照的是，在疫情期间，部分西方国家却因为军队缺乏政治信仰，疫情处理不当，出现战斗力下降乃至军人群体性抗命行为。美国海军因防疫分歧产生内讧，并引发舆论风波，四艘美军航母全部受疫情影响"趴窝"。在与病毒的遭遇战中，意大利、西班牙等欧洲各国军队不但不能作为主力军参与抗疫，反而因不少军人感染病毒而陷入危机，暂停或缩减了常规军事行动。

八、积极参与全球疫情防控，为世界赢得经验和时间，彰显中国特色社会主义构建人类命运共同体的国际主义优势

构建人类命运共同体所具有的广泛感召力，是应对人类共同挑战、建设更加繁荣美好世界的人间正道。秉承国际主义精神，积极参与全球治理，为构建人类命运共同体不断作出贡献是中国特色社会主义制度的显著优势。新冠肺炎疫情的全球蔓延再次表明，疫情无国界，人类是一个休戚与共的命运共同体。在应对这场全球公共卫生危机的过程中，构建人类命运共同体的迫切性和重要性更加凸显。习近平主席呼吁国际社会齐心协力、团结应对，携手打好新冠肺炎疫情防控全球阻击战。疫情暴发以后，中国以最全面、最严格、最彻底的防控举措，改变了疫情快速扩散流行的危险进程，也构建起了阻止疫情传播的第一道防线，不但为全世界抗疫积累了经验，更争取了时间。中国始终秉持人类命运共同体理念，同世界各国携手合作、共克时艰，为全球抗疫贡献了智慧和力量。中国本着公开、透明、负责任的态度，积极履行国际义务，第一时间向世界卫生组织、有关国家和地区组织主动通报疫情信息，第一时间发布新冠病毒基因序列等信息，第一时间公布诊疗方案和防控方案，同许多国家、国际和地区组织开展疫情防控交流活动 70 多次，开设疫情防控网上知识中心并向所有国家开放，毫无保留地同各方分享防控和救治经验。中国在自身疫情防控面临巨大压力的情况下，尽己所能为国际社会提供援助，宣布向世界卫生组织提供两批共 5000 万美元现汇援助，向 32 个国家派出 34 支医疗专家组，向 150 个国家和 4 个国际组织提供 283 批抗疫援助，向 200 多个国家和地区提供和出口防疫物资。从 3 月 15 日至 9 月 6 日，我国总计出口口罩 1515 亿只、防护服 14 亿件、护目镜 2.3 亿个、呼吸机 20.9 万台、检测试剂盒 4.7 亿人

份、红外测温仪8014万件,有力支持了全球疫情防控。① 中国的国际主义精神得到国际社会的高度评价。

　　与之形成鲜明对照的是,资本主义制度的虚伪性和狭隘性暴露无遗。以美国为首的部分西方国家置国际道义与责任于不顾,将病毒政治化,鼓吹"中国病毒论""中国隐瞒论""中国赔偿论""口罩外交论"等国际谬论,妄图"甩锅中国",破坏全球抗疫局面。美国甚至叫停了对世界卫生组织的资助。欧洲各国则各扫门前雪。意大利呼吁欧盟成员国援助,竟没有一个国家响应,反而是中国派出医疗专家组携带救援物资奔赴意大利。为缓解医疗资源紧缺的矛盾,各国甚至相互扣留医疗物资。

　　历史是最好的教科书。经此一疫,中国之治和西方之乱形成的鲜明对照、社会主义制度和资本主义制度显现的优劣高低必将进一步彰显中国特色社会主义的显著优势,更好地教育人民、激励人民,进一步增强"四个自信",为实现中华民族伟大复兴而努力奋斗。

---

① 习近平:《在全国抗击新冠肺炎疫情表彰大会上的讲话》,《人民日报》2020年9月9日。

第三节　中国优势的历史底蕴

中国抗击新冠肺炎疫情的成功实践,既是中国优势的验证,也是中国优势的缩影。江河万里总有源,树高千尺也有根。中国优势的形成有其深厚的历史底蕴。历史唯物主义认为,人们自己创造自己的历史,但是他们并不是随心所欲地创造,并不是在他们自己选定的条件下创造,而是在直接碰到的、既定的、从过去承继下来的条件下创造。当代中国最大的优势就是中国特色社会主义,中国特色社会主义是历史的结论、人民的选择,是科学社会主义理论逻辑和中国社会发展历史逻辑的辩证统一,具有深厚的历史底蕴。"万山不许一溪奔,拦得溪声日夜喧。到得前头山脚尽,堂堂溪水出前村"。习近平总书记曾经指出:"中国特色社会主义不是从天上掉下来的,而是在改革开放40年的伟大实践中得来的,是在中华人民共和国成立近70年的持续探索中得来的,是在我们党领导人民进行伟大社会革命97年的实践中得来的,是在近代以来中华民族由衰到盛170多年的历史进程中得来的,是在对中华文明5000多年的传承发展中得来的,是党和人民历经千辛万苦、付出各种代价取得的宝贵成果。得到这个成果极不容易。"[1]

---

[1] 习近平:《在新进中央委员会的委员、候补委员和省部级主要领导干部研讨班上的讲话》,《人民日报》2018年1月6日。

一、中华民族文明史奠定了中国的历史文化优势

人猿相揖别,筚路蓝缕。上下五千年,岁月峥嵘。日出东方,宅兹中国。制礼作乐,文以化人。汉唐气象,丝路华光。中华民族是世界上伟大的民族,创造了5000多年灿烂文明,傲然屹立于世界的东方。中华优秀传统文化是中华民族的"根"和"魂",是中华民族的突出优势,也是中国特色社会主义的文化之根、文明之源。5000多年连绵不断、博大精深的中华文化,包含着中华民族最根本的精神基因,是中华民族生生不息、发展壮大的丰厚滋养。纵观诸多古代文明,唯有中华文明一脉相承、从未中断。中华先祖在几千年前创造的文字,至今仍在使用,今天的汉字,同甲骨文没有根本区别;老子、孔子、孟子、庄子等先哲的价值观念,也一直延续到今天;各种历史文化典籍浩如烟海,其丰富和完备的程度没有任何一个国家可以相比;中国大一统的社会秩序和思想元素传承至今。在工业革命发生前的几千年时间里,中国经济、科技、文化一直走在世界的第一方阵之中,诸多伟大成就在中国古代文明史上不胜枚举。四大发明举世瞩目,天文、算学、医学、农学等多个领域硕果累累;古代丝绸之路和海上丝绸之路连通世界,影响深远,贡献巨大。

习近平总书记指出:"中国优秀传统文化的丰富哲学思想、人文精神、教化思想、道德理念等,可以为人们认识和改造世界提供有益启迪,可以为治国理政提供有益启示。"[①] 在几千年的历史演进中,中华民族历经原始社会、奴隶社会、封建社会,走出了一条多元一体、兼收并蓄、绵延不断的发展之路,形成了关于国家制度和国家治理的丰富思

[①] 《习近平关于社会主义文化建设论述摘编》,中央文献出版社2017年版,第143页。

想,包括大道之行、天下为公的大同理想,六合同风、四海一家的大一统传统,德主刑辅、以德化人的德治主张,民贵君轻、政在养民的民本思想,等贵贱均贫富、损有余补不足的平等观念,法不阿贵、绳不挠曲的正义追求,孝悌忠信、礼义廉耻的道德操守,任人唯贤、选贤与能的用人标准,周虽旧邦、其命维新的改革精神,亲仁善邻、协和万邦的外交之道,以和为贵、好战必亡的和平理念,等等。这些思想中的精华是中华优秀传统文化的重要组成部分,它们作用于国家制度、运用于国家治理,在历朝历代治乱兴衰中不断充实和发展。同时,中国在人类发展史上逐步形成了一整套包括朝廷制度、郡县制度、土地制度、赋税制度、科举制度、监察制度、军事制度等各方面制度在内的国家制度和国家治理体系,为周边国家和民族所学习和模仿。国家权力运行、人才选拔、社会管理、行政建制、廉政建设等一系列治国理政的制度也大放异彩。

二、中国共产党领导人民进行伟大社会革命的历史奠定了中国的政治优势和领导优势

习近平总书记指出:"中国特色社会主义最本质的特征是中国共产党领导,中国特色社会主义制度的最大优势是中国共产党领导。"[①] 中国共产党具有无比坚强的领导力,始终与人民心心相印、与人民同甘共苦、与人民团结奋斗,一直走在时代前列,是风雨来袭时中国人民最可靠的主心骨。

伴随着工业革命的号角和西方殖民主义的兴起,无数古老的国家和民族在极短的时间内被奴役甚至毁灭,面临"三千年未有之大变局",

---

① 《习近平谈治国理政》第 2 卷,外文出版社 2017 年版,第 43 页。

中华民族滑到了历史的低谷，陷入了亡国灭种的边缘。以1840年鸦片战争为转折，一度强盛的中国在世界风云突变的格局中沦落为帝国主义列强欺凌的对象，中国开始步入半殖民地半封建社会。中华民族到了最危险的时刻：战乱频仍、山河破碎、满目疮痍、积贫积弱、一穷二白、国势衰微。1840年至1949年的短短近110年间，西方列强就逼迫中国签订了1182个不平等条约，严重破坏了中国的领土、司法、关税、贸易、交通运输等主权。西方列强在中国领土上设立租界，强行驻军，扶植和收买代理人，开展经济掠夺和文化渗透，国家饱受欺凌，人民毫无尊严。无数仁人志士开始探寻救国之路。然而，资本主义道路没有走通，改良主义、自由主义、社会达尔文主义、无政府主义、实用主义、民粹主义、工团主义等，也都"你方唱罢我登场"，但都没能找到解决中国前途命运问题的出路。

事实证明，无论是农民阶级发起的农民运动、统治阶级内部的改良运动，还是资产阶级旧民主主义革命运动，都没有实现国家富强，民族复兴。徘徊中的中华民族迎来了一股"红流"，随着五四运动后中国工人阶级登上历史舞台，马克思主义开始在中国广泛传播，中国工人阶级的先锋队——中国共产党成立，并开始领导中国人民进行新民主主义革命的历史任务。在总结了大革命的失败后，以毛泽东同志为主要代表的中国共产党人深刻地认识到，党绝对不能放弃中国革命的领导权，得出了"枪杆子里面出政权"的真理，确立了党对人民军队的绝对领导，建立了革命根据地，领导中国人民走上了农村包围城市、武装夺取政权的革命道路。在毛泽东思想的指引下，中国共产党人领导中国工人阶级、农民阶级和最广大人民，以先进的思想、正确的路线、优良的作风、不畏牺牲的精神取得了抗日战争和解放战争的胜利，打倒了帝国主义、封建主义和官僚资本主义，推翻了国民党反动派的腐朽统治，建立中华人民共和国,实现了中华民族的独立自主,完成了新民主主义革命的历史任务。新中国成立后,以毛泽东同志为主要代表的中国共产党人,带领全党和全国各族人民,在迅速医治战争创伤,恢复国民经济的基础上,创造性地进行社会主义改造,建立起社会主义基本制度,完成了社会主义革命。党的十一届三中全会以后,我们党团结带领人民进行改革开放新的伟大革命,在社会主义道路、理论、制度、文化上进行了一系列革命性变革,破除阻碍国家和民族发展的一切思想和体制障碍,开辟了中国特色社会主义道路,开启了中国特色社会主义新时代,党的面貌、国家的面貌、人民的面貌、军队的面貌、中华民族的面貌发生了前所未有的变化,迎来了中华民族从站起来、富起来到强起来的伟大飞跃。

历史已经证明,中国共产党的历史就是一部领导人民持续进行伟大社会革命的历史,这一百年实践为中国奠定了坚强的政治优势和领导优势。正是因为有中国共产党领导、有全国各族人民对中国共产党的拥护和支持,中国才能创造出世所罕见的经济快速发展奇迹和社会长期稳定奇迹,才能成功战洪水、防非典、抗地震、化危机、应变局,才能打赢这次抗疫斗争。

三、新中国的奋斗史造就了中国的国力优势

70多年来,在中国共产党的领导下,新中国经济实力和综合国力大幅跃升,社会文明程度显著提升,国际地位空前提高。从贫困到温饱再到总体小康,中国人民的生活实现了历史性跨越。70多年前,旧中国百姓衣不遮体、食不果腹、命运多舛、颠沛流离,人民处于饥寒交迫、水深火热的凄苦境况。新中国成立之时,中国已然是世界上最贫穷落后的国家之一。新中国的诞生犹如磅礴的日出,一扫旧中国的沉沉黑暗,照

亮了人民幸福和民族复兴的崭新征程。新中国诞生70多年来,中国共产党紧紧依靠人民群众,彻底废除了列强强加给中国的不平等条约和一切特权,彻底摆脱了半殖民地半封建的社会形态,实现了真正意义上的民族独立,从根本上扭转了中华民族不断衰落的历史颓势,迎来了从站起来、富起来到强起来的伟大飞跃,引领中华民族走向伟大复兴。新中国创造性地完成了对农业、手工业和资本主义工商业的社会主义改造,确立了社会主义基本制度,完成了中华民族有史以来最为广泛而深刻的社会变革,建立起独立的、比较完整的工业体系和国民经济体系。

党的十一届三中全会胜利召开,中国特色社会主义道路得以开辟,经济建设成为中心,改革开放成为关键一招,生产力得到解放和发展,中国人民富了起来。改革开放40多年的伟大实践绘就了一幅波澜壮阔、气势恢宏的历史画卷,谱写了一曲感天动地、气壮山河的奋斗赞歌。40多年来,我们解放思想、实事求是,大胆地试、勇敢地改,干出了一片新天地。从实行家庭联产承包、乡镇企业异军突起、取消农业税牧业税和特产税到农村承包地"三权"分置、打赢脱贫攻坚战、实施乡村振兴战略,从兴办深圳等经济特区、沿海沿边沿江沿线和内陆中心城市对外开放到加入世界贸易组织、共建"一带一路"、设立自由贸易试验区、谋划中国特色自由贸易港、成功举办首届中国国际进口博览会,从"引进来"到"走出去",从搞好国营大中小企业、发展个体私营经济到深化国资国企改革、发展混合所有制经济,从单一公有制到公有制为主体、多种所有制经济共同发展和坚持"两个毫不动摇",从传统的计划经济体制到前无古人的社会主义市场经济体制再到使市场在资源配置中起决定性作用和更好发挥政府作用,从以经济体制改革为主到全面深化经济、政治、文化、社会、生态文明体制和党的建设制度改革,党和国家机构改革、行政管理体制改革、依法治国体制改革、司法体制改革、外事体制改革、社会治理体制改革、生态环境督察体制改革、国家安全体制改革、国防和军队改革、党的领导和党的建设制度改革、纪检监察制度改革等一系列重大改革扎实推进，各项便民、惠民、利民举措持续实施。

党的十八大拉开了中国特色社会主义新时代的大幕，中国人民奏响了强起来的雄壮乐章。中国共产党统揽伟大斗争、伟大工程、伟大事业、伟大梦想，统筹推进"五位一体"总体布局，协调推进"四个全面"战略布局，解决了许多长期想解决而没有解决的难题，办成了许多过去想办而没有办成的大事，推动党和国家各项事业取得全方位、开创性成就，发生深层次、根本性变革，向着建设社会主义现代化强国奋勇前进，我们的人民从来没有像今天这样幸福安康、意气风发，我们的民族从来没有像今天这样扬眉吐气、自信满怀，我们的祖国从来没有像今天这样欣欣向荣、蒸蒸日上，中国综合国力的优势不断凸显。

2019年国内生产总值为990865亿元，比上年增长6.1%，稳居世界第二，对世界经济增长的贡献率继续领跑全球。中国用几十年时间走完发达国家几百年走过的工业化历程，建立了全世界最完整的现代工业体系，科技创新和重大工程捷报频传。基础设施建设成就显著，信息畅通、公路成网、铁路密布、高坝矗立、西气东输、南水北调、高铁飞驰、巨轮远航、飞机翱翔、天堑变通途。中国成为世界第二大经济体、制造业第一大国、货物贸易第一大国、商品消费第二大国、外资流入第二大国，我国外汇储备连续多年位居世界第一。从新中国成立到2019年，我国人均GDP从119元增加到70892元，城镇和农村居民家庭恩格尔系数分别下降到27.6%和30%，城镇和农村居民年人均可支配收入分别从不足100元、50元增加到42359元、16021元。消费结构迅速从生存型向发展型进而向享受型转变，民生福祉持续改善，人均预期寿命快速提高至77岁，贫困发生率从97.5%下降至0.6%，广大人民群众共享改革发展的成果，获得感、幸福感、安全感显著增强，全体人民朝着共同富裕的方向不断迈进。党的十八大以来，党中央号令全面打响脱贫攻坚战，我国农村贫困人口从2012年底的9899万减少到2019年底的551万，累计减少贫困人口9348万人，贫困发生率从10.2%下降到0.6%。①改革开放40余年来，中国先后有7亿多农村贫困人口脱贫，对全球减贫事业的贡献率超过70%。对此，世界银行行长金墉毫不吝惜赞美之词，认为"中国减贫成就是人类历史上最伟大的事件之一"。

习近平总书记在全国抗击新冠肺炎疫情表彰大会上指出："抗疫斗争伟大实践再次证明，新中国成立以来所积累的坚实国力，是从容应对惊涛骇浪的深厚底气。我们长期积累的雄厚物质基础、建立的完整产业体系、形成的强大科技实力、储备的丰富医疗资源为疫情防控提供了坚强支撑。我们在疫情发生后迅速开展全方位的人力组织战、物资保障战、科技突击战、资源运动战。在抗疫形势最严峻的时候，经济社会发展不少方面一度按下'暂停键'，但群众生活没有受到太大影响，社会秩序总体正常，这从根本上得益于新中国成立以来特别是改革开放以来长期积累的综合国力，得益于危急时刻能够最大限度运用我们的综合国力。"②

在人类历史上，新中国的奋斗史本身就是一个前无古人的伟大创造，开辟了人类社会发展的全新路径，提升了人类文明的全新境界，成为社会形态演进历史中最为先进的70多年。新中国70多年的奋斗史充分证明，中国道路行得通，很管用，可借鉴。在全新的历史方位上，科

---

① 《中华人民共和国2019年国民经济和社会发展统计公报》，国家统计局网站2020年2月28日。
② 习近平：《在全国抗击新冠肺炎疫情表彰大会上的讲话》，《人民日报》2020年9月9日。

学社会主义在 21 世纪的中国焕发出强大生机活力,"历史终结论"终结了,"中国崩溃论"崩溃了,"社会主义失败论"失败了,中国特色社会主义伟大旗帜在世界上高高举起,中国前所未有地走近世界舞台中央,中国特色社会主义道路、理论、制度、文化不断发展,为发展中国家走向现代化、为世界上那些既希望加快发展又希望保持自身独立性的国家和民族提供了全新选择,为解决人类问题贡献了中国智慧和中国方案。

四、世界社会主义运动史培育了中国的社会主义优势

中国优势的培育和形成与世界社会主义 500 年波澜壮阔的发展历程分不开。世界社会主义 500 年的风雨历程,经历了从空想到科学、从理论到实践、从一国到多国、从高潮到挫折、从低谷到振兴的历史过程,其中形成了一系列社会主义革命与建设的经验教训,为中国特色社会主义发展提供了宝贵的历史资源。1917 年,列宁领导的十月革命取得胜利,社会主义从理论变为现实,打破了资本主义一统天下的世界格局,开辟了人类历史的新纪元。在共产国际帮助下,中国先进分子选择走俄国十月革命的道路,并根据列宁的建党学说组建起中国无产阶级的政党。中国共产党的成立,上承世界社会主义 500 年历史,下启中国革命、建设和改革的伟大进程,中华民族的解放和复兴就这样汇入了世界社会主义历史进程。

世界社会主义从理论到实践、从高潮到挫折、从低谷到振兴经历了 3 个"70 年"。第一个 70 年从 1848 年《共产党宣言》发表到 1917 年爆发俄国十月革命,第一个社会主义国家建立的实践过程,让为中国寻求强国之路的有识之士看到了社会主义理论的生命力,世界社会主义运动为中国实现民族独立和解放提供了全新方案。第二个 70 年从 1917

年俄国十月革命到20世纪80年代末90年代初苏东剧变,世界社会主义运动从高潮到挫折,让我们认识到在中国建设社会主义必须将马克思主义所揭示的普遍真理与中国具体实践相结合,独立自主地探索符合中国国情的、具有中国特色的社会主义道路。第三个70年从20世纪80年代末90年代初苏东剧变到21世纪中叶,世界社会主义经历了从低谷到振兴的历史过程,改旗易帜后的苏东国家引发的经济下滑、政治动荡、通货膨胀、民生凋敝、资本主义系统性经济危机频发以及国际恐怖主义抬头等一系列问题让中国坚定了走社会主义道路的信心和捍卫、挽救社会主义的决心。改革开放40余年的成功实践,让中国成为世界第二大经济体和制造业第一大国,人均国民总收入突破1万美元,这标志着中国特色社会主义的成功实践,也为正在经历百年未有之大变局的世界各国提供了解决系统性问题的中国方案。

历史已经证明,中国对社会主义的认识、对中国特色社会主义规律的把握,已经达到了一个前所未有的新的高度。面对苏东剧变,中国捍卫和挽救了社会主义;面对资本主义危机,中国发展和振兴了社会主义;面对全球化波折,中国引领和塑造了社会主义。中国特色社会主义在21世纪初期取得的巨大成就,是世界社会主义运动从低潮走向振兴的历史转折点,中国是21世纪世界社会主义发展最切实、最坚实、最可依托的"根据地"和"阵地"。世界社会主义500年波澜壮阔的发展历程为中国特色社会主义奠定了丰富的社会主义理论和实践优势。

第四节　中国优势的本质逻辑

一

习近平总书记曾经指出："今天之中国，同新中国成立以前之中国相比，同鸦片战争以后之中国相比，有天壤之别啊！"[①] 同欧美一些国家受困于金融危机、债务危机相比，同一些发展中国家陷入发展陷阱相比，同西亚北非一些国家政治动荡、社会混乱相比，我国发展可以说是"风景这边独好"。"风景独好"是因为中国特色社会主义这条道路走得好、走得对。中国之所以能经受住非典、新冠肺炎疫情等各种风险和考验，能够在苏联解体、东欧剧变，社会主义运动遭受重大挫折，被西方宣布"不战而胜""历史终结"的压力中，在亚洲金融风暴、国际金融危机、欧洲债务危机以及西亚和北非的乱局中，化险为夷，都是得益于毫不动摇地坚持科学社会主义基本原则，坚定不移地走中国特色社会主义道路。因此，中国优势本质上就是社会主义优势，当代中国优势的本质就是中国特色社会主义优势，换言之，中国特色社会主义就是当代

[①]《习近平总书记系列重要讲话读本》，学习出版社、人民出版社 2014 年版，第 14—15 页。

中国的最大优势。只有社会主义才能救中国,只有坚持和发展中国特色社会主义才能实现中华民族伟大复兴。坚持和发展中国特色社会主义是改革开放以来党的全部理论和实践的主题,是当代中国发展进步的根本方向,更是中国优势的根本体现。

中国特色社会主义道路既不是传统的,也不是外来的,更不是西化的,而是中国独创的,更是独特的。中国特色社会主义不是简单延续我国历史文化的母版,不是简单套用马克思主义经典作家设想的模板,不是其他国家社会主义实践的再版,也不是国外现代化发展的翻版,而是具有独特的内在性优势。习近平总书记指出,"中国特色社会主义是不是好,要看事实,要看中国人民的判断,而不是看那些戴着有色眼镜的人的主观臆断。中国共产党人和中国人民完全有信心为人类对更好社会制度的探索提供中国方案。"[①] 改革开放以来的中国奇迹用雄辩的事实充分证明,中国特色社会主义是当代中国大踏步赶上时代、引领时代发展的康庄大道,是中国共产党和中国人民团结的旗帜、奋进的旗帜、胜利的旗帜。中国特色社会主义作为当代中国的最大优势,符合科学社会主义理论逻辑、以人民为中心的价值逻辑、特色高效的制度逻辑,体现了真理原则与价值原则的统一,实现了合规律性与合目的性的统一。

一、中国特色社会主义符合科学社会主义的理论逻辑

中国特色社会主义是科学社会主义,不是别的什么主义。中国特色社会主义是既一脉相承,又与时俱进的科学社会主义。我们党始终强

[①] 《习近平谈治国理政》第 2 卷,外文出版社 2017 年版,第 37 页。

调，中国特色社会主义，既坚持了科学社会主义基本原则，又根据时代条件赋予其鲜明的中国特色。改革开放40余年来，中国特色社会主义与生俱来的科学社会主义的基本原则从未变色。不论怎么改革、怎么开放，中国特色社会主义始终坚持科学社会主义基本原则，坚持无产阶级政党对社会主义事业的领导；坚持生产资料公有制为主体，实行按劳分配为主，以满足全体社会成员的需要作为社会主义生产的根本目的；坚持解放和发展生产力，努力实现向人的自由而全面发展的共产主义社会过渡。

中国特色社会主义道路既坚持以经济建设为中心，又全面推进经济建设、政治建设、文化建设、社会建设、生态文明建设以及其他各方面建设；既坚持四项基本原则，又坚持改革开放；既不断解放和发展社会生产力，又逐步实现全体人民共同富裕、促进人的全面发展。中国特色社会主义理论体系是科学社会主义的"新版本"，包括邓小平理论、"三个代表"重要思想、科学发展观、习近平新时代中国特色社会主义思想，是深深扎根于中国大地、符合中国实际的中国化的马克思主义。中国特色社会主义制度，由人民代表大会制度的根本政治制度，中国共产党领导的多党合作和政治协商制度、民族区域自治制度以及基层群众自治制度等基本政治制度，公有制为主体、多种所有制经济共同发展的基本经济制度等构成，把根本政治制度、基本政治制度同基本经济制度以及各方面体制机制等具体制度有机结合起来，坚持把党的领导、人民当家作主、依法治国有机结合起来，符合我国国情，既坚持了社会主义的根本性质，又借鉴了古今中外制度建设的有益成果。可见，中国特色社会主义是科学社会主义，不是"资本社会主义"，更不是"国家资本主义""新官僚资本主义"。

经过40多年的理论和实践探索，中国共产党对中国特色社会主义规律的把握,已经达到了一个前所未有的新高度。中国特色社会主义的道路、理论、制度和文化,极大地丰富了科学社会主义基本内涵,是中国共产党人对马克思主义、科学社会主义的独特理论贡献,极大地推进了科学社会主义在当代世界新的历史条件下的发展进步,显示出中国特色社会主义的强大生命力。事实雄辩地证明:中国特色社会主义是根植于中国大地、反映中国人民意愿、适应中国和时代发展进步要求的科学社会主义。

二、中国特色社会主义符合以人民为中心的价值逻辑

在人类思想史上,马克思主义和社会主义之所以能够占据着道义的制高点,就在于它们代表了全世界绝大多数被压迫者和被剥削者的根本利益,比任何时代的进步学说都具有广大的人民性。中国共产党同样站在道义的制高点上,其成立伊始就把民族复兴和人民解放写在自己的旗帜上,在推进革命、建设和改革的历史进程中,始终坚持以人民为中心的价值追求和执政为民的责任担当,并使其成为贯穿中国特色社会主义的一条红线。

中华人民共和国,国如其名。"人民"二字深深镌刻在新中国的旗帜上,人民真正成为国家的主人。数千年前,《诗经》中就有"民亦劳止,汔可小康"的记载,《礼记》等儒家经典中也有对"小康"和"大同"社会的向往,封建统治者更有民为邦本、本固邦宁的治理之道。然而,纵观中国历史,王朝更迭,治乱兴替,从奴隶社会到封建社会,再到半殖民地半封建社会,人民虽然创造了历史,但其创造的物质财富与精神财富往往被统治阶级所剥夺,世事多艰、民生困苦。乱世时"白骨露于野,千里无鸡鸣。生民百遗一,念之断人肠",即使在有史可记的文景之

治、贞观之治、开元盛世、康乾盛世等"盛世"时期，也绝非万民同乐、人人饱足。实际上，不闹荒、不流徙就已经是古代求之不得的盛世景象。百姓常言，宫阙万间都做了土。兴，百姓苦，亡，百姓苦。《汉书·食货志》所载的"富者田连阡陌，贫者无立锥之地"是汉武盛世的真实写照。杜甫"朱门酒肉臭，路有冻死骨"则形象地揭示出开元盛世贫富悬殊的社会现实。即使在所谓最为繁荣的康乾盛世，英国来华使团成员约翰·巴罗沿途却没有看到任何人民丰衣足食、农村富饶繁荣的图景，触目所及无非是贫困落后的景象。可见，中国历史上昙花一现的所谓"盛世"不过是生产力低端水平上广大人民群众的基本温饱，根本上是少数封建统治者的穷奢极欲。

新中国成立以来，中国共产党始终把为人民谋幸福作为初心，始终把人民拥护不拥护，赞成不赞成，高兴不高兴，答应不答应，作为衡量一切工作得失的根本标准，始终把人民放在心中最高位置，始终全心全意为人民服务，依靠人民创造历史伟业，使人民成为国家的主人。新中国实现了向人民民主的伟大跨越，开启了人民当家作主的新纪元。人民迎来了属于自己的盛世。党的十八大以来，中国特色社会主义进入新时代，以习近平同志为核心的党中央把以人民为中心的发展思想全面融入中国特色社会主义伟大实践。习近平总书记在党的十九大报告中对"以人民为中心"作了系统深刻的论述，强调必须坚持人民主体地位，坚持立党为公、执政为民，践行全心全意为人民服务的根本宗旨，把党的群众路线贯彻到治国理政全部活动之中，把人民对美好生活的向往作为奋斗目标，依靠人民创造历史伟业。

习近平总书记指出："以人民为中心的发展思想，不是一个抽象的、玄奥的概念，不能只停留在口头上、止步于思想环节，而要体现在经济社会发展各个环节。"①党的十八大以来，我们党领导全国各族人民进行的伟大实践充分彰显了这一点。经济建设方面，把增进人民福祉、促进人的全面发展、朝着共同富裕方向稳步前进作为经济发展的出发点和落脚点，让各族人民共享发展成果。政治建设方面，在党的一切执政活动，国家的一切治理活动中，尊重人民主体地位，尊重人民首创精神，拜人民为师，把政治智慧的增长、治国理政本领的增强深深扎根于人民的创造性实践之中。文化建设方面，坚持以人民为中心的工作导向、创作导向、研究导向，丰富人民精神世界，增强人民精神力量，满足人民精神需求。社会建设方面，把让老百姓过上好日子作为一切工作的出发点和落脚点，通过改革给人民群众带来更多获得感，在学有所教、劳有所得、病有所医、老有所养、住有所居上持续取得新进展。生态文明建设方面，树立绿水青山就是金山银山的理念，扎实推进生态环境保护，让良好生态环境成为人民生活的增长点。

三、中国特色社会主义符合特色高效的制度逻辑

制度问题更带有根本性、全局性、稳定性和长期性。中国特色社会主义制度是以马克思主义为指导、植根中国大地、具有深厚中华文化根基、深得人民拥护的制度，是具有强大生命力和巨大优越性的制度，是能够持续推动拥有近十四亿人口大国进步和发展、确保拥有5000多年文明史的中华民族实现"两个一百年"奋斗目标进而实现伟大复兴的制度。中国特色社会主义制度具有多方面的显著优势，主要是：坚持党

---

① 习近平：《在省部级主要领导干部学习贯彻党的十八届五中全会精神专题研讨班上的讲话》，人民出版社2016年版，第24页。

的集中统一领导,坚持党的科学理论,保持政治稳定,确保国家始终沿着社会主义方向前进的显著优势;坚持人民当家作主,发展人民民主,密切联系群众,紧紧依靠人民推动国家发展的显著优势;坚持全面依法治国,建设社会主义法治国家,切实保障社会公平正义和人民权利的显著优势;坚持全国一盘棋,调动各方面积极性,集中力量办大事的显著优势;坚持各民族一律平等,铸牢中华民族共同体意识,实现共同团结奋斗、共同繁荣发展的显著优势;坚持公有制为主体、多种所有制经济共同发展和按劳分配为主体、多种分配方式并存,把社会主义制度和市场经济有机结合起来,不断解放和发展社会生产力的显著优势;坚持共同的理想信念、价值理念、道德观念,弘扬中华优秀传统文化、革命文化、社会主义先进文化,促进全体人民在思想上精神上紧紧团结在一起的显著优势;坚持以人民为中心的发展思想,不断保障和改善民生、增进人民福祉,走共同富裕道路的显著优势;坚持改革创新、与时俱进,善于自我完善、自我发展,使社会始终充满生机活力的显著优势;坚持德才兼备、选贤任能,聚天下英才而用之,培养造就更多更优秀人才的显著优势;坚持党指挥枪,确保人民军队绝对忠诚于党和人民,有力保障国家主权、安全、发展利益的显著优势;坚持"一国两制",保持香港、澳门长期繁荣稳定,促进祖国和平统一的显著优势;坚持独立自主和对外开放相统一,积极参与全球治理,为构建人类命运共同体不断作出贡献的显著优势。在这些显著优势中,需要特别强调的有两点:

第一,中国特色社会主义制度的最大优势就是坚持党的领导。办好中国的事情,关键在党。作为后发展国家,中国的现代化之路无法照搬西方国家发展道路的模板,只能依靠自身力量,在这一过程贯穿始终、起核心作用的领导力量,就是中国共产党。从中国特色社会主义发展的历史进程看,党的领导是确保改革开放的社会主义方向、确保顶层设计的科学性、确保稳定社会环境的根本保证。

举什么旗、走什么路,是改革开放的方向问题,关系改革开放兴衰成败。只有坚持中国共产党的领导,才能保证社会生产力发展的目的是满足广大人民群众的需要,才能保证权力不会成为少数利益集团的附庸。40余年来,我们党通过政治领导、思想领导、组织领导,确保改革开放沿着中国特色社会主义道路前行,避免犯方向性、颠覆性错误,这是改革开放成功的最重要原因。

中国特色社会主义的发展涉及各领域、各方面,面临纷繁复杂的关系和矛盾,需要科学的顶层设计。坚持党的领导地位,保证党能够总揽全局、协调各方,在制定改革开放目标、推动改革开放进程时,能够突破利益固化的藩篱,妥善协调处理各方面关系和矛盾,有效应对各种风险和挑战。同时,党的长期执政地位能够使国家发展战略保持稳定性,使长期规划和短期目标有机结合起来,确保中国特色社会主义发展的系统性、协调性和稳定性。

中国特色社会主义的发展需要处理好改革发展稳定的复杂关系,没有稳定的社会环境,改革和发展都无从谈起。只有坚持党的领导,才能保证改革过程中的公平正义,让改革开放成果惠及全体人民,正确处理经济发展和生态环境的关系,使社会发展始终保持在平稳轨道上运行。

第二,集中力量办大事是中国特色社会主义制度优势的突出表现。社会主义国家的制度设计天然具有集中力量办大事的优越性。在资本主义社会,生产力和生产关系的矛盾表现为生产社会化和资本主义私人占有制之间的矛盾。无产阶级上升为统治阶级之后,通过大规模的生产集中促进生产力的发展,成为一种可行选择。对于从半殖民地半封建社会过渡到社会主义阶段的中国来说,面临着发展生产力和冲破西方发达国家围堵的双重历史任务,充分发挥集中力量办大事的优越性,成为一种必然的历史选择。改革开放之初,邓小平同志就指出:"社会主义同资本主义比较,它的优越性就在于能做到全国一盘棋,集中力量,保证重点。"① 改革开放40余年来,集中力量办大事的优势保证了国家各项基本制度运行的高效率,使国家具备超强整合能力、强大动员能力和高效执行能力,将国家资源集中到最紧要的地方、部门和领域,形成资源优势和力量优势,使我国实现了高速发展,创造了中国奇迹。改革开放以来,在关系国计民生的重要基础设施建设、重大技术创新、应对自然灾害和各种突发风险等方面,集中力量办大事的优势都得到了生动体现。

四、被实践证明了的中国优势

实践是检验真理的唯一标准。中国有没有优势,中国优势怎么样,最终要用事实来说话、由人民来评判。改革开放以来,我们用几十年时间走完了发达国家几百年走过的工业化历程,使不可能成为可能,推动我国综合国力和国际地位实现前所未有的提升,推动我国人民生活水平实现前所未有的提升,中华民族正以崭新姿态屹立于世界的东方。

改革开放以来,西方社会唱衰中国的言论不绝于耳,但是中国特色社会主义在西方国家的围堵和遏制中稳步前行。20世纪90年代,伴随苏联解体和东欧剧变,世界社会主义运动陷入低潮,西方社会出现第一轮唱衰中国的"中国崩溃论"。进入新世纪,深陷经济危机泥潭自

---

① 《邓小平文选》第3卷,人民出版社1993年版,第16—17页。

顾不暇的西方社会，反倒又掀起一波翻版的"中国崩溃论"。但是，事实胜于雄辩，改革开放40余年来，我国社会生产力水平总体上显著提高，国家经济实力、科技实力、国防实力、综合国力、国际影响力显著提升。"中国崩溃论"者自己先崩溃了，变成了一个国际笑柄，原来孜孜以求遏制中国发展的西方国家，反而陷入"政府破产""社会动荡"的崩溃边缘。自2008年国际金融危机以来，西方资本主义国家陷入极大的发展困境，经济增长乏力，"黑天鹅""灰犀牛"事件、"逆全球化"浪潮、难民危机、恐怖袭击等不时出现，"危机后遗症"和新问题多频共振，导致社会动荡、乱象丛生。那些试图附庸于发达国家实现现代化的国家，如今与西方资本主义国家"一损俱损"，深陷发展陷阱而不能自拔。西方之不确定，使整个世界陷入不可预知的恐慌之中。2018年11月18日，《纽约时报》刊发名为《一个没能失败的国家》的文章，称"西方曾断定中国道路注定会失败，并且一直在等待它的发生，直到现在还在等"。

2020年，中国坚持人民至上、生命至上，以坚定果敢的勇气和坚忍不拔的决心，同时间赛跑、与病魔较量，迅速打响疫情防控的人民战争、总体战、阻击战，用1个多月的时间初步遏制疫情蔓延势头，用2个月左右的时间将本土每日新增病例控制在个位数以内，用3个月左右的时间取得武汉保卫战、湖北保卫战的决定性成果，进而又接连打了几场局部地区聚集性疫情歼灭战，夺取了全国抗疫斗争重大战略成果。在此基础上，统筹推进疫情防控和经济社会发展工作，抓紧恢复生产生活秩序，取得显著成效。中国共产党团结带领全国各族人民，能够经受住艰苦卓绝的历史大考，取得抗击新冠肺炎疫情斗争重大战略成果，创造人类同疾病斗争史上的英勇壮举。中国抗疫斗争的伟大胜利就是中国优势最鲜活、最直接、最真实的体现。

总之，中国优势的根本表现，归结起来就是：开辟了中国特色社会主义道路，形成了中国特色社会主义理论体系，确立了中国特色社会主义制度，发展了中国特色社会主义文化。习近平总书记指出："当今世界，要说哪个政党、哪个国家、哪个民族能够自信的话，那中国共产党、中华人民共和国、中华民族是最有理由自信的。"[①] 中国特色社会主义道路、理论、制度、文化，是经过全党全国各族人民长期奋斗取得的，也是经过长期实践检验的产物。我们的道路自信、理论自信、制度自信、文化自信，来源于实践、来源于人民、来源于真理。坚定"四个自信"，就能毫无畏惧地面对一切困难和挑战，就能坚定不移地开辟新天地、创造新奇迹、彰显新优势。

---

① 《习近平谈治国理政》第2卷，外文出版社2017年版，第36页。

第一章　CHAPTER ONE

政治优势：
无比坚强的领导力
最可靠的主心骨

2020年初的新冠肺炎疫情突如其来，而且来势汹汹。对中国来说，新冠肺炎疫情是新中国成立以来发生的传播速度最快、感染范围最广、防控难度最大的一次重大突发公共卫生事件；而对世界来说，这是近百年以来人类遭遇的影响范围最广的全球性大流行病。2003年的非典疫情，曾经搞得全球人心惶惶，但其从暴发到控制，全球一共确诊感染8422例，病亡919例；而这次新冠肺炎疫情，根据各方披露的权威数据，截至2020年12月19日，全球累计确诊病例已超过7592万例。当前，新冠肺炎疫情在全球范围内远未得到有效控制，但一定会是载入人类史册的大流行病。

重大危机是考验执政党执政理念、执政效能的试金石。在以习近平同志为核心的党中央坚强领导下，全国人民万众一心、众志成城，用1个多月的时间初步遏制了疫情蔓延势头，用2个月左右的时间将本土每日新增病例控制在个位数以内，用3个月左右的时间取得了武汉保卫战、湖北保卫战的决定性成果，疫情防控阻击战取得重大战略成果，维护了人民生命安全和身体健康，为维护地区和世界公共卫生安全作出了重要贡献。面对史无前例的疫情，十几亿人口的大国，水不停、电不停、暖不停、通信不停，物资供应不断，社会秩序不乱，扶贫攻坚工作稳步向前，北斗系统完成"全球组网"，复产复工在全球率先出现向好态势,社会活力正在快速恢复。疫情防控阻击战取得的重大战略成果,集中展现了中国力量、中国精神、中国效率,极大激发了民族自豪感、自信心、凝聚力,充分彰显了中国特色社会主义制度的政治优势。这个政治优势的根本,就是中国共产党的领导。

回望近代中国百年以来的风风雨雨,在中华民族面临内忧外患的时候,是中国共产党挺身而出;在新中国百废待兴的时候,又是中国共产党领导人民艰苦创业;在改革开放的十字路口,还是中国共产党勇毅担当。2020年新冠肺炎疫情风雨来袭,中国共产党带领全国人民经受住疫情危机的考验,再一次向世人雄辩地证明:中国共产党所具有的无比坚强的领导力,是风雨来袭时中国人民最可靠的主心骨。坚持中国共产党的领导,是做好党和国家各项工作的根本保证,是战胜一切困难和风险的"定海神针"。

第一节　领导力爆棚的中国共产党

——

党的十九大报告指出:"中国特色社会主义最本质的特征是中国共产党领导,中国特色社会主义制度的最大优势是中国共产党领导。"[①]中国抗击疫情的显著成效是对这一命题的最新也是最好注解。新冠肺炎疫情发生后,作为当代中国改革和建设事业的领导核心,中国共产党构建起中央统一指挥、统一协调、统一调度,各地方各方面各负其责、协调配合,集中统一、上下协同、运行高效的指挥体系,这是中国人民能够战胜疫情的关键;而作为党中央的领导核心,习近平总书记果断决策、亲自指挥,为疫情防控领航掌舵、定调压舱,是中国人民能够战胜疫情的关键中的关键。正是有了这样坚强的领导核心,中国特色社会主义制度优势才转化为强大的治理效能,中国共产党才展示出"爆棚"的领导力量。

---

① 习近平:《决胜全面建成小康社会　夺取新时代中国特色社会主义伟大胜利——在中国共产党第十九次全国代表大会上的报告》,人民出版社2017年版,第20页。

一、核心的力量

习近平总书记指出:"党政军民学,东西南北中,党是领导一切的,是最高的政治领导力量。"①

中国共产党是中国特色社会主义事业的领导核心。然而,党的领导地位不是自封的,是历史的选择、人民的选择。回首过去,中国共产党紧紧依靠人民,跨过一道又一道沟坎,取得一个又一个胜利,为中华民族作出了伟大历史贡献。中华人民共和国的成立,让中国摆脱了"覆屋之下、漏舟之中、薪火之上"的境地,让人民彻底告别了"为奴隶、为牛马、为犬羊"的命运;社会主义制度的确立,实现了中国历史上最深刻最伟大的社会变革,为国家发展进步奠定基础,让人民翻身做了主人;改革开放的推进,以40多年的时间,让中国跨越了西方国家几百年的发展历程,国家实现"弯道超车",人民过上美好生活,这在人类历史上也不多见。事实无可辩驳地证明,正是有中国共产党这个坚强领导核心,中国人民的自由幸福才不断抵达新的高度,中华民族的伟大复兴才盛况可期。

万山磅礴必有主峰,船重千钧,掌舵一人。一个国家、一个政党,领导核心至关重要。马克思曾指出:"一个单独的提琴手是自己指挥自己,一个乐队就需要一个乐队指挥。"② 毛泽东同志指出:"实行一元化的领导很重要,要建立领导核心,反对'一国三公'。"③ 邓小平同志强调:"任何一个领导集体都要有一个核心,没有核心的领导是靠不住的。"④ 我们党早期经历的曲折历程,从一定程度上来说就是因为没有

---

① 《习近平关于社会主义政治建设论述摘编》,中央文献出版社2017年版,第30页。
② 《马克思恩格斯文集》第5卷,人民出版社2009年版,第384页。
③ 《毛泽东文集》第3卷,人民出版社1996年版,第69页。
④ 《邓小平文选》第3卷,人民出版社1993年版,第310页。

找到正确的领导核心。1935年1月,遵义会议确立了毛泽东同志在中共中央的领导核心地位,中国革命的航船终于找到了一位伟大的舵手,也正因如此,遵义会议才成为中国共产党历史上一个生死攸关的转折点。

党的十八大以来,习近平总书记带领全党全军全国各族人民开创了中国特色社会主义伟大事业和党的建设新的伟大工程新局面,在改革发展稳定、内政外交国防、治党治国治军等各方面取得了一系列具有重要现实意义和深远历史意义的成就,实现了党和国家事业的继往开来,赢得了全党全军全国各族人民的衷心拥护,受到了国际社会的高度赞誉。习近平总书记在新的伟大斗争实践中,已经成为党中央的核心、全党的核心。明确习近平总书记的核心地位,对于维护党中央权威、维护党的团结和集中统一领导,对全党全军全国各族人民更好地凝聚力量抓住机遇、战胜挑战,对全党团结一心、不忘初心、继续前进,对保证我们党和国家兴旺发达、长治久安,都具有十分重大而深远的意义。

2020年初,一场突如其来的新冠肺炎疫情让已经准备过年的中国人民绷起了紧张的神经。面对突如其来的疫情,党中央统揽全局,果断决策,以非常之举应对非常之事。

1月23日上午10时,农历除夕前的最后一个工作日,武汉封城。习近平总书记于1月22日亲自作出这一战略决策,在2月3日召开的中央政治局常委会会议上,他强调:"作出这一决策,需要巨大政治勇气,但该出手时必须出手,否则当断不断、反受其乱。"

"人民生命重于泰山!只要是为了人民的生命负责,那么什么代价、什么后果都要担当。"

"生命重于泰山。疫情就是命令,防控就是责任。"

"把人民生命安全和身体健康放在第一位,把疫情防控工作作为当前最重要的工作来抓。"

"只要坚定信心、同舟共济、科学防治、精准施策,我们就一定能打赢疫情防控阻击战。"

1月25日,大年初一,中南海怀仁堂。习近平总书记和其他6位中共中央政治局常委坐在一起。

"本来想是让大家过个好年。现在疫情形势紧急,不得不把大家召集起来,一起来研究部署这个问题。"习近平总书记表情凝重地说,"大年三十我夜不能寐。"

毫不畏惧、绝不迟疑,以习近平同志为核心的党中央,把异常艰巨的战"疫"使命扛在肩上。

就是在这次会议上,党中央作出一系列重大决定:

成立中央应对疫情工作领导小组,在中央政治局常委会领导下开展工作;

向湖北等疫情严重地区派出指导组,推动有关地方全面加强防控一线工作;

湖北省要把疫情防控工作作为当前头等大事,采取更严格的措施,内防扩散、外防输出,对所有患者进行集中隔离救治,对所有密切接触人员采取居家医学管理,对进出武汉人员实行严格管控,坚决防止疫情扩散;

全力以赴救治感染患者。按照"集中患者、集中专家、集中资源、集中救治"的原则,将重症病例集中到综合力量强的定点医疗机构进行救治,及时收治所有确诊病人。2月23日,在疫情防控最吃劲的关键阶段,一次超大规模的电视电话会议在北京召开,习近平总书记发表重要讲话,对统筹推进新冠肺炎疫情防控和经济社会发展工作进行部署。

3月10日,在抗击新冠肺炎疫情的关键时刻,习近平总书记飞赴湖北武汉,在医疗救治一线、在社区百姓身边、在决战决胜之地,发出"坚决打赢湖北保卫战、武汉保卫战"的总攻令。

……

在以习近平同志为核心的党中央坚强领导下,一场气壮山河的人民战争、总体战、阻击战迅速打响。但这一次,所有人心里都是有底气的。

高瞻远瞩的战略决策、坚如磐石的意志信念、一心为民的真挚情怀,为全党全军全国各族人民坚定信心、抗击疫情立起了主心骨。

信心,是比金子还要宝贵的东西。当党将这件事当做头等大事,当人民的领袖亲赴抗疫一线的时候,所有人都知道,这次,稳了。战胜新冠病毒,将只是时间问题。

2020年6月7日,《抗击新冠肺炎疫情的中国行动》白皮书发布。白皮书这样回顾了中国人民在中国共产党、在习近平总书记领导下抗击疫情的艰辛历程:

"新冠肺炎疫情是新中国成立以来发生的传播速度最快、感染范围最广、防控难度最大的一次重大突发公共卫生事件,对中国是一次危机,也是一次大考。中国共产党和中国政府高度重视、迅速行动,习近平总书记亲自指挥、亲自部署,统揽全局、果断决策,为中国人民抗击疫情坚定了信心、凝聚了力量、指明了方向。在中国共产党领导下,全国上下贯彻'坚定信心、同舟共济、科学防治、精准施策'总要求,打响抗击疫情的人民战争、总体战、阻击战。经过艰苦卓绝的努力,中国付出巨大代价和牺牲,有力扭转了疫情局势,用1个多月的时间初步遏制了疫情蔓延势头,用2个月左右的时间将本土每日新增病例控制在个位数以内,用3个月左右的时间取得了武汉保卫战、湖北保卫战的决定性成果,疫情防控阻击战取得重大战略成果,维护了人民生命安全和身体健康,为维护地区和世界公共卫生安全作出了重要贡献。"

"截至 2020 年 5 月 31 日 24 时,31 个省、自治区、直辖市和新疆生产建设兵团累计报告确诊病例 83017 例,累计治愈出院病例 78307 例,累计死亡病例 4634 例,治愈率 94.3%,病亡率 5.6%。"

我们赢了。我们取得了武汉保卫战,取得了湖北保卫战的胜利。

伟大征程,离不开核心领航;伟大事业,离不开旗帜引领。当我们翻开《抗击新冠肺炎疫情的中国行动》白皮书,翻开一页页抗疫英烈的事迹,翻开一篇篇新闻报道和网络帖文的时候,我们不难发现,党的身影,无处不在。没有中国共产党发挥领导核心作用,没有习近平总书记的担当和决断,中国绝对不可能在抗击新冠肺炎疫情上取得如此令人瞩目的成绩。

《抗击新冠肺炎疫情的中国行动》

"习近平总书记亲自指挥、亲自部署。习近平总书记高度重视疫情防控工作,全面加强集中统一领导,强调把人民生命安全和身体健康放在第一位,提出'坚定信心、同舟共济、科学防治、精准施策'的总要求,明确坚决打赢疫情防控的人民战争、总体战、阻击战。习近平总书记主持召开14次中央政治局常委会会议、4次中央政治局会议以及中央全面依法治国委员会会议、中央网络安全和信息化委员会会议、中央全面深化改革委员会会议、中央外事工作委员会会议、党外人士座谈会等会议,听取中央应对疫情工作领导小组和中央指导组汇报,因时因势调整防控策略,对加强疫情防控、开展国际合作等进行全面部署;在北京就社区防控、防疫科研攻关等进行考察,亲临武汉一线视察指导,赴浙江、陕西、山西就统筹推进常态化疫情防控和经济社会发展工作、巩固脱贫攻坚成果进行考察调研;时刻关注疫情动态和防控进展,及时作出决策部署。"

历史证明,我们这样一个有着十四亿人口的大国,必须有一个众望所归的领袖;我们这样一个有着九千多万名党员的大党,必须有一个坚强的领导核心。没有党中央的核心、全党的核心,就没有党中央的权威和集中统一领导,就会导致各自为阵、各自为政,那就什么事情都干不成。党的十八届六中全会正式确立习近平总书记党中央的核心、全党的核心地位,党的十九大把习近平总书记党中央的核心、全党的核心地位写入党章,这是历史和人民的共同选择、郑重选择、必然选择,是党和国家之幸、人民之幸、中华民族之幸。

二、思想的力量

中国共产党无比坚强的领导力首先体现为其思想武器的强大。用马克思主义武装起来的中国共产党战无不胜。思想建设是党的基础性建设,政治上的清醒来自理论上的清醒,政治上的坚定来自思想上的坚定。高度注重思想建党、理论建党,注重党的理论创新和理想信念教育的统一,是中国共产党的显著特征与巨大优势。把马克思主义普遍真理与中国革命和建设的具体实际相结合,不断推进理论创新和马克思主义中国化,并用其指导实践,是中国共产党的重要历史经验。把理论和实践密切结合是中国共产党区别于其他任何政党的显著标志之一。马克思主义,特别是 21 世纪的马克思主义——习近平新时代中国特色社会主义思想——为中国成功战疫提供了根本性的指导。

(一)给力的马克思主义

"批判的武器当然不能代替武器的批判,物质力量只能用物质力量来摧毁;但是理论一经掌握群众,也会变成物质力量。"[①]马克思主义犹如壮丽的日出,照亮了人类探索历史规律和寻求自身解放的道路。马克思主义是科学的理论,创造性地揭示了人类社会发展规律。马克思主义是人民的理论,第一次创立了人民实现自身解放的思想体系。马克思主义是实践的理论,指引着人民改造世界的行动。马克思说,"全部社会生活在本质上是实践的""哲学家们只是用不同的方式解释世界,问题在于改变世界"。马克思主义不是书斋里的学问,而是为了改变人民历史命运而创立的,为人民认识世界、改造世界提供了强大精神力量。多年来,一些人使出浑身解数试图证明马克思"已过时",却令马克思的"未过时"不证自明。马克思主义总是"被过时",恰恰证明马克思主义"没过时"。时至今日,马克思主义不断探索时代发展提出的新课题、回应人类社会面临的新挑战,依然闪烁着耀眼的真理光芒!

---

① 《马克思恩格斯选集》第 1 卷,人民出版社 2012 年版,第 9 页。

1. 唯物辩证法依然给力

唯物辩证法是马克思主义的科学方法论，是马克思主义真理性的重要体现。当今时代，国际形势风云变幻、国内改革发展任务艰巨繁重、社会思潮多元多样多变，唯物辩证法大有用武之地。

从方法论上来说，"中国奇迹"的产生源于中国共产党领导中国人民运用唯物辩证法，始终坚持解放思想、实事求是、与时俱进、求真务实的思想路线，勇于变革、勇于创新，永不僵化、永不滞后，不被任何风险所惧，不被任何干扰所惑。

毛泽东同志的《矛盾论》《实践论》《论十大关系》等著作都是唯物辩证法的中国成果，毛泽东思想指导中国人民和中国共产党缔造了社会主义新中国。邓小平同志运用唯物辩证法创造性地提出了社会主义初级阶段论、社会主义本质论、社会主义市场经济论和社会主义改革论等理论，形成了邓小平理论，深刻回答了"什么是社会主义、怎样建设社会主义"的问题，开创了中国特色社会主义的伟大事业；江泽民同志提出了富有辩证智慧的"三个代表"重要思想，深刻回答了"建设什么样的党、怎样建设党"的问题；胡锦涛同志提出了以统筹兼顾为根本方法的科学发展观，将改革开放的伟大经验总结为饱含辩证法的"十个结合"，系统回答了"实现什么样的发展、怎样发展"的问题。

党的十八大以来，习近平总书记的重要讲话就始终贯穿着唯物辩证法。习近平总书记关于改革开放前后两个历史时期的正确认识、关于"四个全面"战略布局和新发展理念、关于底线思维的论述、关于正确处理市场和政府关系的重要论述、关于全面深化改革要处理好的重大关系的论述、关于供给侧结构性改革需要供给侧和需求侧同时发力的论述、关于绿水青山就是金山银山的论述等一系列中国特色社会主义发展理念的新成果，都无不闪耀着辩证法的智慧。

熟练运用唯物辩证法还有助于我们认清"普世价值"、西方宪政、新自由主义、公民社会理论等西方资本主义思潮的"美丽外衣"，揭示其真实的政治目的，自觉抵制错误思潮的侵蚀。

例如，运用唯物辩证法能够认识到价值观念和价值事实不是一回事，西方"普世价值"偷换了价值观念和价值事实的概念，混淆了真理性话语与政治性话语，是在以抽象的共同价值观念为幌子，推销其具体的资本主义观念和制度。社会主义核心价值观强调的"民主、自由、平等、公正"，与西方国家宣扬的所谓"普世价值"在概念内涵和制度设计上有本质的区别，绝不能混为一谈。

2. 唯物史观没有过时

唯物史观通过生产力与生产关系、经济基础与上层建筑、社会存在与社会意识等矛盾运动的系统阐述，深刻揭示了人类社会历史发展的基本规律，指明了人类社会必然走上社会主义和共产主义大道的必然规律。

"两个必然"（资本主义必然灭亡、社会主义必然胜利）的科学预言没有过时。

第二次世界大战以后，资本主义由国家垄断加速向国际金融资本垄断过渡。这在提高生产社会化程度的同时，也在更大范围内实现了生产资料私人占有，进一步加剧了资本主义制度所固有的基本矛盾。在金融资本的渗透和支配下，西方民主制度被金钱所"绑架"，使得本来就有局限性的资产阶级民主陷入更深的困境。

2008年从美国起源而后席卷全球的国际金融危机，就是金融资本全面垄断的结果。这是自 20 世纪 30 年代大萧条以来西方资本主义社会遭遇的最为严重的经济灾难。与此同时，社会主义的中国正在创造"中国奇迹"。

中国共产党将马克思主义基本原理同中国现实国情相结合，创造性地建立了社会主义市场经济体制，开辟了中国特色社会主义道路，实现了经济社会快速发展、综合国力大幅提升、人民生活水平显著提高，在同资本主义的竞争中赢得了比较优势，使社会主义在占世界人口近 20% 的中国呈现蓬勃生机，并且解决了世界 70% 的贫困人口的脱贫问题。更值得关注的是，随着互联网的发展，伴随着物联网的曙光，共享经济等社会发展新样态的出现使共产主义的现实趋势日益显现。

3. 科学社会主义的基本原理依然给力

面对苏东剧变后世界社会主义的低潮，有人质疑马克思主义关于科学社会主义的基本原理过时了。其实，纵观社会主义 500 年的发展历史不难发现，马克思恩格斯运用历史唯物主义和辩证唯物主义分析资本主义社会得出的科学社会主义结论，同样没有过时。

2013 年 1 月，习近平总书记对社会主义 500 年的历史进行了系统阐述。

第一个时间段是空想社会主义产生和发展。一大批空想社会主义思想家揭露资本主义社会的罪恶，批判资本主义制度的全部基础，对未来社会提出了一些积极主张和有价值的猜测。

第二个时间段是马克思、恩格斯创立科学社会主义理论体系。19 世纪中期，马克思、恩格斯创立了唯物史观和剩余价值学说，并把社会主义思想置于这两大理论基石之上，从而实现了社会主义从空想到科学的伟大飞跃。

第三个时间段是列宁领导十月革命胜利并实践社会主义,使社会主义实现了从理论到实践的伟大飞跃。

第四个时间段是苏联模式逐步形成。苏联模式就是苏联在斯大林的领导下,在社会主义建设中逐步形成的单一生产资料公有制和自上而下的指令性计划经济体制、权力高度集中的政治体制。苏联模式曾经发挥了巨大作用,但其内在的问题也随着时间推移不断变得积重难返,终于导致20世纪80年代末90年代初的苏东剧变,世界社会主义运动暂时陷入低潮。

第五个时间段是新中国成立后我们党对社会主义的探索和实践。在迅速医治战争创伤、恢复国民经济的基础上,我们党创造性地进行社会主义改造,建立起社会主义基本制度。

第六个时间段是我们党作出进行改革开放的历史性决策,开创和发展中国特色社会主义。

正如习近平总书记指出的:"中国特色社会主义是社会主义而不是其他什么主义,科学社会主义基本原则不能丢,丢了就不是社会主义。"[①] 历史和现实都告诉我们,只有社会主义才能救中国,只有中国特色社会主义才能发展中国,这是历史的结论、人民的选择。

4. 马克思主义政治经济学依然给力

有人认为马克思主义政治经济学过时了,《资本论》过时了。这个说法是武断的。

[①] 《习近平谈治国理政》第 1 卷,外文出版社 2018 年版,第 22 页。

远的不说,就从国际金融危机来看,许多西方国家经济持续低迷、两极分化加剧、社会矛盾加深,说明资本主义固有的生产社会化和生产资料私人占有之间的矛盾依然存在,但表现形式、存在特点有所不同。

国际金融危机发生后,不少西方学者也在重新研究马克思主义政治经济学、研究《资本论》,借以反思资本主义的弊端。

德国学者埃尔玛·阿尔特法特在《马克思提供批判分析的"跳跃点"》一文中说:国际金融危机爆发时,"马克思主义理论被再度发现了",人们在危机中找到了马克思主义,它"有助于分析当下的金融和经济危机、现实积累与金融市场的关系以及劳动和性别关系的变化""可以增进对资本主义运作方式的理解,能消除自我蒙昧,并助力政治实践"。

2008年至今的世界经济危机最初以次贷危机的面目示人,表面上看是一场金融领域的危机,但经过马克思主义政治经济学的分析之后会发现,这仍旧是一场典型的资本主义经济危机,其根源在于(房地产)生产的相对过剩。

正是为了消化美国房地产领域的过剩库存,地产商才联合银行家用"零首付""低利率"的方式吸引低收入者购房,这才产生了大量次级贷款。为了消化这些次级贷款,华尔街金融家发明花样百出的金融衍生品,并将其销往全世界,用来转移风险。一旦经济下行,低收入者势必将大规模地放弃继续供房,而次级贷款金融链条的断裂,首先表现出来的形式就是次贷危机,然后就是沿着各种金融衍生品向全球蔓延的世界经济危机。

所以归根结底,这一次资本主义世界的经济危机,仍旧是生产相对过剩的危机,它仍旧没有跳出马克思主义政治经济学的理论视野。

西方资本主义世界的社会经济表面看起来欣欣向荣,但其内部贫富差距已经达到了相当大的程度。早在100多年前,马克思就在《资本论》中指出,资本主义私有制必然导致社会贫富差距不断拉大。100多年过去了,这个资本主义之痛已然病入骨髓,难以根治。

法国学者托马斯·皮凯蒂撰写的《21世纪资本论》就在国际学术界引发了广泛讨论。该书用翔实的数据证明,美国等西方国家的不平等程度已经达到或超过了历史最高水平,认为不加制约的资本主义加剧了财富不平等现象,而且这一状况将继续恶化下去。

作者的分析主要是从分配领域进行的,没有过多涉及更根本的所有制问题,但使用的方法、得出的结论值得深思。资本主义数百年的发展,既没有解决贫富鸿沟的问题,同样也没有解决生产相对过剩的问题。资本主义只能通过爆发一场严重的生产过剩的经济危机,即牺牲已经生产出来的生产力,来平衡社会生产和社会需求之间的关系,从而出现危机、萧条、复苏、繁荣、再危机的循环。

(二)习近平新时代中国特色社会主义思想是取得抗疫胜利的理论武器

新冠肺炎疫情是新中国成立以来发生的传播速度最快、感染范围最广、防控难度最大的一次重大突发公共卫生事件,对中国是一次危机,也是一次大考。中国共产党和中国政府高度重视、迅速行动,习近平总书记亲自指挥、亲自部署,统揽全局、果断决策,为中国人民抗击疫情坚定了信心、凝聚了力量、指明了方向。面对严峻的新冠肺炎疫情,我们党以习近平新时代中国特色社会主义思想为指导,坚持整体推进和重点突破相统一,坚持和运用系统方法,坚持立足当前和着眼长远相结合,有力扭转了疫情局势,用1个多月的时间初步遏制了疫情蔓延势头,用2个月左右的时间将本土每日新增病例控制在个位数以内,用3个月左右的时间取得了武汉保卫战、湖北保卫战的决定性成果，疫情防控阻击战取得重大战略成果，维护了人民生命安全和身体健康，为维护地区和世界公共卫生安全作出了重要贡献，彰显了科学方法论的威力。

坚持底线思维、系统思维，是我们党战胜风险挑战、不断走向胜利的重要思想方法、工作方法、领导方法。2019年1月，习近平总书记在省部级主要领导干部专题研讨班上郑重提出"增强忧患意识，坚持底线思维，防控重大风险"的命题，告诫全党既要警惕"黑天鹅"事件，也要防范"灰犀牛"事件。为打赢这次防控战，习近平总书记提出了"坚定信心、同舟共济、科学防治、精准施策"的16字疫情防控工作总要求，这都是坚持底线思维、系统思维的结晶。

1月20日，习近平总书记专门就疫情防控工作作出重要指示，要求各级党委和政府及有关部门把人民群众生命安全和身体健康放在第一位，制定周密方案，组织各方力量开展防控，采取切实有效措施，坚决遏制疫情蔓延势头。国家卫生健康委员会官方微信公众号"健康中国"1月21日发布消息，根据《传染病防治法》的相关规定，基于目前对新型冠状病毒感染的肺炎的病原、流行病学、临床特征等特点的认识，报国务院批准同意，国家卫生健康委决定将新型冠状病毒感染的肺炎纳入法定传染病乙类管理，采取甲类传染病的预防、控制措施。将新型冠状病毒感染的肺炎纳入法定传染病管理，各级人民政府、卫生健康行政部门、其他政府部门、医疗卫生机构可以依法采取病人隔离治疗、密切接触者隔离医学观察等系列防控措施，共同预防控制新型冠状病毒感染的肺炎疫情的传播。我们党立足地区特点和疫情形势因应施策，把武汉和湖北作为全国主战场，对其他省份加强分类指导，严守"四道防线"，步步推进、层层深入，形成了全面动员、全面部署、全面加强疫情防控的战略格局，同时遵循集中患者、集中专家、集中资源、集中救治的救治原则,把提高收治率和治愈率、降低感染率和病亡率作为突出任务来抓,彰显了整体推进和重点突破相统一的科学方法。

习近平总书记指出,疫情防控不只是医药卫生问题,而是全方位的工作,各项工作都要为打赢疫情防控阻击战提供支持。疫情暴发后,我们党举全国之力予以支援,组织29个省区市和新疆生产建设兵团、军队等调派330多支医疗队、41600多名医护人员驰援,迅速开设火神山、雷神山等集中收治医院和方舱医院,千方百计增加床位供给,优先保障武汉和湖北需要的医用物资,并组织19个省份对口支援,调动各方面积极性,抓好地域、资源、任务统筹,把疫情防控的各个方面、各种因素有机统一起来,多维度发力、多层面推进,实现协同联动,形成抗击疫情的强大合力,彰显了坚持和运用系统方法的优越性。

人民战争的思想,在抗疫战中得到灵活运用,发挥了巨大的威力。无数党员干部和白衣天使,在人民需要的时候义无反顾、迎难而上,谱写了一曲曲新时代的奉献之歌。正如习近平总书记所指出的:"各党政军群机关和企事业单位等紧急行动、全力奋战,广大医务人员无私奉献、英勇奋战,广大人民群众众志成城、团结奋战,打响了疫情防控的人民战争,打响了疫情防控的总体战,全国形成了全面动员、全面部署、全面加强疫情防控工作的局面。"[1]

习近平总书记指出:"经济社会是一个动态循环系统,不能长时间停摆。在确保疫情防控到位的前提下,推动非疫情防控重点地区企事业单位复工复产,恢复生产生活秩序,关系到为疫情防控提供有力物质保障,关系到民生保障和社会稳定,关系到实现全年经济社会发展

---

[1] 《中共中央政治局常务委员会召开会议 研究加强新型冠状病毒感染的肺炎疫情防控工作》,《人民日报》2020年2月4日。

目标任务,关系到全面建成小康社会和完成'十三五'规划,关系到我国对外开放和世界经济稳定。新冠肺炎疫情不可避免会对经济社会造成较大冲击。越是在这个时候,越要用全面、辩证、长远的眼光看待我国发展,越要增强信心、坚定信心。综合起来看,我国经济长期向好的基本面没有改变,疫情的冲击是短期的、总体上是可控的。"① 财政部5月18日公布的数据显示,由于复产复工的影响,4月份,全国一般公共预算收入为16149亿元,同比下降15%,降幅比3月份收窄11.1个百分点。其中,税收收入下降17.3%,降幅比3月份收窄14.9个百分点,国内增值税、进口环节税收、企业所得税等主体税种收入降幅均明显收窄,反映了复工复产接近或达到正常水平、经济社会秩序逐步恢复的良好态势,彰显了坚持立足当前和着眼长远相结合的科学方法。

匈牙利工人党主席蒂尔默·久洛认为,中国成功战胜疫情证明了习近平新时代中国特色社会主义思想的正确性。在以习近平为首的中国共产党领导下,中国独特的现代治理体系显示出强大力量和生命力。为人民所接受,同时也极其高效。近年来,执政的中国共产党在倾听人民的声音、打击腐败和提高执政能力方面取得了巨大成功。人民对中国共产党充满信心。人民相信这个在1949年建立新中国、并在1978年后带领中国走上改革开放道路的党。中国现代有效的执政体制实现了军队和人民政府快速、有效的整合。中国良好的军事医疗体系、中国士兵和所有抗疫参加者都具有极高的心理和思想训练水平。所有这些都证明了共产党领导的社会主义制度的优越性。②

---

① 习近平:《在统筹推进新冠肺炎疫情防控和经济社会发展工作部署会议上的讲话》,人民出版社2020年版,第16—17页。
② 姜辉主编:《中国战"疫"的国际贡献和世界意义——国外人士看中国抗疫》,当代中国出版社2020年版。

三、信仰的力量

无论是中国抗击新冠肺炎疫情的成功实践,还是中华民族实现了从站起来、富起来到强起来的历史飞跃,都是得益于中国共产党的领导。中国共产党是中国工人阶级的先锋队,同时是中国人民和中华民族的先锋队,是中国特色社会主义事业的领导核心,代表中国先进生产力的发展要求,代表中国先进文化的前进方向,代表中国最广大人民的根本利益。人们不禁要问,是什么使这个百年大党始终保持着先进性和纯洁性?是什么让这个全世界最大的政党永葆青春?一言以蔽之,就是中国共产党人对共产主义远大理想和中国特色社会主义共同理想的执着追求。

习近平总书记指出:"中国共产党之所以叫共产党,就是因为从成立之日起我们党就把共产主义确立为远大理想。我们党之所以能够经受一次次挫折而又一次次奋起,归根到底是因为我们党有远大理想和崇高追求。"[1] 共产主义的远大理想是中国共产党人的精神底色,是自建党以来无数代中国共产党人面对困难与挑战时一次次奋起的精神力量。

中国共产党之所以是全世界最大的政党,不仅是因为党员数量远超全世界其他政党,更是因为中国共产党不像西方政党仅为了某个党派、某个团体、某个阶级的利益而工作,而是为了实现无产阶级自身解放和全人类的解放。马克思恩格斯在《共产党宣言》中指出:"代替那存在着阶级和阶级对立的资产阶级旧社会的,将是这样一个联合体,在那里,每个人的自由发展是一切人的自由发展的条件。"[2] 这一科学论

---

[1] 《习近平谈治国理政》第 2 卷,外文出版社 2017 年版,第 34 页。
[2] 《马克思恩格斯选集》第 1 卷,人民出版社 2012 年版,第 422 页。

断清晰地描绘了共产党人为之奋斗的方向是实现共产主义，体现了中国共产党与西方政党的本质区别。

1922年7月16日至23日，中国共产党第二次全国代表大会在上海南成都路辅德里625号召开。大会根据世界革命形势和中国政治经济状况，制定了党的最高纲领和最低纲领。大会宣言指出，中国共产党是无产阶级政党，它的目的是要组织无产阶级，用阶级斗争的手段，建立劳农专政的政治，铲除私有财产制度，渐次达到一个共产主义的社会。这是党的最终奋斗目标，是党的最高纲领。为了实现党的最高纲领，大会提出在当时的历史条件下的最低纲领，即消除内乱，打倒军阀，建设国内和平；推翻国际帝国主义的压迫，达到中华民族完全独立；统一中国为真正的民主共和国。会议制定的最高纲领和最低纲领在历史上记录中国共产党成立时的初心，即为中国人民谋幸福，为中华民族谋复兴，最终目的是实现共产主义。

共产主义理想信念是中国共产党人的信仰之基、精神之"钙"、思想之舵，也是中国共产党区别于其他西方政党的本质区别。无数中国共产党人在危难时不顾个人安危，不计个人得失，勇做时代先锋，这些都是对共产主义理想信念的自觉践行，体现了中国共产党人的优秀品质。

2020年1月5日晚10点半，武汉市第一医院呼吸与危急重症科39岁的主治医师黄小龙接到上级电话，"不明原因肺炎疫情需要你马上支援金银潭医院！你能不能上？"黄小龙回答："我上，我是共产党员！""明早8点准时报到！"面对未知病毒的可怕，身经百战的他一晚无眠，更不敢告诉家人。次日早晨6点，家人还在睡梦中，他悄悄出门匆匆赶往金银潭医院。

2月1日，武汉市第一医院医务处主任余芳接到通知，需要从疫情一线中抽调医护人员。黄小龙自新冠肺炎疫情暴发以来，先后支援金银潭医院、参与本院疑似病人的诊疗、多次转运病人到定点医院、坐诊发热门诊、督导硚口区社区医疗等，整整30天未曾停歇过。2月2日晚，黄小龙主动找到余芳。"请您让我加入医疗队，我是呼吸科医生，有病毒性肺炎诊治经验，去过金银潭医院，善于消毒隔离及医护人员的自我防护，是最合适的人选。"2月3日上午，黄小龙的体温、CT和病毒核酸检测全部合格。当晚，他接到通知：入选雷神山医疗队第一梯队。

"我们是共产党员，郑重请求批准派我们到疫情防控最危险的前沿去！"1月30日，四川省达州市公安局交警支队直属一大队党支部第一党小组全体9名党员，向市公安局党委递交"请战书"。他们斩钉截铁地说："请组织上向我们下达最危险和最艰巨的任务，我们必将以对党的无限忠诚和最饱满的工作热情，竭尽全力完成任务。"

面对疫情，达州市委组织部迅速印发《致全市各级党组织和广大共产党员的倡议书》，全市公安机关广大党员民警、警务辅助人员带头参战，积极加入疫情突击小分队。截至2月1日，达州市公安局收到来自特巡警支队、交警支队、食药环支队、通川区公安分局、大竹县公安局、渠县公安局、开江县公安局等单位400余名党员干警、警务辅助人员争先恐后递交的印有自己"红手印"的"请战书"，共计100余份。在"特殊战场""特殊时期"以"特殊要求"坚定不移地做到了不缺位、做到位、有作为。

有这样一组统计数据，令人感动：在新冠肺炎疫情防控过程中，全国3900多万名党员、干部战斗在抗疫一线，1300多万名党员参加志愿服务，近400名党员、干部为保卫人民生命安全献出了宝贵生命。数字告诉世人，在人民群众生命健康受到威胁的时候，在抗疫斗争最焦灼的时候，是谁在挺身而出，是谁义无反顾。他们有一个共同的名字——中国共产党员。他们用自己的行动和事迹诠释着共产主义远大理想和中国特色社会主义共同理想,他们也让人民看到了共产主义者的社会责任和历史担当。

党旗飘扬在抗疫一线

四、无私的力量

2020年"两会"期间,习近平总书记在参加内蒙古代表团审议时发表重要讲话指出:"党团结带领人民进行革命、建设、改革,根本目的就是为了让人民过上好日子,无论面临多大挑战和压力,无论付出多大牺牲和代价,这一点都始终不渝、毫不动摇。"[1] 为什么我们党会把"让人民过上好日子"作为一切行动的根本目的?正是因为中国共产党"除了工人阶级和最广大人民群众的利益,没有自己特殊的利益"。这是由

---

[1] 《坚持人民至上　不断造福人民　把以人民为中心的发展思想落实到各项决策部署和实际工作之中》,《人民日报》2020年5月23日。

马克思主义政党的性质决定的，我们党谋的就是"绝大多数人的利益"。心底无私天地宽，不谋私利才能谋大利，才能真正做到以人民为中心。

党的十八大以来，从"人民有所呼、改革有所应"的全面深化改革，到"不让一个人掉队"的精准脱贫，从"刮骨疗毒、壮士断腕"的反腐败斗争，到"功在当代、利在千秋"的生态文明建设，正是因为始终把人民对美好生活的向往作为奋斗目标，中国共产党人才能以"功成不必在我"的无私境界和"功成必定有我"的历史担当，团结带领人民不断取得新的历史性成就，创造了震撼世界的中国奇迹，书写下温暖人心的中国故事。

人们常常以"特殊材料制成的人"来赞誉共产党员，其所以特殊，最突出的表现，就在于中国共产党员没有自己的特殊利益；共产党员常常以"紧急时刻、党员先上"要求自己，就在于每个人在入党时都宣誓"随时准备为党和人民牺牲一切"。环顾全球，世界上很少有哪个政党像中国共产党这样，在理论上鲜明提出、在实践中明确要求以人民利益为出发点和落脚点；很少有哪个政党像中国共产党这样，把公而忘私、奉献牺牲作为对党员的基本道德要求。正是这种无私的精神境界、强大的人格力量，让中国共产党始终保持持久的向心力，让鲜红的党旗始终能凝聚起各种力量，把中华民族变成一个坚强的命运共同体。

无私所以无畏。因为没有任何自己的特殊利益，中国共产党人敢于刀刃向内，自我革命、自我反省、自我监督。勇于自我革命、自我反省，从严管党治党，是我们党在长期领导中国人民进行革命建设实践中形成的光荣传统，是我们党最鲜明的品格，也是我们党最大的优势。

列宁指出："一个政党对自己的错误所抱的态度，是衡量这个党是否郑重，是否真正履行它对本阶级和劳动群众所负义务的一个最重要最可靠的尺度。公开承认错误，揭露犯错误的原因，分析产生错误的环境,仔细讨论改正错误的方法——这才是一个郑重的党的标志。"① 我们党之所以有自我革命的勇气,是因为我们党始终不忘初心、牢记使命,坚持为中国人民谋幸福、为中华民族谋复兴。除了国家、民族和人民的利益,我们党没有任何自己的特殊利益。不谋私利才能谋根本、谋大利,才有资格、有底气敢于直面问题、勇于自我革命。在领导中国革命、建设、改革近一个世纪的奋斗历程中,我们党为什么能够在现代中国各种政治力量的反复较量中脱颖而出?为什么能够始终走在时代前列、成为中国人民和中华民族的主心骨?根本原因在于我们党始终保持了自我革命精神,一次次拿起手术刀革除自身的病症,一次次依靠自身力量和与群众结合的力量解决自身问题,攻克了一个又一个看似不可攻克的难关。每到历史的重要关头,中国共产党都通过自我革命挽救了中国革命和建设,大革命失败后纠正陈独秀右倾投降主义错误,遵义会议纠正以王明为代表的"左"倾教条主义错误,社会主义建设时期总结"大跃进"的教训,党的十一届三中全会后反思"文化大革命",实行拨乱反正、改革开放,都是在历史的重要关头中国共产党通过自我革命挽救中国革命和建设事业的写照。

党的十八大以来,以习近平同志为核心的党中央清醒认识到党面临的风险挑战,领导全党提高政治站位,善于从政治上审视问题,对坚持和加强党的领导充满自信、决不回避退让,正风肃纪反腐,果断铲除政治腐败和经济腐败相互交织的利益集团,挽狂澜于既倒,夺取反腐败斗争压倒性胜利,体现的就是中国共产党自我革命的坚定决心与坚强意志。习近平总书记指出:"我们党之所以有自我革命的勇气,是因为我们党除了国家、民族、人民的利益,没有任何自己的特殊利益。""不谋私

---

① 《列宁选集》第4卷,人民出版社2012年版,第167页。

利才能谋根本、谋大利，才能从党的性质和根本宗旨出发，从人民根本利益出发，检视自己；才能不掩饰缺点、不回避问题、不文过饰非，有缺点克服缺点，有问题解决问题，有错误承认并纠正错误。"① 从制定中央八项规定，到修订《中国共产党巡视工作条例》；从修订出台《中国共产党廉洁自律准则》和《中国共产党纪律处分条例》，到出台《中国共产党问责条例》，再到修订出台《关于新形势下党内政治生活的若干准则》和《中国共产党党内监督条例》；党的十九大通过的新党章全文修改107处，党的十九大报告确立的重大理论观点和重大战略思想被写入党章，中国共产党在刮骨疗毒中解决了自身思想、组织、作风、纪律等方面存在的一系列重大问题，扭转了长期以来存在的管党治党失之于宽、失之于松、失之于软的局面，赢得了广大党员干部和人民群众的竭诚拥护，校正了中国特色社会主义前进的航向，为中国特色社会主义进入新时代奠定了坚实的政治基础。

在新冠肺炎疫情暴发初期，由于一些地方防控工作效果不明显，我们党从人民群众的生命健康出发，及时调整了一些地方领导同志的工作。2月10日，湖北省委常委会决定：免去张晋的省卫生健康委员会党组书记职务；免去刘英姿的省卫生健康委员会主任职务；上述两职务，由新到任的省委常委王贺胜同志兼任。2月13日，中共中央决定：应勇同志任湖北省委委员、常委、书记，蒋超良同志不再担任湖北省委书记、常委、委员职务。这些都体现了我们党勇于自我反省的品质。

习近平总书记指出："中国共产党的伟大不在于不犯错误，而在于从不讳疾忌医，敢于直面问题，勇于自我革命。"② 实践证明，我们党每一

---

① 《十八大以来重要文献选编》（下），中央文献出版社2018年版，第590页。
② 《十八大以来重要文献选编》（下），中央文献出版社2018年版，第589页。

次自我革命,都不是简单的自我修复,而是从里到外的深刻改造、深度重塑,使我们党能够一次次转危为安、化危为机,不断由小到大、由弱变强,带领中国人民从胜利走向胜利。

五、组织的力量

新冠肺炎疫情暴发前,坊间曾有一种声音认为,我们的基层组织涣散失灵,不能够承担公共职能。然而,疫情暴发以来,基层党组织在疫情防控工作中的作用不可小觑,他们在抗疫中起到了基石作用。

2月12日,一段视频开始在各个微信群中流传。视频中,多名身着白色防护服的人员在街道边上合影。视频拍摄者称,"看,要拍照了,真的是,每天来,就是来拍个照……这是防护服啊,就拍个照片……"。随后,视频镜头跳转至街道附近停车点,拍摄者拍摄到了有人用防护服擦一辆红色轿车,以及一名男子将防护服丢入垃圾桶的镜头。视频上的文字说明显示,拍摄地为武汉福星城。而网上有消息指出,视频显示的是汉口银行工作人员在武汉穿防护服摆拍,还用防护服擦车的情况。

视频一出,舆论顿时大哗:在抗疫的紧要关头,竟然有人以抗疫之名摆拍搞形式主义,还浪费宝贵的医疗资源。其心可诛!

但随着事件热度的进一步升温和网友的热烈讨论,更多的真相开始一点点浮出水面:

被拍摄到的是来自汉口银行的党员突击队,他们在抗疫的关键时刻响应党组织的安排,下沉到任务最重的红梅里社区,负责小区出入口的值守工作;

他们身上的防护服并非专用的医疗防护服,也并非来自任何政府部门的发放,而是自己在网上购买的工业防尘服,对病原体感染的防护

作用并不明显;

他们被拍到的时候正是午餐时间,他们只是利用一天中这一点点有限的休息时间来合影留念,而他们在其他时间里坚持在小区门口值守的情形,并没有出现在镜头里……

他们只是一些普通的党员,在平日的生活里,身边的人们可能甚至都不知道他们的身份,但是,在灾难面前,他们站了出来,站到了疫情面前,成为挡在危险和人民之间的坚不可摧的屏障。

无独有偶,在上海市静安区,一个很普通的老旧公房小区,一位社区工作者在笔记本上,总结了疫情期间需要开展的24项工作:

1. 摸排小区的所有出租户和外来人口,尤其是湖北籍人员;

2. 摸排小区的实有户数,要精确到家里的每个人;

3. 摸排市级重点名单,完成其他与防疫直接有关的基础报表;

4. 动态更新人口数据;

5. 每天和街道开视频会议,汇报工作,领取新的任务;

6. 督促物业加强小区出入口管控,对辖区内公共部位进行消杀;

7. 登记口罩(需求量)并为全小区居民集中去药店购买,再挨家挨户上门送口罩;

8. 照顾居家隔离居民的生活,为他们送菜、倒垃圾、记录体温,做好台账;

9. 管理居家隔离居民,严防隔离期间私自外出,一旦发现立刻报警(后来有了门磁感应器,一旦监控到异常开门,会发送短信到社区干部);

10. 照顾小区内的高龄老人、残疾人和其他特殊人群,不使他们因为疫情影响正常生活,包括但不限于电话慰问、买菜、配药、倒垃圾和送口罩;

11. 及时辟谣。针对事关自己辖区或兄弟辖区的不实流言,主动澄清,安抚居民的焦虑恐慌情绪;

12. 及时主动学习最新防疫政策。教育管理居民遵守特殊时期的政策，包括但不限于禁止扎堆，出门必须佩戴口罩，外来人员主动申报，不要打麻将。对于屡教不改的，按照流程上报，情况紧急的报警；

13. 发放社区出入证。与门卫一起执勤，测体温，劝返外来人员与车辆，劝返无证但坚持要出门的居民，劝返不戴口罩出门的居民。对于无正当理由拒不配合工作的人员，视情况报警；

14. 完成一些与防疫不直接相关，但需要填的报表；

15. 妥善处理居民之间的纠纷，教育居民不能歧视来返沪人员。做到科学防护，提防过度防疫；

16. 应付各类检查人员并按要求整改。接待审计人员；

17. 宣传防疫知识、国家政策，宣传上海市对待不同地区返沪人员的隔离政策，解答居民关于确诊、疑似病例社区管理的政策。做好微信公众号，及时发布社区最新消息；

18. 领取各类消毒防疫物资，宣传资料，合理使用，并做好台账；

19. 组织社区党员、楼组长、志愿者、普通居民开展各类基层防疫工作，包括但不限于执勤、巡逻、发口罩、清洁家园、关心特殊人群；

20. 配合社区医院、基层防疫部门工作，对接疑似病例、密切接触者；

21. 摸排有留学生和外籍人士的家庭，提前与他们取得联系，询问是否有归国计划；

22. 对于有归国计划的留学生、在外人员，亲自上门走访，查看其是否有符合市政府规定的居家隔离的居住条件，如实上报。没有条件的隔离人员，上级会在接到人以后，直接送去集中隔离；

23. 和公安、疾控、社区医院、街道一起，接境外回沪居民，坐专车回小区（没有宣布一律集中隔离14天时的操作方法），告知该居民居家隔离的应知事项和违反规定的法律后果；

24. 在楼组群内安抚因境外人士归来而"炸锅"的居民，正面回击一些明显带有歧视性、攻击性的不理智言论，并及时准确回应居民的合理意见诉求。

3月11日，习近平总书记来到武汉市东湖新城社区，同社区工作者、基层民警、卫生服务站医生、下沉干部、志愿者等亲切交流。4月8日，他给东湖新城社区全体社区工作者回信，再次肯定城乡广大社区工作者在疫情防控斗争中发挥的重要作用，向他们致以诚挚的慰问。这封回信的内容是这样的。

武汉东湖新城社区全体社区工作者：

你们好，来信收悉。我从武汉回来后，一直牵挂着武汉广大干部群众，包括你们社区在内的武汉各社区生活正在逐步恢复正常，我感到很高兴。

在这场前所未有的疫情防控斗争中，城乡广大社区工作者同参与社区防控的各方面人员一道，不惧风险、团结奋战，特别是社区广大党员、干部以身作则、冲锋在前，形成了联防联控、群防群控的强大力量，充分彰显了打赢疫情防控人民战争的伟力。我向你们致以诚挚的慰问！

现在，武汉已经解除了离汉离鄂通道管控措施，但防控任务不可松懈。社区仍然是外防输入、内防反弹的重要防线，关键是要抓好新形势下防控常态化工作。希望你们发扬连续作战作风，抓细抓实疫情防控各项工作，用心用情为群众服务，为彻底打赢疫情防控人民战争、总体战、阻击战再立新功。①

党的力量来自组织，组织能使力量倍增。中国共产党形成了包括党的中央组织、地方组织、基层组织在内的严密组织体系。这是世界上任

---

① 《习近平给武汉东湖新城社区全体社区工作者的回信》，新华社2020年5月9日电。

何其他政党都不具有的强大优势。在抗击新冠肺炎疫情的斗争中,正是千千万万这样的基层党员,构成了对抗疫情的基石。党的基层组织,依然发挥着自己坚强战斗堡垒的作用,党的十八大以来全面从严治党部署的伟大战略的前瞻性,在抗击新冠肺炎疫情的生死关头得到了最有力的证明。

"中国共产党460多万个基层组织,广泛动员群众、组织群众、凝聚群众、服务群众,筑起一座座抗击疫情的坚强堡垒。在疫情危及人民生命安全的危难关头,共产党员冲在最前面,全国3900多万名党员、干部战斗在抗疫一线,1300多万名党员参加志愿服务,近400名党员、干部为保卫人民生命安全献出了宝贵生命。广大党员自觉捐款,为疫情防控斗争真情奉献。注重在疫情考验中锤炼党员干部,检验为民初心和责任担当,对湖北省委和武汉市委领导班子作出调整补充,对不担当、不作为、失职渎职的党员干部严肃问责,对敢于担当、认真负责的党员干部大力褒奖、大胆使用,立起了鲜明导向。历经疫情磨砺,中国人民更加深切地认识到,风雨来袭,中国共产党的领导是最重要的保障、最可靠的依托,对中国共产党更加拥护和信赖,对中国制度更加充满信心。"[1]

---

[1] 中华人民共和国国务院新闻办公室:《抗击新冠肺炎疫情的中国行动》,人民出版社2020年版,第75页。

第二节　抄作业都抄不好的西方政党

一

新冠肺炎疫情暴发以来，中国共产党领导的多党合作和政治协商制度与西方政党制度在疫情防控上的治理效能形成了鲜明的对比。一边是在中国共产党领导下，全国上下团结一心，各尽所能、志愿奉献，最终有效控制新冠肺炎疫情，取得了重大的抗疫成果。而在地球的另一边，西方政客们面对严峻的疫情，依旧醉心于党争扯皮，拼命"甩锅"疫情防控不利的责任，让西方社会的普通民众苦不堪言。

加拿大曼尼托巴大学教授拉迪卡·德赛指出，"中国最初制定了一项国家战略，鼓励广泛的温度监测、佩戴口罩和勤洗手。随着疫情的发展和对新冠病毒认识的加深，中国依靠科学的风险分析方法来改进措施的实施。因此，中国制定了具体的方法，以适应省、县甚至社区的情况，适应环境的能力，并适应后者传播新的冠状病毒的性质"。但是，对于中国抗疫的有效措施，"大多数西方政府和媒体都不愿从中国的高效率中吸取经验，甚至不愿谈论中国在有效治疗方面取得的任何进展。更不用说讨论或采纳任何可能来自中国的解决方案了""以美国和英国为例，新自由主义削弱了资本主义国家的应对能力，摧毁了关键的机构，并导致它们失去了最好的工作人员。在这两种情况下，政客们都失去了所有的信誉，政治体系也变得混乱不堪。一个如此疲惫不堪的体系无法培养出应对当前危机的政治意愿和公共能力"。①

事实上，西方政党今日的表现绝非偶然。相对于中国共产党为实现共产主义和为人民谋幸福、为民族谋复兴的建党初衷，西方政党就是在党争中产生，西方政党制度就是西方政客为满足自身利益而相互扯皮的舞台。

一、为了扯皮而存在的利益集团

谈到西方政党和西方的政党政治，就不能不把视线聚焦到 17 世纪的英国。正是由于 17 世纪英国政治的乱局，才催生了西方的政党制度。

1660 年 5 月，斯图亚特王朝在英国复辟。在此之前，英国新兴资产阶级的代表人物克伦威尔领导的议会军大败王党军队，处死了当时的英国国王查理一世，于 1649 年成立了资产阶级共和国——英吉利共和国。但 1653 年，克伦威尔自认"护国主"，实行了军事独裁专制，共和国体制名存实亡。然而，克伦威尔的军事独裁梦并没有做多久，他本人于 1658 年病危。1660 年流亡法国的查理二世在英国复辟了斯图亚特王朝，英吉利共和国正式退出了历史舞台。

从文字上看，17 世纪的英国历史就是一场改朝换代的车轮战，"你方唱罢我登场"，虽然克伦威尔建立了资产阶级共和国，但共和国体制终还是昙花一现，英国依然处于封建王朝的窠臼中。事实上，英国历史

---

① 姜辉主编：《中国战"疫"的国际贡献和世界意义——国外人士看中国抗疫》，当代中国出版社 2020 年版。

与法国历史不同，我们能从法国历史上看到诸如法国大革命的史诗般的场景，但是从英国历史上我们看到的似乎都是在原地打转，历史进程似乎比欧洲大陆慢了不少。但魔鬼藏在细节中，在英国历史的蹒跚步伐中，往往蕴含着新事物的种子。作为军事独裁者的克伦威尔，虽然没有建立真正意义上的资产阶级共和国，但是由于其早期领导议会军战胜了王党军队，并处死了英国国王查理一世，重创了英国王权，同时也让议会的力量得以壮大，而在英国坊间也普遍认为王权应该受到议会的约束，国王的意志不能代替法律，凡是重要的法律必须由选举产生的议会多数通过以后才能生效。这些都为后来资产阶级政党的诞生提供了土壤。

王权的衰落迫使一些政客将注意力转移到了王权的对立面——议会。由于议会下院由数百人组成，政客若想满足自身利益，让议会通过能够实现自身利益的法案，就必须尽可能多地联合与自己意见一致的议员，因此，传统的议会派别开始向更广泛的利益共同体——政党转变。西方的政党政治呼之欲出。

1517年代表新兴资产阶级利益的德国基督教教士马丁·路德掀起的宗教改革捅破了中世纪欧洲的黑暗穹苍，公开挑战代表封建势力的罗马天主教会，整个欧洲大陆开始蔓延一股反天主教的思潮。这股思潮蔓延到英国，英国社会上下也蔓延着反天主教的社会情绪。

1678年4月，一位因宗教信仰反复无常而声名狼藉的教士泰特斯·奥茨编造了一起骇人听闻的"天主教徒阴谋"事件，声称一群耶稣会天主教徒曾在伦敦的"白马酒馆"秘密集会，计划谋杀国王查理二世，在英国恢复天主教，并打算邀请法国军队入侵，大肆屠杀新教徒。一股反天主教徒的怒潮迅速席卷英国上下。

查理二世没有子嗣，因此在查理二世死后，应当由其弟弟约克公爵

（即以后的詹姆士二世）即位。但这位约克公爵偏偏是一个铁杆的天主教徒，并且明确反对宗教改革，拒绝加入因宗教改革而产生的英国国教。英国议会围绕着王位继承权问题展开激烈争论。

1679年4月，在英国议会中，以沙夫茨伯里为首的政府反对派提出《排斥法案》，要求取消约克公爵的王位继承权，以消除天主教复辟的最大隐患。而以丹比为首的倾向于政府的保王派则从"正统主义"原则出发，坚持王位世袭制度，反对《排斥法案》，但因寡不敌众，未能阻止该法案在议会的通过。查理二世看到了议会对王权的挑战，旋即解散了议会，致使法案没能成为法律。

两派人在后来的议会内外斗争中，各自积极争取民众支持，而他们之间则毫不吝惜污言秽语，终日诽谤对骂，反对派骂保王派是专门打家劫舍的天主教匪徒，用爱尔兰语称为"托利"(Tory)，保王派则毫不示弱，骂反对派为残杀天主教士的强盗，用苏格兰语称为"辉格"（Whig）。由此，西方最初的两个政党就在这场骂战中获得了他们各自的名字——托利党和辉格党。在中文意义上，这两个党也可以称为匪徒党和强盗党。

不知是出于英国人传统的自黑，还是因为懒得取名字，两党非但不以为耻，反而引以为荣，最终都接受这一绰号作为正式名称，英国近代两大政党——托利党和辉格党由此诞生。托利党和辉格党的出现标志着英国政党萌芽的产生。

在随后的百年历史中，辉格党人和部分托利党人联手发动了"光荣革命"，推翻了支持托利党的詹姆斯二世，但两党的主流还是相互斗争扯皮。詹姆斯二世时期托利党占上风，"光荣革命"之后辉格党逐渐强势。安妮女王即位后，先是支持托利党，又利用两党的斗争坐收渔翁之利。1714年，安妮女王死后，乔治一世即位英国国王，托利党长期在野,由此诞生了半个世纪的"辉格优势"。乔治一世和乔治二世疏于英国朝政,辉格党得以一手遮天,以至于从 1714 年至 1760 年这段时间被有的历史学家称为"辉格党寡头政治"的时代。

1783 年小威廉·皮特成为首相,一些围绕在小威廉·皮特身边的人自称为独立辉格党或皮特党,但后世将他们称为"新托利党"。虽然新托利党与老托利党之间没有直接的组织关系,但是其与老托利党一样,在政治上相对保守,都有保王的政治倾向,但由于其资产阶级政党性质,其也主张限制国王的权力。这也为其后来的政党演变提供了条件。

1832 年,英国议会通过了改革法案,拥有选举权的范围扩大,参加选举的人数增多。在这种情况下,一个政治集团要在选举中获胜,就更要依赖政党这样的组织。在这次改革过程当中,托利党和辉格党分别更名为"保守党"和"自由党"。这是因为托利党一向信奉保守主义,墨守成规,反对改革,因而得名保守党。而辉格党因为历来支持议会改革,带有某种自由主义倾向,故得名自由党。至此,资产阶级政党正式成立。

通过西方资产阶级政党的发家史,我们可以看出西方政党从诞生之初,就是一群为了自身小集团的利益组成的政治团体,为了他们各自的利益集团,相互斗争扯皮,不惜谩骂造谣,"托利党"和"辉格党"的名字就是英国政党政治的真实记录。而作为社会绝大多数的英国人民,只能作为两党争斗的看客,眼巴巴地看着资产阶级利用党争饱其私囊。

作为西方政党制度的母体,英国政党政治深刻地影响着其他西方资产阶级国家的政党制度。从某种意义上说,美国现行的政党制度就是英国政党制度的种子在美国结出的果子,美国共和党犹如英国的托利党,美国民主党犹如英国的辉格党。疫情当前,美国共和党与民主党之间的扯皮,其实就是历史上西方政党党争的现代翻版。

二、"疫"塌糊涂的西方政党

中国疾病预防控制中心流行病学首席科学家曾光认为，美国拥有世界上最强大的疾控中心，在世界公共卫生系统中长期处于领导地位，他们有许多经验丰富的杰出专家。但问题在于，美国社会有自己的特征，中国能做的很多措施，美国是做不到的。

（一）一盘散沙

事实确实如此。被誉为"世界灯塔"的美国，既缺乏一个能够代表最广大人民群众根本利益的政党，也缺乏一个能够打破部门利益、贯通联邦地方、全面协调社会力量和起到集中领导、统一指挥作用的政治组织，更遑论政治上的凝心聚力和真正意义上的人民领袖。因为缺乏核心，所以即便中国疫情防控为世界拉响了疫情警报，即便中国抗疫的成就为世界防疫树立了榜样，但美国的抗疫行动依然姗姗来迟，并逐步成为疫情大流行的"震中"；因为缺乏核心，所以不同政党、利益集团之间争吵不休、相互指责，不断进行撕扯，直接导致了疫情应对的混乱；因为缺乏核心，所以地方与联邦之间各种抵触，甚至在抗疫行动上各自动作，甚至公开决裂，更遑论团结一心、分工协作。因为缺乏核心，所以他们的领导人只能在"推特上治国"、在"新闻发布会上指挥"，朝令夕改，甚至反复无常。

就这一点上来说，西方之乱不仅凸显了中国之治，还象征着西方政治制度的衰败。从所谓西方政治理论上来讲，西方政党制度是民主的工具，应该体现民意和人民的利益。然而西方的实践却一再表明，正是因为缺乏了这样一个毫无私利的"核心"，民众不仅会丧失思想武器，还会被迅速地分割成标签化的群体，直至不知道自己是谁，自己想要的究竟是什么。所以其结果不是民粹主义的欢呼，就是少数政治精英和利益集团的胜利，之后得到的，注定是不负责任的民主、否决国家的诞生和撕裂社会的加剧——不管是执政者面对明显不合理的事情不去解决，听任国家利益和人民群众受到损害的"理性"，还是反对党一味地找碴儿拆台，甚至为反对而反对，致使什么事情也办不成的无奈，更或是新的族群矛盾、社会利益的进一步分化导致的更为尖锐的社会撕裂。

（二）各怀鬼胎

2020年3月5日，知名"网红"医生、复旦大学附属华山医院感染科主任张文宏在线上直播中表示：目前新冠感染只有100多人，这对美国的医疗体系来说，可以从容应对，中国人无需为美国干着急。3月26日，张文宏受中国驻美国大使馆邀请在线解答留学生、华侨华人抗疫问题时再次表示：美国检测速度非常快，显示了美国的科技力量；而美国的ICU病床数量在全世界都是高的，所以就算在美国得了重症，也可以得到很好的治疗。美国各州抗疫在早期不同步，是正常现象，是体制问题，但他们的防疫是有数据模型推算的，他们非常清楚自己的底线在哪里。美国总统特朗普背后有全球最好的医疗团队，美国现存医疗资源和生产能力都很强。多长时间能控制住，看他们采取哪种方式，大家要有信心。同时指出：个人觉得美国政府会采取最合适的政策。美国医疗条件和人员素质是没有问题的。留在那里的人可以放心。而美国年轻人感染多，因为年轻人不戴口罩，社交活动多。

然而事实证明，面对来势汹汹的新冠肺炎疫情，美国的民主党与共和党不仅未能携手抗击疫情，而是各怀"鬼胎"。由于民主党人反对，共和党版的第三轮紧急经济援助计划，在参议院3月23日的程序性投票中未能达到60票的门槛,宣告失败。截至4月中旬,美国国会仍旧没有就下一步应该怎样应对疫情达成一致。在两党激烈党争的大背景下,由于美国重灾区的各州州长多为民主党人,由共和党主导的联邦政府和各州政府的合作也开始产生严重分歧。而美国总统特朗普更是"雷句"频出:从一开始的"病毒会自己消失的""我们认为我们已经很好地控制住了局势""数天内,新增病例数就会降至零",到后来的"我们的策略很有效果,许多好事都会发生""一切都很棒,我们会变得非常好",再到后来的"我们的确诊人数突然上升""不检测就没有病毒""都是奥巴马政府的错""都是世界卫生组织的错""都是中国的错",甚至公开号召将消毒液注射进人体抗疫、在疫情高涨的情况下尽快复工等。

特朗普一味地就新冠肺炎疫情"甩锅"

再加上美国民间因利益诉求不一致导致的各类消极抗疫行为和积极复工游行……美国的疫情愈演愈烈,截至美东时间2020年12月19日,人口约3.3亿的美国累计确诊病例已经达到1788万人,累计死亡数量更是超过32万人。

（三）各饱私囊

2020年3月20日，就在疫情开始在美国本土大规模蔓延之后不久，多家美国媒体抛出了一条爆炸性的新闻：有人在发国难财。

福克斯新闻网等媒体报道称，美国国会参议院文件显示，共和党人伯尔、吕弗勒、英霍夫，以及民主党人范斯坦都在美国股市跳水之前大量抛售股票。英霍夫抛售的股票价值40万美元，而其他三人抛售的股票都高达数百万美元。美国舆论怀疑，这些人利用自己的职位提前获知敏感信息，以此进行内幕交易。美媒称，伯尔是参议院情报委员会主席，范斯坦是该委员会副主席，吕弗勒的丈夫是纽约证券交易所主席，而英霍夫是参议院军事委员会主席。据美国有线电视新闻网报道，自新冠肺炎疫情暴发以来，参议院情报委员会定期收到有关疫情的简报。有众议员表示，伯尔作为参议院情报委员会主席，早已获知有关疫情的秘密简报，而他把真相告诉了自己的金主，同时向公众保证一切都很好。彭博社称，在伯尔等人抛售股票之时，特朗普政府和共和党领导人还在淡化疫情可能造成的破坏。

简单地说，堂堂美国参议院情报委员会正副主席为了确保自己和金主的利益，一边对公众拍着胸脯表示"新冠肺炎不算一回事"以争取时间，一边赶紧抛售手中的股票。

当新冠肺炎确诊人数逼近100万大关时，美国联邦政府不仅没有及时向地方提供支援，反而设立关卡、围追堵截，将多地原计划运往医院的物资以"收缴充公"的名义分给私人企业。据美国媒体《情报员》报道，联邦政府于3月底截获了马萨诸塞州订购的300万枚口罩。无独有偶，《迈阿密先驱报》也报道，4月中旬，迈阿密戴德县应急部门购买的100万个N95口罩遭到了联邦政府"接管"。而据美国网站"共同梦想"

报道:"白宫制定了一项所谓的'空中桥梁计划',旨在将各类个人防护用品置于联邦紧急事务管理局的协调之下,交付给私人企业体系,然后再由企业以盈利方式卖出,而非发放给各州。"哥伦比亚广播公司则更加直白地指出:"空中桥梁计划"的白宫负责人是特朗普女婿库什纳,该计划旨在让美国联邦政府于全球范围内寻找个人防护物资,之后移交美国私人企业,各州必须经过竞争,才能从这些私人公司购买物资。

中饱私囊的西方政党

美国是当前世界上最强大、最富有的国家,也是世界上科技水平最高、医疗卫生条件最好的国家,同时还被一些人认为是"最民主、最自由、最讲人权的国家",法律最健全、体系最完备、对病毒研究最深、各类非政府组织最发达。但为什么新冠肺炎疫情真的来到时,美国的疫情会如此严重?美国共和党与民主党各自盘算、各怀鬼胎、各自为政、各饱私囊是其中的关键影响因素。

第二章　CHAPTER TWO

体制优势：
集中力量　能办大事

这次新冠肺炎疫情是新中国成立以来传播速度最快、感染范围最广、防控难度最大的一次重大突发公共卫生事件。重大危机是考验执政党执政理念和执政效能的试金石。在以习近平同志为核心的党中央坚强领导下，中国坚持人民至上、生命至上，举全国之力，快速有效调动全国资源和力量，不惜一切代价维护人民生命安全和身体健康。中国特色社会主义集中力量办大事的制度优势，转为强大的国家治理效能。中国共产党严密的组织体系和高效的运行机制，在短时间内建立横向到边、纵向到底的危机应对机制，有效调动各方积极性，全国上下令行禁止、统一行动，坚决打赢疫情防控的人民战争、总体战、阻击战。经过艰苦卓绝的努力，中国付出巨大代价和牺牲，用3个月左右的时间取得了疫情防控阻击战的重大战略成果，维护了人民生命安全和身体健康，为维护地区和世界公共卫生安全作出了重要贡献，中国特色社会主义集中力量办大事的制度优势得到充分彰显。

对于一贯盲目崇拜"分权制衡"的西方政客和媒体来说，集中力量办大事显然已经超出了他们的政治理解能力。一方面他们无法否认中国疫情防控斗争的成就，另一方面又想对中国说三道四，他们检视了一下自己的理论武库，发现也只有"威权主义"能拿来挡挡风口。有西方媒体抨击中国政府的封锁和隔离措施，声称中国正在采取"威权主义"和"严酷"的应对措施，并且实施这些措施"给人们的生计和个人自由造成了巨大损失"。这种无端指责和无视中国防控成效的做法显然是经不起推敲的。嘲讽别人的成功，只能更加坐实自己的失败。集中力量办大事的背后，是中国国家制度和治理体系的强大支撑。

第一节　什么是大事？

———

中国共产党是用马克思主义武装起来的先进政党，辩证唯物主义和历史唯物主义是中国共产党人的思想武器。历史唯物主义认为，人民是历史的创造者。中国特色社会主义各项事业的发展，都要坚持以人民为中心。因此，符合国家和人民根本利益的事情，就是中国共产党集中力量要办的大事。

新冠肺炎疫情肆虐，威胁亿万人民群众的生命安全和身体健康，因此维护人民群众的生命权和健康权就是我们当前的头等大事。而在同样面对疫情的西方国家，政客们大可以用"群体免疫"等冠冕堂皇的理由来搪塞老百姓的迫切需要，权贵阶层的财产权和收益权才是他们眼中一等一的大事，这充分显示出西方国家的民主、自由、人权、法治都具有非常鲜明的阶级性。毛泽东在1949年9月的《唯心历史观的破产》一文中指出："世间一切事物中，人是第一个可宝贵的。在共产党领导下，只要有了人，什么人间奇迹也可以造出来。……我们相信革命能改变一切，一个人口众多、物产丰盛、生活优裕、文化昌盛的新中国，不要很久就可以到来，一切悲观论调是完全没有根据的。"① 恩格斯在马克思墓前的讲话中指出唯物史观是马克思的两大发现之一,"人们首先必须吃、喝、住、穿,然后才能从事政治、科学、艺术、宗教等等"。② 人的生命要得到维持和延续,就需要生活,就需要生活资料。而要拥有生活资料,就必须进行生产,每一种特定的生产方式和生产关系,都构成一定的社会阶级结构,进而形成一定的经济基础和上层建筑。

面对同样的疫情,不同的社会制度和社会体制,为什么表现出的差异犹如天壤之别?从根本上看,只有回到马克思主义唯物辩证法中才能找到最终的答案。在1883年德文版序言中,恩格斯曾对《共产党宣言》的核心思想作出如下概括:"每一历史时代主要的经济生产方式和交换方式以及必然由此产生的社会结构,是该时代政治的和精神的历史所赖以确立的基础,并且只有从这一基础出发,这一历史才能得到说明;因此人类的全部历史(从土地公有的原始氏族社会解体以来)都是阶级斗争的历史,即剥削阶级和被剥削阶级之间、统治阶级和被压迫阶级之间斗争的历史。"③ 马克思主义代表着一种新的以辩证唯物主义为指导的世界观和历史观,它认为:第一,经济和生产力是推动历史发展的根本动力;第二,阶级斗争、政治斗争、意识形态斗争,是推动历史发展的直接动力。具体来说,一定的经济生产方式和交换方式必然导致一定的社会阶级结构,而历史发展的走向,很大程度上是阶级斗争博弈的直接结果,生产力和经济对历史归根结底的决定性作用,很大程度上是通过阶级斗争、政治斗争、意识形态斗争等方式来直接推动的,尤其是社会从一种制度转变成另一种制度的时候。中国抗疫历程与

---

① 《毛泽东选集》第4卷,人民出版社1991年版,第1512页。
② 《马克思恩格斯选集》第3卷,人民出版社2012年版,第1002页。
③ 《马克思恩格斯选集》第1卷,人民出版社2012年版,第385页。

陈望道翻译的《共产党宣言》

以美国为代表的西方抗疫历程形成如此大的对比与反差，从根本上看，是社会主义与资本主义、无产阶级与资产阶级所代表的两种制度、两个前途、两条道路、两种命运、两大力量、两大阶级在新冠肺炎疫情这场大考面前的不同答卷。

面临这样史无前例的严重的突发疫情，处理不当就会在很短时间内导致几千万乃至几亿人的感染，几十万乃至几百万人的死亡。要保障人民群众的生命安全，办法只有一个，在共产党的领导下，全国人民充分组织起来形成有机的共同体，采取一切可以采取的断然措施，集中一切可以集中的力量，将疫情消灭在萌芽状态或者控制在局部范围内，不惜一切代价使所有感染者都尽量得到有效的救治，从根本上减少感染率及死亡率——而这一切只有无产阶级及其先锋队才能做到。

不仅仅是疫情，抗震救灾、抗洪抢险，粮食安全、两弹一星等一切涉及人民群众根本利益的事情，都是大事。从历史角度看，使中国人站起来，化解中华民族1840年以来面临的亡国灭种危机，是近代中国的头等大事。历史已经充分证明,扭转中华民族近代以来落后就要挨打的命运,依靠腐朽的封建地主阶级不行,依靠软弱自私的新生资产阶级也不行,只有通过中国共产党将中国工人阶级和全国劳动人民组织起来,才能真正实现民族独立和人民解放。

新中国成立70多年来,从战洪水、斗风雪到防非典、抗地震,在重大战略实施、重大科技攻关、重大工程建设、重大灾害防治过程中,我们形成了集中力量办大事的制度优势。在党的集中统一领导下,以人民利益为价值取向,坚持全国一盘棋、集中使用资源、调动各方积极性,才实现了一个又一个"不可能"、创造了一个又一个难以置信的奇迹,完成了一件又一件关系国计民生、国家安全与人民群众根本利益的大事。这是我国社会主义制度能够集中力量办大事的最大优势,也是我们成就事业的重要法宝。这一制度优势、这份制度自信,只有始终坚持在党的领导下,中国人民才一定能,中国才一定行。

第二节　合力战疫的中国

一、"一张图"，对所办大事统一规划

中国的抗疫成效令全世界瞩目，一个重要的原因是我们打的是一场总体战。2月3日，习近平总书记在中央政治局常委会会议研究应对新冠肺炎疫情工作时指出："疫情防控要坚持全国一盘棋。各级党委和政府必须坚决服从党中央统一指挥、统一协调、统一调度，做到令行禁止。各地区各部门必须增强大局意识和全局观念，坚决服从中央应对疫情工作领导小组及国务院联防联控机制的指挥。各地区各部门采取举措既要考虑本地区本领域防控需要，也要考虑对重点地区、对全国防控的影响。疫情防控不只是医药卫生问题，而是全方位的工作，各项工作都要为打赢疫情防控阻击战提供支持。"[①]

[①]《中共中央政治局常务委员会召开会议　研究加强新型冠状病毒感染的肺炎疫情防控工作》，《人民日报》2020年2月4日。

集中优势兵力打歼灭战,是总体战的鲜明特色。集中力量,才能保证重点;集中资源,才能实现突破。习近平总书记在应对疫情的相关讲话中多次谈到集中力量的问题,比如,"只有集中力量把重点地区的疫情控制住了,才能从根本上尽快扭转全国疫情蔓延局面";①"坚决把救治资源和防护资源集中到抗击疫情第一线";②"要统筹做好人员调配,尽量把精兵强将集中起来、把重症病人集中起来,统一进行救治,及时推广各医院救治重症病人的有效做法",③等等。习近平总书记指出:"正是因为始终在党的领导下,集中力量办大事,国家统一有效组织各项事业、开展各项工作,才能成功应对一系列重大风险挑战、克服无数艰难险阻,始终沿着正确方向稳步前进。"④

面对医疗物资短缺的问题,2020年2月14日,习近平总书记在主持召开中央全面深化改革委员会第十二次会议中提出了一系列系统、全面而又直接针对要害的部署,比如,"要健全统一的应急物资保障体系,把应急物资保障作为国家应急管理体系建设的重要内容,按照集中管理、统一调拨、平时服务、灾时应急、采储结合、节约高效的原则,尽快健全相关工作机制和应急预案""对短期可能出现的物资供应短缺,建立集中生产调度机制,统一组织原材料供应、安排定点生产、规范质量标准,确保应急物资保障有序有力""要建立国家统一的应急物资采购供应体系,对应急救援物资实行集中管理、统一调拨、统一配送,推

---

① 《中共中央政治局常务委员会召开会议 研究加强新型冠状病毒感染的肺炎疫情防控工作》,《人民日报》2020年2月4日。
② 《中共中央政治局常务委员会召开会议 研究加强新型冠状病毒感染的肺炎疫情防控工作》,《人民日报》2020年2月4日。
③ 《中共中央政治局常务委员会召开会议 研究加强新型冠状病毒感染的肺炎疫情防控工作》,《人民日报》2020年2月4日。
④ 习近平:《坚持、完善和发展中国特色社会主义国家制度与法律制度》,《求是》2019年第23期。

动应急物资供应保障网更加高效安全可控"等。①

辩证唯物主义既讲全面又讲重点,既讲主要矛盾又讲次要矛盾,既讲矛盾又讲矛盾的转化。习近平总书记不仅要求各级党委和政府必须坚决服从党中央统一指挥、统一协调、统一调度,做到令行禁止,而且要求密切跟踪疫情形势的不断变化,及时分析、迅速行动,坚定有力、毫不懈怠地做好各项工作,及时做到补短板、堵漏洞。

为什么只有中国共产党能够将全国人民的力量集中起来,完成中华民族的历史使命?这是由中国的社会主义体制所决定的。事实上,并不是所有后发国家都能够做到集中力量办大事。有的国家在某个时期、某些特殊情况下做到过集中力量办大事,但只有中国能够把集中力量办大事上升为制度,进而成为能够长期发挥重要作用的显著优势。在抗击新冠肺炎疫情的过程中,从中央到地方再到基层,从医务工作者到民警再到社区工作人员,从国有企业到集体企业再到民营企业,无论是条条还是块块,每一个部分、每一个环节,在病毒面前都没有自己的私利,都是党员干部冲锋在前,发挥先锋带头作用,每一个人都是在中国共产党的领导下,为了战胜新冠病毒、保卫全体人民生命安全而努力奋斗,这样中国共产党就将全国全民的物质力量、精神力量都充分动员、组织并集中起来了。社会主义体制,是社会主义国家的国体、政体、制度三者的有机结合,其最大的特点就是通过共产党作为无产阶级先锋队的政治作用,将全国各族人民组织团结起来,使无产阶级和广大劳动人民从一盘散沙式的自在阶级状态,上升为高度组织化、政治化的自为阶级状态,只有如此,才能实现真正的充分的民主,才能从根本上保

---

① 《完善重大疫情防控体制机制 健全国家公共卫生应急管理体系》,《人民日报》2020年2月15日。

障人民大众的政治、经济权利。也只有如此,才能真正做到"上下同欲者胜",才能真正做到将全国各族人民的力量动员和集中起来,克服一个又一个困难,完成一件又一件大事——从抗日战争到解放战争,从抗美援朝到援越抗美,从两弹一星到高铁5G,从抗洪抢险到抗震救灾,从抗击非典到抗击新冠,中国共产党就是这样带领中国人民一路走过来的。

二、"一竿子",保证从中央到地方政令畅通

习近平总书记指出,疫情防控要坚持全国一盘棋,各级党委和政府必须坚决服从党中央统一指挥、统一协调、统一调度,做到令行禁止。

此次新冠肺炎疫情,其传播速度之快是非常罕见的。任何一个单独城市的医疗卫生资源,都难以应对这样短时间导致几万人病毒感染的疫情。显而易见,只有集中全国之力,才能打赢这场对抗病毒的战争。针对疫情集中暴发在湖北和武汉,湖北医疗卫生资源短缺的情况,在党中央和国务院指导下,2月7日国家卫生健康委建立了16个省支援武汉以外地市的一一对口支援关系,以一省包一市的方式,全力支持湖北省加强病人的救治工作,维护好人民群众的生命安全和身体健康。

国家卫健委发布的各省对口支援湖北地市对应表

重庆、黑龙江——孝感	山东、湖南——黄冈	江西——随州
广东、海南——荆州	辽宁、宁夏——襄阳	江苏——黄石
福建——宜昌	内蒙古、浙江——荆门	山西——仙桃、天门、潜江
贵州——鄂州	云南——咸宁	广西——十堰
天津——恩施	河北——神农架林区	

习近平总书记指出:"在疫情防控工作中,要坚决反对形式主义、官僚主义,让基层干部把更多精力投入到疫情防控第一线。对党中央决

策部署贯彻落实不力的，对不服从统一指挥和调度、本位主义严重的，对不敢担当、作风漂浮、推诿扯皮的，除追究直接责任人的责任外，情节严重的还要对党政主要领导进行问责。对失职渎职的，要依纪依法惩处。"①

习近平总书记2月23日在统筹推进新冠肺炎疫情防控和经济社会发展工作部署会议上的讲话中指出："疾风知劲草，板荡识诚臣""关键时刻冲得上去、危难关头豁得出来，才是真正的共产党人。""各级党组织要在斗争一线考察识别干部，对表现突出的干部要大力褒奖、大胆使用，对不担当不作为、失职渎职的要严肃问责，对紧要关头当'逃兵'的要就地免职。要及时宣传和表彰表现突出的党员、干部和先进集体。对在斗争一线表现突出的入党积极分子，可火线发展入党。对在斗争一线表现突出的先进集体和个人，党中央、国务院、中央军委，各级党委和政府，各地区各部门各方面，要根据情况分层分级予以表彰和嘉奖。"②

世界上没有完美的政府，在疫情冲击面前，出现问题是必然的，中国的社会主义制度，决定了我们有非常强大的纠错能力，应对疫情的过程，本身也成为执政党改造自身、自我革命的过程。2020年5月1日出版的第9期《中国纪检监察杂志》刊发了湖北省纪委监委党风政风监督室副主任叶志强的文章《疫情问责坚持实事求是彰显人性温度》，其中披露，"从疫情发生截至4月中旬，湖北省处分疫情防控中失职失责党员、干部3000多人，其中厅局级10多人，县处级100多人。可以

---

① 《中共中央政治局常务委员会召开会议 研究加强新型冠状病毒感染的肺炎疫情防控工作》，《人民日报》2020年2月4日。
② 习近平：《在统筹推进新冠肺炎疫情防控和经济社会发展工作部署会议上的讲话》，人民出版社2020年版，第23—25页。

说,问责规模空前、力度空前,以有力问责推动疫情防控责任有效落实。""如何在这样大规模的问责中既避免出现问责过度、问责泛化倾向,又能彰显人性温度呢?实践中,湖北省纪委监委认真落实科学精准稳慎有效原则和'三个区分开来'要求,出台六条从宽处理规定,组织专门力量全面排查,主动纠正问责偏差,决不让'疫'线干部既流汗又流泪。"①

对于科层体制来说,官僚主义、形式主义是难以克服的痼疾,无论是传统社会主义国家还是资本主义国家,都普遍存在。从苏联1986年的切尔诺贝利事件,到日本2011年福岛核泄漏事故,现代化的大企业与政府在突发事故中表现出的僵化与无力让民众普遍失望。2009年4月,美国甲型流感大暴发,1个月后已经在全美蔓延,但是美国有线电视新闻网(CNN)、美国在线、雅虎等网站及电视集体失语,热衷报道"中国大陆确诊首例甲型H1N1流感"等信息。由于媒体刻意隐瞒相关信息,美国政府也未能采取有效的措施,至2009年11月14日,美国甲型H1N1流感感染者达5000万,约占总人口的50%,其中21万名重症患者不得不入院接受治疗,约1万人死亡。随后,病毒大面积传染给包括中国在内的全世界,给世界各国人民带来灾难。

中国共产党和中国政府时时刻刻将人民的生命放在首位,高度重视各种突发事故的危害和后果并采取积极预防及控制措施,对官僚主义、形式主义、蜕化变质等现象进行持之以恒的斗争,保证从中央到地方政令畅通,在贯彻执行上一竿子插到底,能够在各种突发事故和风险来临时最大限度降低人民的损失。

---

① 叶志强:《疫情问责坚持实事求是彰显人性温度》,《中国纪检监察杂志》2020年第9期。

三、"一盘棋",调动各方面围绕所办大事形成合力

习近平总书记指出,疫情防控不只是医药卫生问题,而是全方位的工作,是总体战,各项工作都要为打赢疫情防控阻击战提供支持。总体战的一大特点,就是从中央到地方再到广大人民群众,全国各条战线形成了统一的有机的密切联系的整体,我们打的是一场新时代的人民战争:各级党组织和广大党员、干部冲锋在前,广大医务工作者义无反顾、日夜奋战,人民解放军指战员闻令而动、敢打硬仗,广大人民群众众志成城、守望相助,广大公安民警、疾控工作人员、社区工作人员等坚守岗位、日夜值守,广大新闻工作者不畏艰险、深入一线,广大志愿者等真诚奉献、不辞辛劳,卫生健康、发展改革、工信商务、外交外联、交通运输、农业农村、应急管理、财政金融、文化旅游、科技教育、市场监管、社保医保、资源环境、国资林草等部门和纪检监察、组织、宣传、统战、政法等战线各司其职,人大、政协以及各人民团体等主动担责,等等。这一切充分体现了中国社会主义制度全国一盘棋的特点。

在以习近平同志为核心的党中央坚强领导下,全国上下拧成一股绳、下好一盘棋,中国特色社会主义的制度优势转化为强大的治理效能:"武汉封城",人民解放军医护人员率先进入武汉,全国各地42000多名医务人员、346支医疗队陆续奔赴武汉、驰援湖北;中建集团仅用10天时间建成有1000张病床的火神山医院,仅用12天时间建成有1600张病床的雷神山医院,解决了重症患者大规模收治难题。武汉市集中力量改造16家方舱医院,累计收治患者1.2万余人,使轻症患者应收尽收、应治尽治,有力扭转了防控形势。中国石化集团针对口罩原材料短期紧缺的情况,迅速生产熔喷布,并全部定向供应制作口罩,有效缓解了医疗物资供需矛盾。面对空前的疫情,十几亿人口的大国,水

不停、电不停、暖不停、通信不停、物资供应不断、社会秩序不乱……只有中国，只有在中国共产党领导下，才能做到。

另外一个方面，没有人民大众的支持，没有充分发动人民，仅仅依靠国家机器本身，其所能达到的效果也是有限的。中国共产党之所以是无产阶级和中华民族的先锋队，其关键之处就是能够与人民保持血肉联系，能够发动与动员人民群众克服一切困难和挑战。无产阶级的民主和社会主义民主，正是体现在这样的一种"血肉联系"之中。

为什么苏联东欧各国共产党及社会主义国家早已纷纷垮台，而中国共产党和中国社会主义制度却可以永葆青春？最重要的一点是，苏联东欧国家自赫鲁晓夫时代开始，就逐渐放弃了马列主义的建党原则，执政党日益脱离群众并开始蜕变成利益集团，最后在西方和平演变攻击下因无法得到人民强有力的支持而轰然倒地。与之相反，新中国成立以来，从毛泽东到邓小平再到习近平，中国共产党始终将党的建设放在各项工作的首位，始终强调思想入党以及理想信念的重要性，始终强调全党要永远牢记宗旨，不忘初心，牢牢坚持马列主义基本建党原则，使中国共产党始终保持先进性和纯洁性，始终成为无产阶级和中华民族的先锋队，始终成为全国人民的领导核心、组织核心，进而完成集中力量克服一切艰难险阻的伟大历史使命。

四、社会主义集中力量办大事原则与资产阶级"威权主义"的根本区别

1920年，列宁在《共产主义运动中的"左派"幼稚病》中分析过领袖、政党、阶级、群众间的相互关系，他说，"谁都知道，群众是划分为阶级的""在通常情况下，在多数场合，至少在现代的文明国家内，阶

级是由政党来领导的""政党通常是由最有威信、最有影响、最有经验、被选出担任最重要职务而称为领袖的人们所组成的比较稳定的集团来主持的"。① 列宁提出的民主集中制，正是依据无产阶级内部的现实政治关系提出来的。实际上列宁这里所说的无产阶级政党和领袖，正是指"有高度的自我牺牲精神"的"职业革命家组织"，忽视了这一点，列宁主义的政治原则就容易被扭曲为资产阶级的威权主义。例如，美国政治学家塞缪尔·亨廷顿在《第三波——20世纪后期民主化浪潮》中就认为："威权主义的主要的意识形态合法性在现代是马克思主义和列宁主义。它为一党专政和少数贪权恋职的官僚精英的统治提供了理论基础。"②

然而，威权主义本质上是为资产阶级政治服务的意识形态。在资产阶级革命的时代，资产阶级曾用自由、民主、平等等观念鼓动无产阶级参与推翻王室与贵族，但是初步政治化和组织化的人民大众一旦威胁到了资产阶级的利益，正如法国大革命中所发生的，资产阶级就会立刻蜕变为秩序党人，主张恢复传统的、封建的某些政治制度和秩序来限制乃至镇压人民，此时此刻，拿破仑、克伦威尔、希特勒就必然会被召唤出来，资产阶级国家必然是"以自由主义为表、以威权主义为里"的资产阶级的"民主专政复合体"。

极权主义，原本是自由资本主义发展到垄断资本主义和帝国主义阶段后，出现的一种政治现象。学术界普遍认为，意大利著名哲学家乔瓦尼·秦梯利（Giovanni Gentile，1875—1944年，墨索里尼法西斯政权的教育大臣，第二次世界大战将结束时被意大利游击队枪决）发明

---

① 《列宁选集》第4卷，人民出版社2012年版，第151页。
② 【美】塞缪尔·亨廷顿：《第三波——20世纪后期民主化浪潮》，刘军宁译，上海三联书店1998年版。

了这个词语,并且和墨索里尼一起在《法西斯的信条》一书中从正面意义上使用这个词语。极权主义的核心,是强调现代政府及一小撮精英通过对大众传媒、教育等机构对广大人民能够进行思想和意识形态上的影响、主导、操纵与控制。

1945年以来,美国政府及其情报机构推动的苏联研究项目就开始了。由于美国政府、军方各种各样的机构和福特、卡内基以及洛克菲勒等基金会的慷慨援助,一些主要的苏联研究中心在哥伦比亚大学、哈佛大学等相继成立,"冷战"是众多基金会和像美国空军这样的军方机构对苏联研究进行投资的主要推动力。1947年3月12日,美国总统杜鲁门发表了被称为"杜鲁门主义"的致国会咨文,他把世界政治分为以美国为首的自由民主和以苏联为首的"极权主义"两个对立的营垒,宣布美国将支持和帮助世界上所有抵抗"共产主义威胁"的力量。这时,"基金会、大学、中央情报局、联邦调查局和国务院之间进行公开和秘密的合作,以促进苏联研究的发展,并将那些亲苏分子拒之门外"。[①]

在军事情报机构——财团基金会——学术智库复合体的有计划、有组织、有目标地系统运作下,美国学术界掀起了将苏联等社会主义国家妖魔化为"极权主义"的系统性研究热潮。其中在美国学术界、政界及公共舆论界产生最广泛和深入的影响,并且被认定为关于"极权主义"问题最权威的著作,是哈佛大学俄国研究中心的政府系学者卡尔·弗雷德里克及其学生兹比格涅夫·布热津斯基于1956年合作出版的《极权主义专制与独裁政体》。该著作可以说是将苏联与德国法西斯类比进而妖魔化苏联的巅峰之作,一经问世就成为美国关于苏联研究的头

[①] 【美】伊多·奥伦:《美国和美国的敌人:美国的对手和美国政治学的形成》,唐小松、王义桅译,上海人民出版社2004年版,第144页。

号经典著作。布热津斯基的"学术"研究,从一开始就是在美国垄断财团和情报机构的一手操纵下进行的。

由于美国军事情报机构—财团基金会—学术智库复合体对美国乃至整个西方学术界、舆论界强大的主导力、操纵力、渗透力,虽然苏联、中国等社会主义国家和共产党军队是抵抗和消灭德国、日本法西斯势力的主要力量,但是仍然被曾经大力扶植德日法西斯势力的美国,贴上本来属于法西斯主义专有的"极权主义"标签。布热津斯基们开历史先河之后,美国及西方用"极权主义—威权主义"话语体系攻击和妖魔化苏联、中国的著作汗牛充栋,并牢牢控制美国和西方学术界、舆论界及广大民众的意识形态。

"极权主义—威权主义"是美国军事情报机构—财团基金会—学术智库复合体们制造的夹杂贬义和褒义、同情和憎恶的庞杂的话语系统:一个国家只要不服从美国的霸权,坚持独立自主的发展道路,即便是存在典型的西方民主自由制度(如智利的阿连德政权),也仍然是非常坏的威权主义乃至极权主义国家;一个国家哪怕是纯粹的法西斯国家,或者干脆连宪法也没有的君主专制国家,只要服从美国的世界霸权秩序(如智利的皮诺切特、西班牙的佛朗哥等),它就被这些政治学家们定性成好的、软性的威权主义国家。这个国家受美国保守主义政治哲学影响的学者们,也会从正面使用"威权主义"话语系统,并按照美国"威权主义"理论改造本国的政治版图,其目的是集中权力消灭和镇压左翼社会主义运动,为美国在本国推行更加彻底的软弱的自由主义制度铺平道路。

从历史上看,以美国为首的帝国主义国家于20世纪50年代至70年代在第三世界国家扶植了一大批半封建的依附于西方的独裁专制政权乃至军政府来镇压第三世界的民族民主革命和社会主义革命,如韩国的朴正熙、伊朗的巴列维、印尼的苏哈托、智利的皮诺切特、古巴的巴蒂斯塔、巴拿马的诺列加、菲律宾的马科斯、秘鲁的阿尔瓦拉多、哥伦比亚的皮尼利亚、巴拉圭的斯特罗斯纳、玻利维亚的巴里恩托斯、海地的杜瓦利埃父子……按照美国军事情报机构—财团基金会—学术智库复合体们的定义，这些美国大力支持的盟友们，都是"极权主义—威权主义"国家。当然，由于政治力量相对集中，时间一长久，这些独裁者如马科斯等就会和西方讨价还价，争取适当的独立性。所以，当无产阶级的革命风浪和第三世界的反帝运动被基本镇压下去后，西方垄断资产阶级又从20世纪80年代开始通过改良的方式，逐步将这些政权和强人淘汰，将这些国家改造成更加依附于西方的定期选举的、三权分立的、宪政民主的资本主义国家。

在20世纪的中国，无产阶级的社会主义政治逻辑与资产阶级的威权主义政治逻辑的差异，鲜明地体现在毛泽东与蒋介石的政治实践上。毛泽东按照列宁主义政治原则参与政治实践，其选拔干部梯队的主要依据是无产阶级严格的政治原则与革命原则，其中包括是否能够全心全意为人民服务、能否贯彻群众路线、在艰难困苦及生死考验面前是否具有列宁所说的自我牺牲精神。毛泽东对个人、家庭、家族以及自己的"政治山头"，都是一直冷酷无情到底的，但是对广大的无产阶级和普罗大众，却是无比温情的。而蒋介石的政治逻辑恰好相反，他所真正关心的并不是政治原则，在这一点上他是基于个人权力与家族利益的实用主义和机会主义者，他甚至对于自己集团内部左一点或者右一点的意识形态倾向都能容忍，其唯一的要求就是相关的政治人物和政治势力要能够服务于其个人及其家族的权力的稳固与延续——这样一种无法世袭的现代威权主义的政治秩序，在其身后最多能够保持一代人的时间而已。

关于马克思主义与资产阶级威权主义思潮的区别,马克思、恩格斯在《共产党宣言》中曾强调,"过去的一切运动都是少数人的,或者为少数人谋利益的运动""无产阶级的运动是绝大多数人的,为绝大多数人谋利益的独立的运动"。① 无产阶级运动的这种特殊性,意味着在共产主义实现之前,即便是在无产阶级政党产生并且成熟以后,无产阶级群众会长期存在自发性的趋势,在此局面下,由"职业革命家"组成的政党组织,始终是需要存在的。某些人将无产阶级革命运动与历史上贵族阶级或者资产阶级的革命政治运动混为一谈,认为革命成功后,无产阶级政党就应从革命党转型成执政党,这显然是违背列宁主义"职业革命家"政党组织的基本内涵的,其内在的阴谋就是将无产阶级政党改造成资产阶级的威权主义政党后,再企图向依附性的自由主义宪政模式转型。无产阶级政党作为革命党,并不仅仅是指狭隘的执行推翻资产阶级政权与资本主义制度这一历史使命的政党,其更本质的内涵是指,要想真正完成这一历史使命并按照不断革命的要求实现共产主义社会,就必须形成由"职业革命家"——即为了无产阶级的利益能够奉献一生的具有高度自我牺牲精神的人——所组成的政治组织,这是其与资产阶级政党最根本的区别之所在。

---

① 《马克思恩格斯选集》第 1 卷,人民出版社 2012 年版,第 411 页。

第三节 "疫"盘散沙的西方

一、美国央地矛盾中的商机

纵观美国及西方国家的抗疫历程，可以明显发现自上而下的各个层面、各个行业都处于一盘散沙的混乱局面。在中国社会主义体制抗击疫情过程中体现出明显的集中力量办大事优势的同时，美国政治体制不仅无法确定与解决大事，比如对疫情集中的地方采取严格的封城措施等，甚至连一些本来属于"小事"的问题也解决不好。而美国共和党的权贵们，却在联邦政府和地方政府的矛盾中，找到了发财的大好时机。

疫情暴发后，当各州向联邦政府寻求帮助的时候，特朗普对此回应：各州应该想办法建立自己的储存库，我可不是订货员，联邦政府只是后备。面对联邦政府的无作为，防疫成为各州自己的事情，美国经济最富裕的加利福尼亚州开始不满特朗普和白宫方面对防控疫情的表现，再次闹独立。

因为国家战略储备不足，特朗普2020年3月13日宣布美国进入国家紧急状态后,就第一时间告诉各州,自己想办法订购医疗物资。3月19日,特朗普再次强调,联邦政府"不是货运员",他建议各州州长"应该做很多工作"去市场上获得医疗物资。但美国多个州的医院与诊所透露,其物资或订单遭到联邦政府截走征用。美国联邦紧急事务管理署未将这些"收购"公开,也并未详细说明没收物资的原因、范围及物资去向。美国多家媒体调查发现,新冠肺炎确诊病例逼近100万大关的4月下旬,联邦政府不仅没有及时向地方提供支援,反而设立关卡、围追堵截,将多地原计划运往医院的物资以"收缴充公"的名义分给私人企业。美国媒体《情报员》报道,联邦政府于3月底截获了马萨诸塞州订购的300万个口罩。马萨诸塞州州长查理·贝克告诉媒体,这300万个口罩抵达纽约港口时被联邦"没收"。《迈阿密先驱报》报道,4月中旬,迈阿密戴德县应急部门购买的100万个N95口罩眼看就要到手,但最后一刻遭到了联邦政府"接管"。伊利诺伊州州长普里兹克告诉美国非营利性新闻网站"共同梦想":"白宫制定了一项所谓的'空中桥梁计划',通过该计划,把购得的防护物资发放给美国私人企业而非各州。""很不幸,我们正在和联邦政府、各州以及其他国家,竞争购买这些物资。""共同梦想"指出,"空中桥梁计划"在联邦紧急事务管理局的协调下,将个人防护用品交付给私人企业体系,然后再由企业以盈利方式卖出。《情报员》评论说,不仅如此,联邦政府还参与和其他各州竞买物资,在多州竞拍,把物资价格拉高十倍甚至更多。对于想要通过稀缺的资源途径购买物资的各州政府,联邦政府却对其插手,半路截取他们千辛万苦订购到的物资。①

---

① 《围追堵截,美联邦政府抢夺地方防护物资堪比劫匪》,http://m.news.cctv.com/2020/04/26/ARTIWfXvtFkh4rVyvvzIkXpT200426.shtml,央视网2020年4月26日。

上述说法得到了美国联邦紧急事务管理署主管新冠肺炎疫情物资供应的负责人约翰·波洛奇兹（John Polowczyk）的证实。在 2020 年 4 月 2 日举行的白宫新闻简报会上，当记者问及，这些航班运送的物资中，有多少比例将送往私营公司、联邦应急管理局和各州时，波洛奇兹回应称，"我们正在转移的主要是商业产品，它们将进入商业系统，然后通过医院和分销商之间的金融业务交易进行分销。"记者再次提问，"这解释了为什么各州说他们像 eBay 上一样竞价，因为物资供应流向私营部门，他们（各州）必须去那里获取"。波洛奇兹回复表示："事情通常就是这样。我不是在这里打乱供应链。这六个分销商有 600 至 700 个仓库。他们每天都有卡车去医院门口。"

哥伦比亚广播公司（CBS）也报道了"空中桥梁计划"，指出其白宫负责人是特朗普女婿库什纳，该计划旨在让美国联邦政府在全球范围内寻找个人防护物资，之后移交美国私人企业，各州必须经过竞争，才能从这些私人公司购买物资。[①]

按照"空中桥梁计划"，美国联邦政府动用国家的外交、航空资源，掏了大笔的空运费和采购费，从全世界买来的物资，最后卖给了美国 4 家私人企业。根据美国司法部的备忘录，通过"空中桥梁计划"运到美国的物资不受反托拉斯法的约束，可直接分销到私企，允许私企转售获利。按规定，私企用低于市场价买到的物资，有 50% 必须卖给联邦政府指定的重灾区、养老院、医院等机构。剩下的一半就可以自由"拍卖"，让各个州出大价钱来抢。[②]

---

① 《围追堵截，美联邦政府抢夺地方防护物资堪比劫匪》，http://m.news.cctv.com/2020/04/26/ARTIWfXvtFkh4rVyvvzIkXpT200426.shtml，央视网 2020 年 4 月 26 日。
② 《司法部备忘录》，https://www.justice.gov/atr/page/file/1266511/download，美国司法部网站 2020 年 4 月 4 日。

各种迹象显示,跟特朗普关系密切的共和党政客们借此大发横财。2020年3月底,美国政治新闻网站Politico刊登了一篇标题为《共和党筹款人期望靠新冠病毒赚钱》的报道,其副标题是"一位长期从事竞选活动的筹款人告诉客户,他不做政治了,而是转行去卖重要的医疗用品。"报道披露,这位名为迈克·古拉(Mike Gula)的共和党筹款人在一封邮件中对客户说,自己在新冠肺炎疫情中看到了赚钱的商机,并成立了新公司,专门出售疫情中供不应求的医疗设备。根据州记录,该公司名为"蓝色火焰医疗有限责任公司"(Blue Flame Medical LLC.),于3月23日在特拉华州成立。其官网描述的业务是出售冠状病毒检测试剂盒、N95型防毒口罩和多种个人防护设备以及其他难以找到的抗疫医疗用品。然而,当被问及在全国医院短缺时他如何购买到此类设备时,古拉表示,"我与很多人有关系"。

古拉作为资深的共和党筹款人,曾为20多名议员筹集资金,其中包括蒙大拿州的史蒂夫·戴恩斯、南卡罗来纳州的蒂姆·斯科特、宾夕法尼亚州的帕特·图米、威斯康星州的罗恩·约翰逊、亚利桑那州的玛莎·麦克萨利和北达科他州的凯文·克莱默。在一次采访中,古拉的合伙人表示,蓝色火焰医疗有限责任公司已经在向佐治亚州及其他州卖医疗用品了。该合伙人特别骄傲地说,"他们是求着我们买补给的""不是我夸口,但我们现在可能代表着新冠肺炎耗材的最大全球供应链,我们已经准备好出一亿个口罩订单了"。

利用大规模的流行病和疫情发财,是美国寡头富豪和主流政客的传统。美国前国防部长拉姆斯菲尔德2001年1月上任时仍然持有与国防和生物科技相关的私人公司的大量股票,其中包括吉利德科学公司的大量股票,该公司拥有一款能治疗H5N1型禽流感药物的专利权,这款药物名为达菲(Tamiflu)。吉利德科学公司将达菲的生产和销售委托给瑞士罗氏制药公司,并从罗氏制药获得销售额10%的特许权使用费。H5N1型禽流感疫情暴发后,美国联邦政府成为达菲的全球客户。2005年7月,美国国防部购买了价值5800万美元的达菲。同年10月,美国国防部下令给所有的美国军人,不论驻防在世界上哪一个角落,一律服用抗禽流感药物。拉姆斯菲尔德还宣布,他将划出10多亿美元预算来购买和储存达菲。如此官商不分,让人叹为观止。2006年,拉姆斯菲尔德宣布辞职前3周,小布什签署了《国防授权法案》,该法案规定遭遇公共健康急难,总统可调用军队实施隔离检疫并确保禽流感等药物供应。这对吉利德科学公司等制药公司是大好消息,短短5个月时间,其股价上涨了24%。2001年1月,吉利德科学公司的股价大约每股7.45美元,拉姆斯菲尔德卸任时,这只股票价格为每股67.6美元,一共上涨了8.07倍,单单从这只股票身上,拉姆斯菲尔德就获利4000万美元左右。在美国,像拉姆斯菲尔德这样的权贵兼大资本家,就是可以这样合法或者半合法地腐败。

美国的政治经济制度,决定了这场新冠肺炎疫情成了美国资本以及极右翼政客们发财的大好时机。被牺牲的,则是广大美国普通民众。

2020年5月6日,美国有线电视新闻网(CNN)援引一项由4所大学的流行病学家、临床医生与其他医学研究机构的研究称,根据美国人口普查局数据,非洲裔人口占美国人口的13.4%,但非洲裔人口较多的县的病例数占据了美国所有新冠肺炎确诊病例的一半以上,死亡病例则占全部死亡病例的近60%。参与这项研究的科学家们指出,社会条件、结构性因素与其他因素增加了非洲裔美国人社区新冠肺炎诊断与死亡(率高)的风险,其中,结构性因素包括医疗保健渠道、家庭密度、失业以及普遍的歧视问题等。造成这种差异的,并非非洲裔美国人社区的内在特征或个人层面的因素。由于美国政府及美国统治阶级的抗疫不力，短缺的物资、短缺的医护人员、庞大的危重病例尤其是死亡病例，给一线医生带来了巨大的工作与心理压力。据美国媒体报道，当地时间2020年4月26日，纽约一位在抗疫一线的医生洛娜·布雷恩被发现在弗吉尼亚州的家中自杀，享年49岁。她生前并没有任何精神方面的疾病，仅仅是因为无法面对急诊室内大量的患者死去，在巨大的压力之下心理崩溃选择自杀。她的同事说："这里的压力让每个人都快疯了。医护们歇斯底里，士气低落。他们简直不敢相信眼前看到的一切。她是一个领导者，有活力的个性……一个伟大的人，是好同事和朋友。"《纽约每日新闻》报道，在全美的疫情中心纽约，每一个医院里的防护设备都是严重短缺的。一个口罩戴5天或者戴到脏，医生穿着自制的薄如纸张的防护服，在纽约的医院里都是很常见的。为了尽量保护自己不被感染，美国大部分一线的医护人员都在发挥创造力，用日常的生活用品制造防护装备，比如雨衣和垃圾袋。美国《纽约邮报》2020年3月26日报道，3月24日晚，纽约市曼哈顿西奈山医院的医护人员凯利（48岁，是这家医院的一名护士长助理）因感染新冠病毒去世。凯利所在的西奈山医院因为纽约疫情的大暴发，口罩和防护服等个人防护装备严重短缺。发布在社交媒体脸书上的一张照片显示，西奈山医院的三名护士不得不身穿黑色垃圾袋作为临时防护服。

2020年5月5日，纽约一位负责治疗冠状病毒的一线护士尼科尔·西罗泰克发布了一段视频表示，医院已经不像以前那样人满为患，病房里有足够的护士，然而，每天都有病人因为医疗疏忽和管理不善而"被谋杀"，但"没人在乎"。尼科尔·西罗泰克绝望地讲述道，一位住院医生给一名仍有心跳的病人去纤颤，尽管自己提醒了麻醉师其错误做法，但他并未理睬，结果造成病人死亡。"我很确定，如果你给一个心率为40而且心率稳定的人去纤颤,那就是谋杀。"有一个病人在被麻醉医生插管时,食道被弄破了,最终被自己的血呛死了。还有一次,一位医生给病人装上呼吸机后没有调整正确,最终导致病人的肺被吹爆了。西罗泰克表示,患者不是死于新冠病毒,在某些情况下是由医疗干预造成的,"他们在谋杀这些患者,但没人在乎"。

2020年9月下旬,《时代》周刊公布了新一期(9月21日刊)杂志的封面,一改标志性的红色边框,变成了一张黑色打底、布满白色文字的图片。这是继2001年的9月11日之后,《时代》周刊的封面再次变黑。封面汇集了2020年2月29日至9月8日每一天美国因新冠肺炎死亡的病例数,而这些文字构成了一个硕大的20万数字。图片下方是红色的字,写道:"一个美国式失败"

为了推卸责任,美国政府对确诊病例、死亡人数等基本信息的披露避重就轻、含糊不清,甚至对防疫专家搞起行政审查和打击报复。据《纽约时报》报道,美国华裔女医生朱海伦早在2020年1月就对美国国内的疫情发出警告,并在2月份将检测结果报告美国监管机构,却被当局下令封口。2月底,白宫要求美国的官员和卫生部门、专家在对疫情公开表态之前,必须得到彭斯副总统办公室的批准。2020年3月2日,美国疾控中心以数据不准为理由,停止发布与检测人数和死亡人数相关的数据。这在美国国内引发轩然大波,率先公布这一消息的《信息通讯》记者裘德·勒格姆直言"这是掩盖,这是丑闻"。由于美国官方的失职,美国确诊和死亡病例的统计至今仍由高校完成。据约翰斯·霍普金斯大学提供的数据,截至2020年12月19日,美国新冠肺炎累计确诊超过7388万例,累计死亡32万人。作为一个最发达的资本主义国家,美国新冠肺炎的感染率和死亡率却在全球名列前茅。

二、新冠肺炎疫情下的新自由主义之恶

在美国,联邦政府不仅没有起到统一领导全国各地对抗疫情的中枢作用,反而成了众多灾难和混乱的根源。西方资本寡头永远只会将自身的利益放在首位,这是资本主义市场经济铁的规律,这一根本定律决定了英美等国家在疫情面前更加倾向于采用自由主义,放任自流、软弱涣散的"群体免疫"策略。

虽然中国早于2020年1月3日就向美国政府正式通报了疫情信息,1月23日便采取了举世瞩目的果断封城措施,并且不断地用公开透明的数据说明此次新型冠状病毒的危险性,但是特朗普在1月3日至3月13日长达2个月多的时间内,应对病毒的措施就是加大对中国的封锁力度(贸易摩擦题中之义),加强对中国抗疫措施的恶毒攻击,同时在台湾、新疆、西藏、香港、南海等问题上加强对中国内政的干涉。而此时美国国内实质性的抗疫措施,却几乎没有实施,仍然是和英国"群体免疫"类似的放任自由主义的"大号流感"措施。

根据新华社等媒体的报道和从中国国家卫生健康委员会、科研机构等有关方面了解到的信息,早在2020年1月3日,特朗普政府就收到了来自中国的关于新冠病毒的第一个正式通知。自1月3日起,中方开始定期向美方通报疫情信息和防控举措,中方定期与世界卫生组织、有关国家和地区组织以及中国港澳台地区及时、主动地通报疫情信息。至2月3日,中方已经向美方通报疫情信息和防控措施30次,内容包括同美国疾控中心在华项目负责人实时分享中方诊疗方案、防控方案等。

美国承认的首例国内确诊患者的发现日期是2020年1月21日,就在同一天,韩国也发现了首例患者。然而,韩国努力向中国学习,及时封锁了大邱市、庆尚北道地区,对大邱市民逐一进行病毒检测,同时对境内新天地教会信徒强制进行病毒检测。

2020年1月30日,世界卫生组织宣布疫情为国际关注的公共卫生突发事件,这是世界卫生组织最高等级的预警,同时已经明确警告:预计任何国家都可能出现进一步的国际输入病例。因此所有国家都应做好控制疫情的准备,包括主动监测、早期发现、隔离和病例管理、接触者追踪,防止新冠病毒的进一步传播。

而在长达一个多月的时间内,美国总统特朗普仍然未采取任何措施。

2020年2月26日晚间,特朗普和美国疾病控制与预防中心官员等一同出席新闻发布会时吹嘘,美国新型冠状病毒蔓延的风险"非常低";疫苗研发"进展迅速";美国已经做好"一切应对措施"。特朗普指责民主党人"夸大疫情""恐慌市场",强调每年美国死于流感的人数在2.5万到6.9万之间,相比之下,只有2700人死于新冠肺炎。特朗普表示,由于采取了旅行禁令和隔离等措施,美国新型冠状病毒蔓延的风险"非常低",但美国"已经做好了一切应对措施"。

世界卫生组织3月3日公布全球确诊新冠肺炎3.4%的病死率,特朗普接受福克斯新闻网电话采访时公开叫板说这是假的,"我看就不到1%",他还在福克斯电视节目中将新冠肺炎(coronavirus)说成是"新冠流感"(corona flu)。截至2020年3月4日晚,美国已经累计确诊158例、病死11例,然而,美国的实际感染人数远远高于这个数字。由于缺少检测病毒的试剂盒,各地仍有大量疑似人群等待检测,华盛顿州、加利福尼亚州出现聚集式感染,多地进入紧急状态响应。

实际上,进入2020年3月份,美国疫情已经非常严重,但特朗普3月9日还在推特上称,2019年有3.7万美国人死于普通流感。流感死亡数字平均每年在2.7万到7万之间。生活和经济还在继续。目前确诊的新冠肺炎病例有546例,死亡22例。想想看吧!

在这个阶段,韩国不断增强检测试剂盒的供应,截至2020年3月12日,累计检测数量超过210000人,甚至能够创造一天检测80000人的记录,韩国疫情也基本得到控制,疫情最严重的大邱市与庆尚北道只新增81例,全国其他地区除首尔新增19人外,只有零星案例。在中国和韩国的疫情都得到控制的3月中旬,美国疫情已全面失控。

美联邦政府首席传染病专家福奇2020年3月12日表示,美国的疾病检测系统在新冠肺炎暴发期间"完全失败了"。2020年3月28日,美国《纽约时报》一篇名为《错失的一个月:失败的病毒检测如何使美国对新冠肺炎视而不见》的报道指出,由于技术缺陷、监管障碍、官僚主义和领导层事务等多重因素,美国早期未能对疑似病例进行大规模检测,使得美国"缺失了一个月",白白错失了遏制疫情的最佳时机。

直到2020年3月12日,迫于国内疫情暴发后的井喷式发展,以及国际疫情尤其是欧洲意大利、西班牙、英国、法国等疫情蔓延势猛的巨大压力，美国政府才极不情愿地宣布对欧洲的"禁航令"，13日才宣布美国进入国家紧急状态，17日才发布未来半个月美国人行为规范，建议在家、禁止聚会等。至此，疫情已经大规模扩散，特朗普可能造成的无辜人的死亡已经是以十万计了。2020年3月29日，特朗普在记者会上提到220万人死亡的最坏估计，他声称："如果我们能把数字压低到10万的话……那我们就算做得不错了。"

由于有意无意的拖延，美国与英国最终很可能执行的就是"群体免疫"的方案。

值得关注的是，美国宣布进入国家紧急状态的同时，中国的每日新增病例已经稳定在两位数，这意味着中国的抗疫工作取得了初步的胜利。3月13日下午，美国总统特朗普宣布进入国家紧急状态。在回答记者提问时，迫于事实，特朗普才对中国的抗疫工作给予了积极评价，认为中国虽经历了艰难时刻，但对疫情的控制效果显著："他们的数字看起来很好，真的很好，我们对此感到高兴。"

特朗普在这场疫情中的表现非常诡异，从1月3日至3月13日长达70天里坚持"大号流感"论，他多次在公开讲话时表示出对疫情暴发的"轻视"，称病毒总有一天会"奇迹般地"消失。例如，2月23日，特朗普毫无根据地在推特声称，"在美国，新冠病毒得到了彻底的控制"。2月27日，在白宫会议上，特朗普表示，"总有一天它（新冠病毒）会消失，就像一个奇迹"。

自2020年3月初开始，英国及欧洲疫情不断蔓延。3月12日，英国单日确诊数破百纪录达到134例，累计确诊596人，其中10人死亡。当时，根据中国应对疫情的成功方案，英国各界普遍呼吁采取强力隔离措施，阻止疫情蔓延，然而英国首相约翰逊3月12日在一场记者会上却宣布英国进入抗疫第二阶段——"拖延"（Delay）阶段。约翰逊在记者会上坦承:"这是这一代人所面临的最严重的公共卫生危机,许多家庭将提早失去他们的挚爱亲人。"

但奇特的是,约翰逊同时宣布不会关闭英国的学校,也不禁止大型活动,只是建议轻微感染者在家待一周,禁止70岁以上老人公开活动。他表示:"根据科学建议,停课弊大于利。"彭博社随后刊文指出,英国的防疫策略是:让病毒在英国缓慢传播,慢慢地让大部分人都得病,以获得群体免疫力,而这一解读被英国政府彻底证实。3月13日,英国政府首席科学顾问帕特里克表示,将需要大约60%的英国人口感染新冠病毒以获得"群体免疫力"。3月16日,英国帝国理工学院的新冠病毒应对小组发布的报告显示,英国政府的"群体免疫"策略,将"可能导致数十万人死亡,卫生系统(尤其是重症监护病房)将不堪重负"。2020年4月12日,美国《华盛顿邮报》报道称,其实在英国提出"群体免疫"之际,美国总统特朗普也曾想过这件事。特朗普在3月份的一次特别工作组会议上,曾询问过美国顶级传染病学家、"抗疫队长"福奇,"为何我们不让新冠病毒席卷(wash over)全美呢?"其他政府官员表示,特朗普已在白宫多次提出过这个问题。

特朗普不仅没有设法应对,解决疫情的蔓延;相反,他代表美国政府作出的这些故意的、轻率的公开表态与舆论宣传攻势,反而是在鼓动、推动美国大众以更加快速的方式去"拥抱"与"感染"病毒。如果特朗普什么也不说、什么也不做,很多地方政府尤其是民主党的地盘和民众会采取更加严厉的防疫措施,新冠肺炎疫情造成的死亡也不会如今天这般严重。某种程度上可以说,美国的新冠肺炎疫情及几十万人的死亡,就是以特朗普为首的新法西斯主义集团有意无意地一手制造出来的。

美国疫情恶化后,特朗普宣称"一直都知道一场流行病正在蔓延""新冠病毒比季节性流感更严重""美国人应该为超过10万人死于（新冠肺炎）做好准备"。2020年3月22日，正在美国疫情如火如荼发展的时候（单日新增5000多例），特朗普却非常离奇地在社交媒体推特上留言，不满大规模隔离防疫措施致使美国经济停顿，认为那是"本末倒置"，主张全美尽快复工。3月23日，美国右翼势力控制的主流媒体又大肆宣传"（贫穷）老人可以为国牺牲"，69岁的美国得克萨斯州副州长丹·帕特里克在接受福克斯新闻采访时建议美国尽快复工，包括自己在内的很多年长者会为年轻人作出牺牲，以拯救美国经济。

要理解特朗普政权的这些离奇而反常的做法前，必须明确指出，这一切是由美帝国新法西斯主义的政治本质所决定的。美国学者威廉·I.罗宾逊指出，以特朗普政权为代表的21世纪美帝国新法西斯主义与20世纪30年代的法西斯主义有很大差别，特朗普在执政的第一年，其经济政策是放松管制、削减社会支出、摒弃福利国家残余、私有化、减免企业和富人的税收以及扩大对资本的国家补贴，"是一种吃了兴奋剂的新自由主义"。然而，德国和意大利的法西斯主义出现在民族国家资本主义的鼎盛时期，它确实通过社团主义的安排给一部分工人阶级提供了一些物质利益——就业和社会工资，即使当它对优选群体以外的人发动种族灭绝时也是如此。在全球化资本主义时代，美国或其他地方几乎没有可能提供这样的好处，以至于现在"法西斯主义的工资"似乎完全是心理上的。

在美国、英国等新自由主义国家，无论是金融资本的过度扩张还是数字技术、生物技术等新技术的高速发展，都造成了庞大的过剩劳动力和人口，正如威廉·I.罗宾逊所说的，"在全球化背景下，产生剩余劳动力的过程加速了"，金融危机"为资本提供了加速迫使更少的工人产生更大生产力的机会"，"再加上新一轮大规模的原始积累和数亿人被迫背井离乡，已经产生了一支新的全球剩余劳动力大军，它远远超出了马克思所讨论的传统劳动力后备军的范围"。种种现象显示，过剩人口在美国、英国等新自由主义浪潮肆虐的国家已经成为非常明显的问题，如果不加以解决，不仅会影响垄断资本寡头的利润，还会导致政治的不稳定。威廉·I. 罗宾逊指出，"过剩人口不能消费，因而没有为跨国资本提供重要市场。统治集团面临着如何遏制过剩人口现实的和潜在的反叛这一挑战"。威廉·I. 罗宾逊认为，"随着数字化导致资本集中、两极分化加剧、剩余劳动力队伍的扩大，面对现实的和潜在的抵抗，统治群体求助于将新技术应用于大众社会控制和镇压"。

以美国来说，当年的婴儿潮一代已经进入老龄化阶段，美国庞大的工人阶级的贫穷的老年人口，不但不可能为资本贡献丝毫的产品和服务，无法产生任何利润，也没有任何强劲购买力形成有效消费市场，更不可能上战场为垄断资本寡头充当侵略他国、屠杀他国人民、掠夺他国财富的炮灰，而且他们的存在还导致国家必须加大对资本寡头的税收，以解决其长久的医疗保障问题，这在信奉极端新自由主义、极端种族主义和社会达尔文主义的美国资本寡头们看来，已经是一个完全不必要的、成本远远大于收益的亏本买卖与沉重负担。在这个框架下，特朗普在美国新冠肺炎疫情蔓延期间的神奇操作就完全可以理解了。美英政府故意拖延疫情，搞所谓的"群体免疫"，其实质就是通过疫情扩散让上百万乃至上千万贫穷人、老弱病残人牺牲，并将罪责嫁祸给中国。

美国宣布进入国家紧急状态前，特朗普伙同美国其他政客统一口径，扬言要将新型冠状病毒命名为"中国病毒"，这完全背离了世界卫生组织不能使用国家或地区命名病毒的规则。在 2020 年 3 月 25 日举行的七国集团外长视频会议上，美国国务卿蓬佩奥竟然试图强力推动将"武汉病毒"一词纳入七国集团成员国的联合声明当中，当即被其他国家明确拒绝，以至于会议未能形成联合声明。美国政客众口一词污名化中国的目的非常险恶，帝国主义的狰狞面目充分显露，它就是要陷害中国并嫁祸中国。除此之外，特朗普集团还唆使美国一些反共反华法律"精英"及议员（如共和党众议员吉姆·班克斯），提出要向中国索赔或扣押中国万亿美元外汇储备。

2020年3月27日，美国总统特朗普正式签署在美国参众两院通过的"台湾友邦国际保护及加强倡议法案"，即所谓的"2019年台北法案"，再一次践踏中美建交底线，彻底摧毁中美建交基础，粗暴干涉中国内政。而美国国会参众两院反共反华议员正在推动另一个决议案，呼吁对中国新冠肺炎疫情暴发初期"隐瞒疫情扩散情况"启动国际调查，要求中国对受影响的世界各国进行赔偿。决议案由共和党参议员霍利和众议员斯坦弗尼克在参众两院分别提出，随后该决议案获得了三名共和党参议员的联署支持。

拉斯穆森报告是特朗普的御用民调机构，特朗普经常引用拉斯穆森报告的民调结果，称赞它是少数可信的民调机构，批评其他民调都是抨击他的"假新闻"媒体所主导，然而，这个机构其实是一个由共和党极右翼势力控制的谣言制造者和民意操纵者。2020年3月17日，美国《华盛顿观察家》报道称，拉斯穆森报告的最新调查结果显示，42%的美国选民表示，共产党国家应该帮助支付因所谓的"武汉新冠病毒"而产生的部分财务费用；54%的美国选民希望中国至少支付世界上一些冠状病毒的医疗费用；拉斯穆森报告的民调还指出，针对中国将病毒暴发归咎于美国的努力，28%的美国选民认为，如果中国紧追这一威胁，就应视为战争行为，美国将采取进一步措施惩罚中国，包括战争——这种所谓的"民调"恰恰是美国新法西斯主义势力要达到的舆论操纵目标。这一切都充分暴露出新帝国主义和新法西斯主义的掠夺本性、强盗本质,这是美帝国主义侵略者要进行战争行动的预告,是威胁中国人民的战争叫嚣。

然而,特朗普有两个没有想到,第一个是中国政府反应极其迅速,使中国疫情被控制在局部。实际上如果不是中国在1月23日即大年除夕前一天采取果断封城措施,武汉疫情必然会在春节假期期间蔓延至全国乃至全世界,全国感染人口最乐观估计也会在百万级乃至千万级别。

第二个是中国的中医药在抗疫中发挥了显著的遏制疫情蔓延、减少死亡和重症率的作用,这是中国疫情死亡率远远低于美国和欧洲的非常关键的原因。

到2020年3月13日,中国疫情已经全面得到控制,而美国的疫情实际情况已经比中国严重得多,在这种局面下,特朗普不得不宣布美国进入国家紧急状态。由于中国的感染人数不到10万,远远低于后来者美国的感染人数,这使特朗普的"甩锅计划"面临极大的尴尬。

三、让人民群众永远是一盘散沙——西方政治制度设计的真正奥秘

仔细观察美国的政治体制可以发现,它在维护垄断资本的根本利益时是非常高效的,例如发动对外战争、镇压占领华尔街等左翼反资本运动等。马克思在《资本论》中曾提出:"我们在这里得到了一个像数学一样精确的证明:为什么资本家在他们的竞争中表现出彼此都是假兄弟,但面对整个工人阶级却结成真正的共济会团体。"[①] 在美国,通过媒体、智库、非政府组织、极右翼政党互相联系起来的资本或者说资

---

① 《资本论》第3卷,人民出版社2018年版,第220页。

本家阶层,在政治、经济、文化各种领域发挥着核心作用。例如,美国各个著名的常春藤高校都是由私人资本控制的,新自由主义的堡垒芝加哥大学干脆就是洛克菲勒财团一手创建的,所以尽管美国有大量优秀的知识分子通过自身独立自主的研究发现,马克思主义理论更科学、更有利于美国人民和社会,但是这些左翼学者都被资本家控制的高校、智库和媒体不约而同地压制和边缘化。美国垄断资本和情报机构在控制美国民众意识形态,甚至在发动"颜色革命"、操纵他国民众意识形态方面,是非常组织严密、行动高效的。但是在所有涉及普通老百姓的生命、生活和生产问题上,例如医疗、抗击新冠肺炎疫情等方面,美国的政治体制却是无比混乱低效的,其原因只在于新冠肺炎疫情泛滥的最大受害者是底层民众,美国大富豪和资本阶层居住在相对封闭、人口稀疏、环境良好的别墅区里,这是与普通民众完全不同的世界。

总而言之,美国政治体制的民主是带有鲜明阶级性的。自从熊彼特提出民主概念的程序化定义以来,西方资产阶级政治学就将民主等同于多党竞争基础上的选举。然而,马克思曾指出:"选举是一种政治形式……选举的性质并不取决于这个名称,而是取决于经济基础,取决于选民之间的经济联系。"[①] 西方政治制度尽管标榜"主权在民",但是公民选举、政策制定常常被金钱、财团等影响和操纵,成为金钱的政治。这种民主本质上是资本的民主,服务于以私有制为核心的资本主义经济基础,保障的是资产阶级的根本利益。比如,美国总统和议会由选举产生,但是选举的基础是建立在生产资料资本寡头所有制之上的,美国的主流政党、媒体、智库及教育和学术机构,都有鲜明的私人资本属性,都有大资产阶级功利化等弊端。

---

① 《马克思恩格斯文集》第3卷,人民出版社2009年版,第406页。

资本主义金字塔。从上到下分别是资本（金钱）、国王（代表政治权力的最高层）、教士阶层（代表精神权力的统治者）、军队、资产阶级和劳动人民。劳动人民处在最底层，支撑着整个金字塔。此图形象地揭示了资本主义的本质在西方自由主义政治学理论看来,社会并非由阶级和人民构成,而只是诸多利益不同的群体、团体、阶层或个体。为解释个体权利的来源,自由主义不得不援引神权或自然法理,认为上帝或自然法赋予了每个个体不可剥夺的神圣权利。因为个体、群体之间的利益都是不同的,甚至是对立冲突的,这就需要多个政党代表不同个体、集团的利益,实现自由竞争、轮流坐庄,以此保障个人权利——主要是私人财产——神圣不可侵犯。这种个人主义、自由主义的宪政理念,必然派生出多党竞争制、三权分立、军队非党化、司法独立等制度架构。

在西方政治模式中,执政主体实质上是占人口份额极少数的资产阶级及其政党,维护的是资产阶级的权利。与社会主义国家相反,西方政治模式的首要目标,就是确保人民大众始终处于一盘散沙的地位,从而使资产阶级的统治不受到任何实质性威胁和压力。"美国宪法之父"詹姆斯·麦迪逊在《联邦党人文集》第10篇中曾提出:"人的才能是多种多样的,因而就有财产权的产生,这种多样性对于达到利益一致来说,不亚于一种无法排除的障碍。保护这些才能,是政府的首要目的。由于保护了获取财产的各种不同才能……从而使社会划分成不同利益集团和党派。"[①] 麦迪逊认为,富人与穷人之所以在财产上不平等,是因为他们拥有不同的才能,保护这不同的才能以及所产生不同的财产权,是美国政治体制的首要目的——说到底,是保护资产阶级的财产不能受无产阶级侵犯。

美国首任财长汉密尔顿所展示的立场,比麦迪逊更加清晰,他说,"在不同阶级的公民中必然存在着不同的利益。如果多数人由一种共同

---

① 【美】汉密尔顿、杰伊、麦迪逊:《联邦党人文集》,程逢如、在汉、舒逊译,商务印书馆1980年版,第46页。

利益联合起来,少数人的权利就没有保障"①。汉密尔顿认为要用一切手段防止多数穷人侵犯少数富人的利益,要做到这一点只有两种办法,第一是采用那种封建独裁专制方式,即依靠所谓"不受社会本身约束"的"世袭的或自封的权力",但是这种方式并不可靠。汉密尔顿建议采用由"美利坚联邦共和国来作范例"的第二种办法,使"社会本身将分为如此之多的部分、利益集团和公民阶级""使全体中多数人的不合理联合即使不是办不到,也是极不可能"。总而言之,美国政治体制的首要目的就是保护资产阶级的利益不受无产阶级的侵犯,而要做到这一点,首先必须使无产阶级永远处于一盘散沙的局面而无法联合起来,只要无产阶级保持这种状态,资产阶级的统治就可以千秋万代了。在宪法辩论会上,汉密尔顿的发言比上述所写的书面文章更加坦白:"所有的社会都分成了少数派和多数派。少数派包括富人和出身名门之士,多数派包括人民大众。……人民总是扰攘不安的;他们很少判断或正确作出决定。因而应该使少数阶级在政治上享受特殊的永久的地位。"

在塑造美国政治体制过程中产生最大影响的,除了那些开国元勋之外,便是于1800年至1801年担任美国国务卿、1801年至1835年担任美国联邦最高法院第4任首席大法官的约翰·马歇尔,他被称为"美国宪政第一人"。通过这些司法实践,马歇尔把纸上宪法的文字,变成了生活中实实在在的宪政。然而,马歇尔法院所作的宪法案例判决却都围绕着三个目标进行:第一,保证新生的共和国拥有实现其有效统治的权力;第二,保证联邦权力高于州权;第三,保证私有产权不受政

---

① 【美】汉密尔顿、杰伊、麦迪逊:《联邦党人文集》,程逢如、在汉、舒逊译,商务印书馆1980年版,第266—267页。

府公权力侵犯。由此可以看到,美国的政治体制,无论是从制度设计还是司法实践来看,最根本的实质就是保障资产阶级私有财产神圣不可侵犯!

第三章　CHAPTER THREE

价值优势：
人民至上　生命至上

人民性是马克思主义最鲜明的品格。马克思在《神圣家族》中写道:"历史活动是群众的事业,随着历史活动的深入,必将是群众队伍的扩大。"[①] 在马克思主义看来,人民群众是历史过程的积极主体,对社会发展起着决定作用,必须坚持人民至上的根本立场,体现人民主体地位的价值取向。

中国共产党是马克思主义政党,自诞生之初就把人民群众作为价值实现的主体,把人民利益深深镌刻在自己的旗帜上。从"为人民服务"根本宗旨,到"以人民为中心"发展思想,既一脉相承又与时俱进,本质上是坚持和发展人民至上的根本立场和价值追求。面对突如其来的新冠肺炎疫情,中国共产党从一开始就把人民生命安全和身体健康放在第一位,坚决果断采取最全面最严格最彻底的防控措施,前所未有地采取大规模隔离措施,前所未有地调集全国资源开展大规模医疗救治,不遗漏一个感染者,不放弃每一位病患,实现"应收尽收、应治尽治、应检尽检、应隔尽隔",有效遏制了疫情大面积蔓延,全力保障了人民的生命权、健康权,充分彰显了马克思主义政党坚持人民至上、生命至上的价值优势。

---

① 《马克思恩格斯选集》第 2 卷,人民出版社 1995 年版,第 103—104 页。

第一节　生命至上

一

亲临抗击新冠肺炎疫情第一线的医护人员、公共卫生事件应急体系建设的重要推动者、中国工程院院士钟南山在总结我国抗击新冠肺炎疫情之所以能够取得如此成效的原因时说道:"我们跟有些国家很大的一个区别,就是命最重要!人的生命是第一宝贵的,人的命是最重要的人权!"[①] 这准确地概括了我们的党和国家尊重生命、重视生命、坚持以人民为中心的价值观念。在中国人民最淳朴的价值观念里,生命具有至高无上的地位,这一观念由来已久,《论语》记载:"厩焚。子退朝,曰:伤人乎?不问马。"[②] 在中国,不管是天灾还是人祸,相对于财产,人们更加看重生命;相对于资本,我们更加看重人民,这一价值观念植根于中国人民心中,更扎根在中国共产党的执政理念里。

[①] 《钟南山:我们跟有些国家很大的区别就是命最重要!》,《人民日报》官方微信公众号 2020 年 9 月 2 日。
[②] 《论语·乡党》。

一、"夕阳和老人"背后的价值取向

2020年3月5日,一个普通的星期四。肆虐了2个多月的新冠肺炎疫情在中国境内已经迎来了拐点,而在这个世界的其他角落,这种可以用"狡猾"来形容的病原体正在人们的忽视中悄悄扩展着战线。也就是在这一天,一张以"夕阳和老人"为主题的照片在朋友圈和微博上疯狂传播着。照片上,身穿全套防护服的医生陪伴在病床上的老人身边,两人一起出神地望着楼群之中缓缓落下的夕阳,留给画面外的观众一个充满无限可能的背影。

虽然身处疫情之中,人们却没有从夕阳和老人这些符号中联想到沮丧和死亡,他们感受到的,只是淡淡的温馨。因为他们知道,等待老人的是生的希望,他们能够得到最完善的治疗,他们中的绝大多数都能够继续和自己的家人一起,漫步于往后的落日夕照之下。夕阳胜似朝阳,虽然是夕阳,但所有人从中感受到的,却是温暖、希望。

而医护人员们也没有辜负大家的美好期望。4月9日,这张照片的主角,曾经的重症患者,年逾87岁的王欣老人病愈出院。他看到了胜利的朝阳。

隐藏在这个简单的故事背后、隐藏在全体中国人下意识的感受与联想背后的,是一串奇迹一般的数字:按照医学界的认识,老年人,尤其高龄老人是新冠肺炎的易感人群,合并有多种基础疾病,病程迁延,同时有多个器官的损害,救治难度极大。但中国的医护工作者们,依然用了最大的努力,成功地挽救了他们中绝大多数人的生命。

"对伴有基础性疾病的老年患者,一人一案、精准施策,只要有一丝希望绝不轻易放弃,只要有抢救需要,人员、药品、设备、经费全力保障。疫情发生以来,湖北省成功治愈3000余位80岁以上、7位百岁以上新冠肺炎患者，多位重症老年患者是从死亡线上抢救回来的。一位70岁老人身患新冠肺炎，10多名医护人员精心救护几十天，终于挽回了老人生命，治疗费用近150万元全部由国家承担。"①

"应收尽收，应治尽治，应救尽救"，不忽略每一个病人，不放弃每一个生命，这并不是一个简简单单的口号，需要的既有实实在在的医疗资源投入，也有对生命的高度重视。新冠肺炎的杀伤力对于老年患者来说是极其可怕的，但至少在中国，新冠肺炎对于老年患者来说，绝非难以逾越的"鬼门关"。

从一次疫情看一个政党，越是艰难困苦，越在风险面前，中国共产党越是同人民群众想在一起、干在一起、风雨同舟、同甘共苦。一张"夕阳和老人"照片的背后，呈现的是对生命的关怀、对人民的重视，体现的是中国共产党坚持人民至上、生命至上的执政理念和价值追求。从

人民至上

一年看一百年，中国共产党始终把广大人民的根本利益作为出发点和落脚点，团结带领全国各族人民矢志不渝进行革命、建设、改革，根本

---

① 中华人民共和国国务院新闻办公室：《抗击新冠肺炎疫情的中国行动》，人民出版社2020年版，第62页。

目的就是让人民过上好日子,不断满足人民对美好生活的向往。这一执政理念和价值追求,正是中国共产党区别于西方政党的显著标志,更是中国共产党带领中国人民战胜疫情病魔的价值优势。

二、"让老年人照顾好自己"的价值逻辑

在疫情防控中,西方资本主义国家和中国形成鲜明对比,他们并不重视人民的生命安全,而是把经济的发展和财富的积累放在首位。一些政党、一些国家甚至为了经济增长,故意编造谎言,恶意损害老年人等弱势群体的生命安全,制造阴谋或利用新冠肺炎疫情这一自然灾害来处理社会存续已久的社会矛盾。他们为了经济利益,置人民的生命安全于不顾,为了资本的增殖利益剥夺他人的生命安全,为了资本家的物质财富不顾弱势群体的死活,这就是他们的逻辑、他们的价值。这种价值逻辑,正是应了马克思在《资本论》中所说的那句著名话语:"资本来到世间,从头到脚,每个毛孔都滴着血和肮脏的东西。"[1]

老人们的生命力相对较弱,身体对抗病毒的能力相对较差,所以,在疫情蔓延的过程中,他们最容易感染,最容易失去生命。然而,西方资本主义国家为了保障经济利益,竟然利用这一特点,公然不顾老年人的生命安全,"让老年人照顾好自己"。这充分展示了西方资本主义国家奉行资本至上的价值观念,这也是他们抗击疫情之所以如此糟糕的一个重要原因。

按理说,西方发达资本主义国家经济最为繁荣,社会财富聚集众多,本该为广大社会群体提供最为优质的医疗服务。但是,事实却截然

---

[1]《马克思恩格斯文集》第5卷,人民出版社2009年版,第871页。

相反,等待老人们的非但不是悉心照顾和救治,而是被冷落、放弃,甚至是以"生存机会"换取经济复苏的"成本"。如此一来,西方老年人只能"自己照顾自己",悲惨事实令人触目惊心。

根据美国媒体的报道,直到 2020 年 4 月 29 日,美国联邦紧急事务管理署才准备向养老院发放个人防护设备。经营着几家养老院的一家美国公司总裁斯科特·拉鲁直言:"我们目前的处境是,我们完全不可能阻止病毒的传播。政府说老人是高危人群,是最需要保护的人群,然而他们却没有给我们所需的支持来保护老人。"2020 年 5 月 9 日,《纽约时报》以《美国三分之一的新冠肺炎病例是养老院的老人或工作人员》为标题对老年人护理机构的病例情况进行了报道,美国养老院等长期护理机构中至少已有 7500 家发现确诊病例,28100 名老人和工作人员病亡。《洛杉矶时报》报道称,通过数据分析发现,加利福尼亚州与新冠肺炎相关的所有死亡病例中,近半数与养老院和老年护理机构有关。该数据表明,加利福尼亚州至少有 1276 人在养老院和老年护理机构中感染新冠病毒后死亡,占该州所报告总死亡人数的 49% 以上。

在疫情严峻而医疗资源在大量患者冲击挤兑下严重不足的意大利,医护人员也曾经选择性地放弃对老年患者的救治。意大利人给出的理由为这种行为抹上了一丝悲壮的色彩:在医疗资源严重紧缺的情况下,他们需要考虑的是如何拯救更多的人,而不是在身体基础状况更差、并发症严重的老年患者身上空耗宝贵的医疗资源。在这一串串血淋淋的数字背后,最令人不寒而栗的,则是政客们的态度,还有他们给出的理由。

早在 3 月 23 日,美国疫情还没有之后几个月那么严重,美国得克萨斯州副州长帕特里克在接受福克斯新闻网采访时,讲出了一段异常惊悚的说辞:"作为一个老年人,你愿意用你生存的机会来换取所有美国人民对后代的关爱吗?我的建议是让我们复工吧,我们这些 70 岁以上的人会照顾好自己的,但不要毁了整个国家。"

是的,这段说辞最让人瑟瑟发抖、最能令人感受到浓重恶意的,并非"放弃老年人",而是这个提议本身。帕特里克这位经由"民选"上位的典型美国政客为"让老年人照顾好自己"给出的理由却是"复工"和"经济重启"。作为一名有良知的中国人,你或许怎么也想不到,他们放弃老年人的生命并非为了拯救更多的生命,而仅仅是为了让经济不受疫情的影响。

实际上,在西方资本主义国家,资本才是真正的主人,它从来不会眷顾没有利润的行业,也从来不会眷顾逐渐失去劳动能力、没有多少价值的生命。正如马克思所说:"资本只有一种生活本能,这就是增殖自身,创造剩余价值,用自己的不变资本部分即生产资料吮吸尽可能多的剩余劳动。"而资本家作为人格化的资本,目的也只有一个,就是为资本实现最大限度的增殖服务。基于此,我们就可以理解面对滚滚而来的疫情,他们放弃老年人生命的做法,也可以理解为什么特朗普、约翰逊、马克龙、默克尔、安倍等西方资本主义国家领导人,首先抛出的都是数额巨大、名目繁多的救市计划,反复强调的是"重启经济",而非治病救人的成套措施。这就是西方资本主义国家的逻辑:资本至上。

显然,西方资本主义国家奉行的那套资本至上的逻辑,与中国共产党坚持的人民至上、生命至上的执政理念和价值追求,从所持的立场、提出的举措、得出的结论以及产生的后果,都是截然不同的。事实证明,美国等西方资本主义国家在大疫当前,为了资本逐利,不管人民死活,首先不是救人而是救市,至今一团乱麻。而中国共产党始终坚持以人民为中心,把人民群众的生死安危放在首位,先救人后救市,不仅打赢了疫情防控战,而且打赢了复工复产战。两种社会制度,两种价值取向,孰优孰劣,不言自明。

第二节　人民战争

一

人民是国家的主体，是政党的依靠。中国共产党从建党那一刻起，始终同人民心连心、同呼吸、共命运。面对疫情，以习近平同志为核心的党中央一开始就明确要求把人民群众生命安全和身体健康放在第一位，想群众之所想，急群众之所急，集合全国力量，带领亿万人民形成一条心、铆足一股劲共同抗击疫情。面对疫情，人民群众听党号令、为国尽责，克服重重困难，付出巨大牺牲，或冲在一线，或坚守家中，特别是武汉人民识大体、顾大局，实现了"隔一座城，护一国人"。党和人民始终站在一起，人民群众始终跟党走，决定了全国人民能够拥有共同的愿望、形成共识、秉承共同的理念，团结一致抗击新冠肺炎疫情，打响了一场新时代人民战争。

一、一呼百应、当家作主的伟大人民

习近平总书记在全国抗击新冠肺炎疫情表彰大会上强调："面对突如其来的严重疫情，中国人民风雨同舟、众志成城，构筑起疫情防控的坚固防线。武汉和湖北是疫情防控阻击战的主战场，武汉胜则湖北胜、湖北胜

则全国胜。一方有难,八方支援。"①毋庸置疑,中国抗击新冠肺炎疫情取得重大战略成果,与广大人民群众密不可分。抗击疫情的点滴成就,都是中国14亿人共同抗争的结果。面对困难,广大人民群众愿意协作;面对责任,广大人民群众敢于担当。他们处在各个年龄阶段、来自各个地方、从事不同的行业,但为了大家的生命安全,团结协作、不畏牺牲,共同奋战在抗击疫情的第一线。

众志成城抗击新冠肺炎疫情

"医务工作者白衣执甲、逆行出征。从年逾古稀的院士专家,到90后、00后的年轻医护人员,面对疫情义无反顾、坚定前行。54万名湖北省和

---

① 习近平:《在全国抗击新冠肺炎疫情表彰大会上的讲话》,人民出版社2020年版,第6页。

武汉市医务人员冲锋在前,4万多名军地医务人员第一时间驰援湖北省和武汉市,数百万名医务人员战斗在全国抗疫一线。他们以对人民的赤诚和对生命的敬佑,争分夺秒、舍生忘死、连续作战,挽救了一个又一个垂危生命,用血肉之躯构筑起阻击病毒的钢铁长城,为病毒肆虐的漫漫黑夜带来了光明,守护了国家和民族生生不息的希望。他们与病毒直面战斗,承受难以想象的身体和心理压力,付出巨大牺牲,2000多人确诊感染,几十人以身殉职。没有人生而英勇,只是选择了无畏。中国医生的医者仁心和大爱无疆,永远铭刻在中华民族历史上,永远铭刻在中国人民心中。"①

疫情中,他们拼尽自己的力量,守卫自己的祖国,守卫自己的人民,守卫自己曾经或许熟悉到厌烦但此时想来却格外亲切的一切。

——他们,在社会期盼时扛起责任。

他们是白衣天使,是穿着厚重不便的防护服、冒着感染的危险从死神手中争夺生命的战士。

他们是"守夜人",是不分昼夜守卫在遍布全国的一个个卡点、守卫在每个小区门口的人民警察和辅警。

他们是社区工作者和志愿者,在因为"封城"而停摆的街道中挨家挨户送上生活必需品和米面油菜。

他们是建设者,用令人匪夷所思的速度搭起了"雷神山""火神山",还有一个个方舱医院……

——他们,始终用自信的目光看着这个国家。

他们成长在这个国家飞速发展的年代,保持着昂扬向上的自信,从不怀疑这个国家战胜疫情的决心信心。

---

① 中华人民共和国国务院新闻办公室:《抗击新冠肺炎疫情的中国行动》,人民出版社2020年版,第71—72页。

他们懂得遵守规则，因为他们知道，领导这个国家的党有着怎样的初心和使命，"为人民服务"和"集中力量办大事"意味着什么。

他们用毛主席《送瘟神》中的诗句，用那些应该被刻在人民英雄纪念碑上的名字鼓励自己和身边的人，不能低头，不能认输，要对得起"中国"这个伟大的名字，要对得起前辈们曾经用生命书写的历史……

——他们，脸上永远挂着乐观的笑容。

他们憧憬着疫情结束时的春暖花开，憧憬着武大的樱花，还有火锅、烧烤和热干面。

他们用自己手中的笔描绘着一幕幕暖心的画面，为宅在家中忧心忡忡的人打气。

他们谱写动听的旋律，为正在抗疫前线战斗的战士们加油，让战士们奋战的英姿在音乐和MV里传遍四方……

——他们，向全世界展示着一个伟大的中国。

他们中的很多人，是心系祖国的游子，虽然身处海外，但仍肩挑背扛运回防疫物资。

他们想尽一切方法为祖国正名，走上街头，登录网站，在一切地方反击污蔑和羞辱，告诉全世界应该团结起来面对病毒——这个人类共同的敌人。

他们把来自中国的善意和帮助传遍四方，告诉所有人人类命运共同体到底是什么。

在参加抗疫的医务人员中，有近一半是"90后""00后"青年一代，他们有这么一句话感动了全中国：2003年非典的时候你们保护了我们，今天轮到我们来保护你们了。正如习近平总书记勉励地说道，青年一代不怕苦、不畏难、不惧牺牲，用臂膀扛起如山的责任，展现出青春激昂的风采，展现出中华民族的希望！

回想起我们大多数人的少年时期,当我们还坐在课堂里,为了改变自己的命运,为了实现自己的价值而拼命汲取知识的时候,我们往往对某种课本上的知识嗤之以鼻,只是为了获得一个好成绩,只是为了拿分数,才勉强自己去背诵其中的要点。

是的,对大多数人来说,那种课本的名字,叫作《思想政治》。年少轻狂的我们往往失笑于课本上对资本主义制度和社会主义制度的定义,嗤笑不自量力的中国人竟然敢于认为住着大房子、开着大排量汽车、大口吃着牛排的美国人民是"生活在水深火热之中",嘲讽着课本上写着的诸多"本质"。

"人民民主专政的本质是人民当家作主。"

"从本质上看,资本主义国家仍然是维护资产阶级统治的工具。"

直到今天,笔者还记得当年同学们私下里对于类似的论述是如何嘲笑与不解的。是啊,为什么课本里说"被剥削"的美国劳动人民,在电视电影里却过着对我们来说那样光鲜的日子呢?

直到今天,笔者才真正想清楚,为何我们会有那样的疑惑。美国2004年GDP高达116675万亿美元,是中国的7倍。经济发展程度的高低,经济和文化的一时发达,某种程度上确实能够掩盖很多问题,毕竟,谁不喜欢住大房子,天天有牛排吃呢?

但是,这种差异并不能永远欺骗所有人。2020年1月,当疫情刚刚开始在中国湖北蔓延的时候,不少国际媒体,甚至包括国内的少数人都议论纷纷,认为这可能是"中国的切尔诺贝利",有可能"一把揭下画皮,暴露中国和当年苏联一样虚弱的真面目"。但是,当时间行进到2020年5月,美国的感染患者人数已经突破150万,当哀鸿遍野,殡仪馆超负荷运转以至于纽约市政府要派囚犯在人迹罕至的哈特岛挖掘"万人坑"埋葬无人认领的患者尸体、美军要专门向纽约部署殡葬部队协助处理尸体、市政部门要调派运输冷冻食物的车辆运输尸体并在之后继续运输食物的时候，疫情最严重的纽约市ICU床位仍有空余。

这时候，我们不禁又想起了《思想政治》课本上那些看似只是"宣传"和"洗脑"的话语。

资本主义国家的本质是什么？

纸醉金迷，6万美元的人均GDP所不能掩饰的，是这背后血淋淋的国家运行规则。

没有"全包"。

没有"应收尽收"。

没有人民医院，没有人民公安，更没有人民军队，当然，也没有属于人民群众自己的战争，属于人民群众的群防群治群控。

只要不检测，患者数量就不会暴增。

只要不收容付不起医疗费的患者，医疗系统就不会被击穿。

由金钱构筑的仁慈假象，在生与死的考验之间，显得是那么不堪一击。由美金堆叠起来的面对发展中国家时的"体制优越感"，又还能支撑多久呢？

吹散金钱和宣传的迷雾，当今中国和西方世界的不同，究竟在何处？

"人民民主专政的本质是人民当家作主。"

什么叫人民当家作主，什么叫一切为了人民，什么叫一切依靠人民？

一直以来，在网络上、在现实中，都有许多人感觉到不解，或者以"不解"为名，试图抹杀掉什么。

为什么有那么多地方，名字前面都带着"人民"。"人民公安"和警察有什么不一样？"人民医院"不就是医院吗？还有"人民子弟兵"，听起来就没有"国防军"帅气……

人民医院不会因为你的穷困而将你拒之门外，只要掏几块钱挂号费，你就可以找医生看病，几毛钱也能开到很管用的药。

人民子弟兵不会只负责应对战争，他们会在灾难来临的时候逆行而上，挡在你的身前，就像1998年他们在荆江大堤上用肉身挡住洪水，就像他们在2008年从高空纵身一跃，就像他们在除夕夜奔赴武汉。

这是属于人民的国度，我们为保卫人民而战，人民也为了保卫自己的国度而战。而在疫情这种突如其来的灾难面前，人们更加看清了"人民"二字的分量。那是生与死的界限，一切为了人民，一切依靠人民，这从来都不是一句空话。

中南海新华门，党中央国务院办公所在地的正门。"为人民服务"这五个大字，已经在这里的影壁上，镌刻了70多年。而在新华门的两侧，是两幅看起来同样很有年头的红底白字大标语：

"伟大的中国共产党万岁！"

"战无不胜的毛泽东思想万岁！"

为什么中国能够在2020年春季战胜新冠肺炎疫情，能够做得比那些平时看上去比我们光鲜得多、先进得多的西方发达国家更出色，归根结底、究其根源，或许都在这五个大字和两幅标语之中吧。

对于中国人民来说，这是一场属于他们自己的伟大的斗争。无论是在一线冒着生命危险与病魔争夺生命、争夺时间，还是服从管理，自我禁足两个月，每个人都在用自己的方式为这场斗争，为最终战胜新冠病毒贡献力量。光荣属于伟大的中国人民，也属于敢于发动人民、善于发动人民的中国共产党。

"国家兴亡，匹夫有责。14亿中国人民，不分男女老幼，不论岗位分工，都自觉投入抗击疫情的人民战争，坚韧团结、和衷共济，凝聚起抗击疫情的磅礴力量。14亿中国人民都是抗击疫情的伟大战士。"①

二、发生在西方的怪现象

疫情背景之下，和中国形成强烈对比的美国，发生着让我们无法理解的事情。面对疫情，他们非但不能齐心协力，反而利用疫情来解决存在已久的内部矛盾，利用疫情相互诅咒，希望疫情能够消除自己反感的一类人。这是他们坚持利益至上，没有人文关怀的表现。疫情作为人们共同面对的自然灾害，本应齐心协力共同对抗，本应是凝聚社会合力、增进社会团结的一个契机，资本家们却想利用这个机会分裂社会、消灭异己、谋取私利。发生这些事情的原因在于，资本主义国家始终认为自己的利益是至高无上的，他人的利益、整体的利益都要让位于自身的利益，不管在什么情形之下都是一样的，这就必然导致所有的事件都可能成为维护自身利益的工具。疫情也是一样。

在新冠肺炎疫情蔓延全球，中国人民为了最大限度地保障所有人的生命安全、为了尽早战胜新冠肺炎疫情而将自己禁足在家里的时候，我们却从互联网上发现了一些让人瞠目结舌、难以理解的现象。

在意大利，在西班牙，在美国，在罗马城的名胜古迹，在巴塞罗那的大街小巷，在佛罗里达和加利福尼亚的阳光海滩，在这些疫情正在持续蔓延，甚至是医疗系统已经被击穿、感染者和死亡者数量正在与日俱增的国家，人们视新冠肺炎疫情于无物，坚持不戴口罩，坚持近距离社交活动，尤其是年轻人，依然聚成一团，放肆地谈天说地，尽情地放飞自我。

---

① 中华人民共和国国务院新闻办公室：《抗击新冠肺炎疫情的中国行动》，人民出版社2020年版，第71页。

"他们难道不害怕吗？"疑惑的中国人民纷纷发出了这样的疑问。

是的，至少对于欧美国家的年轻人来说，他们表现得不像害怕的样子。不仅自己不害怕，他们还希望，新冠肺炎疫情能够带走那些他们讨厌的"炸弹"——婴儿潮一代（boomer）。

大约从3月中旬开始，一个名为#Boomer Remover#的热门标签开始出现在海外社交平台推特上。而这个看似与任何一种病原体风马牛不相及，乍一看上去指的是某种扫雷工具的组合词，指的正是正在肆虐全球的新冠病毒。

在1946—1964年，美国经历了第二次世界大战后的第一次婴儿潮，也就是所谓的baby boom。诞生在这几十年间的一代人则被统称为"boomer"，也就是现在大多数已经达到退休年龄的爷爷奶奶一辈。而Boomer Remover一词意味着"婴儿潮一代的消灭者"，表现出对老年人的极大恶意，当这个词被推特上的欧美年轻人们用来指代新冠病毒时，其隐含的意思就是诅咒老年人感染新冠肺炎，诅咒他们都死去。

美国彭博新闻社网站2020年3月21日发表题为《新冠肺炎正在成为分裂我们的疾病》的文章称，新冠肺炎可能因分裂美国人而被铭记，一些群体受到的影响大于其他群体，从而引发了恐惧、怨恨和幸灾乐祸等有害情绪。

在美国，新冠病毒成为欺侮华裔的借口。严重疫情加剧了代际矛盾，一些年轻人半开玩笑地将这种致命病毒称为"婴儿潮一代消灭者"（Boomer Remover），因为它对老年人最为致命。老人们则不出所料地进行反击，批评大学生们在有人殒命之时，还在开"新冠派对"（Corona Party）。随着越来越多的白领开始在家远程办公，失业者和没有保险的小时工对贫富差距再添一层愤怒。

哈佛大学社会学系主任杰森·贝克菲尔德说："病毒本身并不导致

分裂。分裂是人们对于如何对待这种病毒作出的选择。这让他们可以撇清自己的责任,或者把责任转嫁给自己不喜欢的人。"

美国总统特朗普因制造摩擦受到批评,因为他把新冠病毒称作"中国病毒"。亚裔美国人公平推进组织主席约翰·杨(音)说,在美国,针对华裔的仇恨犯罪正在上升。

该组织自2016年起开设了一个专门网站,供人们提交仇恨犯罪的报告。在美国暴发疫情之前,该网站平均每周大约会接到一起投诉。现在每天都有三四起。

杨(音)说:"不仅是谩骂,人们正在受到伤害。不正确使用病毒名称,等于在给伤害行为开绿灯。"

代际矛盾也在加剧。在社交媒体上,年轻人哀叹婴儿潮一代不认真对待新冠病毒的警告。其他人则对在春假期间不顾官方的隔离呼吁、继续举行派对的千禧一代年轻人表达失望情绪。

把病毒称为"婴儿潮一代消灭者"是一种病态的玩笑。美国圣路易斯大学工业和组织心理学系助理教授科特·鲁道夫说,随着千禧一代取代婴儿潮一代成为劳动力大军的主力,这种笑话可能会加剧业已明显的代际矛盾。

鲁道夫说:"这只会让我们更加分裂。我认为需要重新重视的问题是,这不光是老年人和年轻人的矛盾,这是所有人的问题。我们对所有人都负有一定的责任,而不仅仅是对自己这代人。"

与此相对应地,年轻人并没有因为寄希望于新冠病毒解决"代际差异"而更加爱惜自己的生命,恰恰相反,他们表现得更加夸张,赤裸上身到拥挤的海滩晒日光浴,与陌生人在酒吧狂欢,部分"网红"甚至在社交平台上发起了"舔马桶挑战"……尽管这一系列荒诞的狂欢最终因为某位网红舔马桶后感染新冠肺炎而偃旗息鼓,但总体而言,欧美的年轻人,不仅没有参与到对抗疫情的战斗中去,反而大大地拖了后腿,加速了疫情的传播。据 3 月中旬的数据,美国新冠肺炎病例中,20—44 岁的患者占 40% 以上。

这种情况的发生,原因并不在新冠肺炎疫情,而在美国的社会制度和社会价值本身,新冠肺炎只不过是一个引爆社会矛盾的导火索。没有新冠肺炎疫情,这种社会矛盾仍然存在,同样会表现出来,只不过是时间和形式的不同而已。因此,我们可以非常容易地理解了,同样是面对新冠肺炎疫情,中国人民是同新冠肺炎病毒抗争,西方则是不可调和的社会矛盾之间的斗争。

第三节　资本至上

——

思想是行为的先导，价值是行为的指引。在中国人民想方设法保障广大人民群众生命安全的时候，西方国家部分政客却发出了匪夷所思、泯灭人道的言论，声称要以对待动物的方式来对待本国人民。中国人民对这种言论感到震惊，根本无法理解和接受这种见死不救的行为。这或许在西方资本主义社会里是可以理解的吧！

弱肉强食的丛林法则在西方国家较为盛行，已经成为大家默认的价值观念。从更深层次的角度分析，西方文化里的个人主义、自私主义、民族主义、种族主义、霸凌主义、强权政治等观念大都和弱肉强食的价值理念直接相关。在当前新冠肺炎疫情的影响下，西方社会只好不顾脸面，再次让这种价值观念浮出水面，让这种兽性理念大行其道。

一、群体免疫背后的社会达尔文主义

2020年3月13日，英国首席科学顾问帕特里克·瓦朗斯爵士在接受媒体采访时表示，目前英国采取的政策需要约60%的英国人感染轻

症新冠肺炎,来获得群体免疫,从而达到保护全体英国人的目的。同一天,英国首相鲍里斯·约翰逊在疫情发布会上表示,"我必须告知英国公众,更多更多的家庭,得做好失去所爱之人的准备"。

两人的发言一出,舆论顿时哗然。

所谓"群体免疫",英文叫 Herd Immunity,粗略听来,是一个显得挺高端大气上档次、很有几分"科学"味道的词。这个词原本是指,在一个生物群体中,只要有一定比例的个体具有对某种传染性疾病的免疫力(通常是 70%—80%),该群体中就不会大规模暴发该传染性疾病。这种观点无论听上去多么有道理,哪怕是一个对生物学和传染病学一窍不通的人,只要仔细琢磨英国政府提出的这个策略,再稍微做几道简单的数学题,就会不由得感觉到其中包含的那种冷酷与"视人命如草芥"的心态。

姑且不论依靠感染后自愈获得的免疫力是否能与注射疫苗获得的免疫力相提并论,也不论帕特里克·瓦朗斯爵士提出的"60%"这个数字是否可靠,我们就暂时把这个理论当成是严肃的,是可以实现的,那么以 2018 年对英国人口的统计结果 6648 万计算,想实现 60% 的人口获得免疫力这个"小目标",就相当于要有 3988 万以上的人感染新冠肺炎。根据世界卫生组织的统计数据,截至欧洲中部时间 12 月 19 日 17 时许,全球累计新冠肺炎确诊病例突破 7429 万例,累计死亡病例突破 166 万例,粗略估计下来,新冠肺炎感染者平均死亡率超过 2.2%,也就是说,哪怕忽略掉大量人口感染的情况下医疗体系被击穿、医疗水平急剧跳水的极端情况,在实现"群体免疫"的过程中将有超过 87 万人丧失生命。

得出"群体免疫"之下超过 87 万人丧生这个结论确实不需要任何高深的生物学和传染病学知识,只需要在鲍里斯·约翰逊首相和帕特里克·瓦朗斯爵士的理论假设基础上做几道小学水平的四则运算题目即可。也就是说，在鲍里斯·约翰逊首相和帕特里克·瓦朗斯爵士的眼里，牺牲超过87万条人命是一个可以接受的选项。

粗通英语的人，只要通过查询字典就可以了解herd这个词的含义。herd effect，中文翻译成"羊群效应"，herd boy，中文翻译成"牧童"。herd这个词，本来就是指"一群动物"。这么看来，herd immunity是否也能翻译成"兽群免疫"？

是的，"兽群"。只有在心态上把一国人民当成"兽群"，凭空牺牲87万个生命才有可能被认真考虑。

"冷战"期间，西方国家向苏联投放的带有政治目的的所谓"苏联笑话"中，曾经有这样一则内容：

"为了国家的主人翁，我们要不惜一切代价！"

"听听，我们是国家的主人翁。"

"不，我们是'代价'。"

现在，网民们把这个"苏联笑话"改动了几个词，用来嘲笑英国首相鲍里斯·约翰逊和他的首席科学顾问。

"为了对抗疫情，为了国家的未来，我们要不惜一切代价！"

"听听，我们是国家的未来。"

"不，我们是'代价'。"

即使这个"群体免疫"的方案真的可行，那也需要付出两百多万人的生命作为"代价"。鲍里斯·约翰逊和他的幕僚们究竟是出于什么目的提出了这种很可能让上百万英国人失去生命的计划？是害怕影响英国本来就不那么健康的经济状态？还是担心常规手段完全无法控制疫情抑或纯粹对于人的生命的无视？作为外人，我们无法做诛心之论，但是这种将"人群"当成"兽群"的思考方式，无疑应该被历史所牢记。

稍微具备一些生物学知识的人，面对这样的言辞和情景，必然能够理解这种行径的逻辑就是典型的动物逻辑，就是把动物界的自然生存法则直接挪用到人类社会之上。这种做法，早在1944年就已经给出明确的定位，在美国史学家霍夫施塔特的著作《美国思想中的社会达尔文主义》中，他将这种把动物界的生存法则运用到人类社会中的思想和行为称为社会达尔文主义。

社会达尔文主义具有非常明显的反人类性和反社会性。

人类不是一般的动物，不能把不具有人类理性的动物生存法则运用到人类社会身上，否则就否定了人类与动物之间的差别。动物界不存在像人类社会这样的道德、伦理和文明，它们之间受弱肉强食原则和丛林法则支配。而人类社会，具有家庭、拥有法律、受道德约束，拥有和动物有着本质差别的生存权利，因此，将达尔文主义直接照搬到人类社会中的社会达尔文主义的行为是无视人类和动物的差别，拉低人类、败坏人性的做法，是反人类和反社会的。

同时，由社会达尔文主义原则引申出来的"群体免疫"的说辞，不仅反人类、反社会；而且还明显地违反科学、违背常理。

所谓"适者生存"，这种适应生存的能力并不是完全地听任自然环境的摆布。即使是动物界，也是通过主动干预环境、改造环境，比如筑巢、保存食物等方式来求得生存的，更何况人作为万物之灵，更应该发挥人类文明的道德成果、科技成果、社会制度成果，而不是让病毒随意侵害人类的生命。比如，对于人类来讲，适者生存的能力应该包括人们通过医疗卫生等手段，防范病毒和自然疾病的影响，而不是任由自然环境的摆布。事实上，并不是身体抵抗新冠病毒能力较弱的人就是适应生存能力较弱的人，就应该被社会抛弃。如果是这样的话，那么是不是人类的病痛不需要治疗、不需要干预，就能筛选出最优秀的人、最能够适应社会的人了？那么，医疗卫生的发展没有必要、变得多余，更准确地说是对人类进化的一种伤害呢？如果不是这样，面对新冠肺炎疫情而主张"群体免疫"的人能站得住脚吗？

"群体免疫"等同于向新冠病毒投降

所以，任由病毒对人类进行伤害的"群体免疫"，严重违反科学常识、违背科学常理。更加让人不可接受的是，如果适用于动物界的达尔文主义——适者生存和丛林法则本身没有善恶之分的话，那么把达尔文主义应用到社会当中的社会达尔文主义，以及由社会达尔文主义引申出来的"群体免疫"的做法，则是一种邪恶的行为。利用所谓科学的幌子，达到掩盖事实真相、满足自身利益的目的。

在此，我们就不得不追问了：为什么反人类、反社会的言论，反科学、反常识的行径，还受到这么多人的支持和吹捧呢？是因为他们天生就泯灭人性吗？不是，他们可都是非常注重人权，非常注重人类生存权利的一帮人。是因为他们没有常识、不懂科学吗？显然不是，他们都是体面而有文化的文明人。那么，到底是为什么呢？

稍加辨析便可知道，支持社会达尔文主义和"群体免疫"的人，他们确实非常尊重人权，但是他们只尊重他们自己的人权，而不尊重别人的人权；他们很有常识，并且精通各种各样的文化，也懂得各种各样的文明，他们的"文明"是经过认真挑选的"文明"，其"文明"在于"支持弱肉强食的文明能够使自身利益免受损失、更有利于自身利益的实现"。这也就找到了他们违反常识、违背人性做法的原因：他们观点的背后隐藏着的是自己的切身利益和不便说出的强权真相。

用社会达尔文主义来解释人类社会，将社会达尔文主义合理化，其实质都是在为强权主义代言，为种族主义寻找理由，为资本主义压迫人民奠定理论基础，为帝国主义的侵略行为背书，为强者欺凌弱者编造理论谎言，为黑暗邪恶的心灵披上科学甚至善良的外衣，用巧妙的理论蒙蔽世人的眼睛，让弱者对于自己的苦难逆来顺受，这就是社会达尔文主义受资产阶级欢迎的根本原因。

理论是空洞的，现实才是真实的。从现实的角度来讲，鼓吹社会达尔文主义最有利于资产阶级保护自身的生命安全，最有利于资产者的生存和发展。在"群体免疫"理论者眼里，人的生命是不重要的，重要的是强者能够生存下来。社会达尔文主义认为，弱者就应该被淘汰，强者才有资格生活在这个世界。问题来了，谁是强者呢？当然是那些能够拥有优质医疗资源、较好防护措施，能够想方设法免受疫情影响、拥有丰厚社会财富的人。

新冠肺炎疫情肆意传播，医疗资源变得特别紧张，如果竭尽全力救治感染者，必然要耗费大量的人力、物力、财力，在资源较为紧张的情况下，当然是上层社会能够得到资源。如果下层民众通过社会救助等方式得到了社会医疗资源，那么上层社会自然就只能得到更少的资源，因此，上层社会是不愿意和下层民众分享医疗资源的，"各人自扫门前雪,休管他人瓦上霜"的自私主义更加有利于上层社会人士的生存。资产阶级政府作为资产阶级利益的代表,自然不会也无法通过政府的力量来为广大人民群众争取到较为优质的医疗资源和抗疫方案,他们能做到的只是论证"弱者本应该被淘汰"的合理性。所谓"群体免疫",只不过是"坐以待毙"的美化表达,是资本主义社会无法保障广大人民群众利益的另一种说法。

不得不说,从西方资本主义社会对待新冠肺炎疫情所主张的"群体免疫"的言行中,我们既看到了资本主义制度面对疫情的无能,又看到了资本主义社会本身的邪恶。

二、资本高于生命

"群体免疫"背后的逻辑,是通过放弃人民的生命,来保障有产者的资源不受侵犯,防止整个社会分享资产阶级的社会财富。简单来说,面对疫情,生命不是最重要的,资本和权贵的利益才是最重要的。这个原则在资本主义社会是通行的,只是表达形式略有不同。

让我们把视角转向美国,美国虽然没有推行"群体免疫",但是遵循着同样的逻辑:当救人和赚钱发生冲突的时候,他们选择的是赚钱。美国的政客为了获得更多的利益,眼睁睁地让买不起防护服和口罩的医护人员冒着生命危险去抗疫,让下层人民承受更大的感染风险。为了获得更大的资本增殖,美国政府不进行医疗设备的生产,即使拥有了医疗资源,也是立即让资本控制医疗资源的分配。不管在何种情况下,美国政府首先想到的是赚钱,而不是治病救人。这是何等的匪夷所思,这是何等的冷酷无情。总之,在资本主义社会,资本的价值要高于生命的价值。

2020年4月23日,就在美国不断限制医疗物资出口之际,外交部发言人华春莹在推特平台发布一条消息写道：

"截至4月20日，中国已向美国提供了超过24.6亿个口罩，这意味着每个美国人能分到7个口罩。此外，（中国）还提供了近5000台呼吸机和很多其他设备。希望这能拯救更多生命。"

而吊诡的是，尽管中国已经通过各种方式向美国提供了数量如此之多的医疗物资和防护用品，美国的医护人员依然面临防护用品的严重匮乏和短缺。

根据《华盛顿邮报》的报道，截至4月中旬，美国已有超过9000名医护人员确诊新冠肺炎。愈演愈烈的新冠肺炎疫情给美国医护人员造成巨大的心理压力，他们夜以继日地工作却遭到医院减薪，由于防护用品的短缺不得不把自己暴露在高感染风险的工作环境中，导致大量医护人员被感染，且求医遭拒，这让本来就超负荷运转的医生和护士变得身心俱疲。

《时代》杂志2020年4月20日报道，一个由医生自发组建的基层组织（GetUsPPE.org.）表示，希望尽其所能为医护人员筹集一些防护用品。该组织在3周之内收到了超过7000份申请，其中不乏一些美国大型医疗机构的医护人员。许多医护人员称他们已经没有剩余防护服可用了。

"我们不得不把装尸袋往身上套来保护自己，"一名护士在申请表中写道，"我一个口罩戴了3周，其间接诊了数不过来的新冠患者。拜托，我们真的什么防护用品都不剩了。"

该组织的另一份调查数据显示，在收到的978个机构回应中，超过60%的医护人员表示，包括N95口罩、一次性医用口罩及防护面罩在内的防护用品都存在严重短缺，剩余的库存甚至不够坚持1周。

然而，该调查可能仅仅揭露了全美防护用品缺口的冰山一角。该基层组织创始人之一的何淑涵博士（Dr. Shuhan He）接受《时代》杂志采访时表示，安全是医院的首要宣传点，而缺乏防护用品意味着医院无法保护医护人员的安全，所以他们往往不愿意公开承认这个问题。此前，一些医院扬言要解雇那些公开表达担忧的员工，因此许多医护人员因为害怕遭到雇主报复不敢向社会发声。

究竟是什么原因，在物资保障虽不能说绝对充分，但至少有相当数量的情况下，使得工作在抗疫第一线、本应获得物资优先供应的美国医护人员，竟然悲壮到没有防护用品可用的境地呢？

"各州相互竞价只会鱼死网破，我们州很穷，根本没办法买到。"一名来自蒙大拿州的护士在接受采访时这么说道。

竞价？在疫情暴发、人命关天的时刻，为何各州购买防护用品和医疗物资还需要竞价？要知道，截至2017年，医疗产业占美国GDP的比重已经高达17.8%，这么高的医疗产业产值，难道还生产不了区区的口罩、防护服和呼吸机吗？

对不起，还真的生产不了。医疗产业的产值是一回事，而这些产值代表的医疗资源，其内部构成怎样、如何使用、为了谁而使用，这就是另外一回事了。不用非常深入钻研医疗产业这一领域，只要稍微盘点和对比几个数字，我们对美国医疗产业的特异之处就心里有数了。

根据经合组织（OECD）的相关统计，作为地球上目前唯一的超级大国和老牌发达国家，美国每10万人拥有的病床数量居然只有可怜的277张，大大低于身为最大发展中国家中国的430张，更是远低于俄罗斯和德国的800张，堪称发达国家之耻；而与此相对应的是在每10万人拥有的ICU数量上，美国的数据高达34.7间，一骑绝尘、雄踞全球第一，将同为发达国家的日本（7.3间）和法国（11.6间）远远甩开。这两个倒挂的诡异数据，充分说明了美国医疗产业只注重高端和增值部分,不注重覆盖和基础保障的本质。因此,美国国内的医疗产业无法生产足够的防护用品和基础医疗物资,也就并不奇怪了。但是,这还不能解释,为什么在获得了数以亿计的物资之后,美国的医护人员拿不到口罩和防护服。

这个时候,我们应该将目光投向一个名叫贾里德·库什纳的年轻政客和他负责的联邦防疫物资采购上来。作为特朗普总统的女婿,库什纳发起了一项名为"空桥计划"的神秘项目,将采购自他国的医疗资源通过空运运回美国,并派送至有需求的医疗机构。美国政府和6大医疗用品供应商合作,由6大医疗用品供应商在亚洲采购医疗用品,政府负责将这些资源运回美国,条件是这些企业需要将50%的用品卖给政府。

"通过'空桥计划',我们成功地把一整架一整架飞机的重要物资从海外运回美国。"特朗普在4月7日的记者会上表示,"顺带一提,这些是非常大的飞机。"

这项计划开始6周之后,总共执行了122架次飞行,花费9100万美元,但是白宫、美国联邦紧急事务管理署和参与其中的企业都拒绝透露是如何对这些资源进行分配的。参与"空桥计划"的美国最大私人医疗用品制造商和分销商Medline表示,通过该计划运送的产品分配权完全属于企业。

美国联邦紧急事务管理署的记录显示,"空桥计划"至3月底为止,配送了76.8万个N95口罩,远少于传统联邦应急储备系统的8500万个。根据记录,N95口罩只占货物的0.1%,一次性手套占了这些物资的90%。疫情严重的地区被美国联邦紧急事务管理署要求不能透露从"空桥计划"接收的任何资源细节。不过,不少疫情严重的地方政府表示,他们并没有收到来自该计划的医疗资源。

伊利诺伊州州长J.B.普里茨克在接受媒体采访时证实了关于"竞价"的说法:"就像拍卖会那样,你必须跟其他50个州一起竞拍,才有可能从这些大公司手里买到救灾物资。"

外戚干政、暗箱操作,或许还有假公济私、中饱私囊,好一番王朝末日的气象!然而这一切事件之中最令西方世界尴尬的,还是这一切运作的合法性。美国体制对总统授权的宽大,赋予了特朗普在重大事件上引入利害攸关的近亲库什纳搞"外戚参政"的底气。研究总统权力的弗吉尼亚大学法学教授普拉卡什(Saikrishna Prakash)就曾对记者指出,美国宪法并未禁止总统雇用家人担任公职,第一夫人在白宫也有办公室。"除非他们出现腐败行为,借职务获取利益,否则一切都在法律许可范围。"

以上就是资本主义社会的逻辑和行事准则。我们不能说这不符合法律,也不能说没有形式上的民主。我们只能哀叹资本主义社会竟然把资本看得比生命重要,只能哀叹资本主义社会是那么无情,普通民众忍受着异化的痛苦。在资本异化为比生命更为高贵的社会里,人逐渐失去了人性,物逐渐取代了人的位置,这是何等悲哀,这是何等荒唐。

在极端物化和资本化的社会里,整个社会也都处在固化的状态之下,上层社会作威作福,下层民众吃苦受难,我们只能抱着一颗怜悯之心,衷心为美国人民祈祷,希望他们的总统和总统的亲戚们,不至于像封建王朝末年的昏君和弄臣们那样,"我死之后哪管洪水滔天",或者更干脆,"我跑路之后哪管洪水滔天"吧!也希望美国病态的社会能够早日重回健康,人们的生命真正得到尊重.我们不想听到口号和谎言,我们希望看到行动和现实。

第四节　西式民主的破灭

———

"人权",一个听起来无比美好的字眼。西方国家,尤其是美国,历来都被国内网民戏称为"人类的希望""世界的灯塔"。这种称呼中到底有几分羡慕、几分认真、几分讽刺,往往因人因场合而异。有人会发自内心地认为,欧美国家的人权理所当然要强过其他国家,因为欧美国家"更自由"或者是"生活条件更好"。也有人会在大规模枪击案、警察射杀无辜路人等富有美国特色的负面新闻下方留言"美国,人类的希望!世界的灯塔",以此调侃讽刺。但不可否认的是,无论是用来吹捧还是用来调侃讽刺,大家一致公认的是,西方世界的发达国家,由于经济和社会发展水平已经达到了一定高度,人权是有一定保障的。对于人权,我们为什么会得出如此矛盾的看法呢?

针对这一问题,只要我们仔细观察、稍加辨析,相信必然能够发现其中的蹊跷,找到能解释我们疑问的答案。

一、美国搬了人权的石头，砸了自己的脚

在现实中，欧美国家往往以人权高地自居，热衷于对他国的人权状况指手画脚，批判一番别国政治不民主、观念不普世、不尊重文化多样性、压迫少数族裔如此等等，不一而足，一言以蔽之，就是别国人权不行。人权高于主权更是成为美国霸权主义者强行干涉他国内政的一大借口，颇有几分"我在替天行道"的意味。正如2020年1月末我国正在艰难抗疫之时，美国发布了堪称"年货"的中国人权报告。本来这是美国干涉我国内政的例行公事，结果2020年我国遭遇新冠肺炎疫情暴发，再加上疫情初期地方政府应对不够到位，美国在"人权"领域日常的政治自由和民族议题之外"倒打一耙"，指责我国不透明、不及时、不客观公正、不能有效保证人民的生命权、因抗疫采取措施侵犯了包括隐私权和自由行动权在内的种种私人权益。而我方真的是"便纵有千万苦衷，更与何人说"，加之一些别有用心的人与之相呼应，似乎真有一种要把中国政府和中国人民绑到人权审判台上去的架势。

然而，新冠病毒是"听不懂人话"的，是不讲"政治正确"的，是冷酷无情而又公平的。想要战胜它，就必须实打实地拿出对应的抗疫举措，拿出医疗资源来。它只是一段没有感情的RNA，并不会因为某些国家惯于把"人权"挂在嘴边而改变自身的传播规律。但沉湎于"人权"道德快感之中的西方国家，无论是其政府还是其人民，似乎都并没有注意到这一点。等到中国扛过了医疗系统压力最大的二月，开始迎来满怀希望且日渐好转的三月时，大洋彼岸却风云突变。正是这种风云突变，造就了将中美两国人权状况加以比对的一个窗口，让我们得以管窥，西方国家天天挂在嘴边的"人权"到底是什么成色。

人的生命只有一次。生命权，可以说是一切人权的基础，没有生命

权,一切人权都无从谈起。但令人不解的是,自疫情暴发以来,美国从政府到民众,似乎并不纠结于死亡人数的多少,不纠结于生命权是否会被无情的病魔剥夺,而更在乎一些其他权利,比如说,工作。所以,我们就要不得不反问美国政府了,生命权作为最基本的人权,冒死复工是尊重人权吗?哑口无言的美国,正应了中国的一句老话,搬起石头砸自己的脚。本来想着,搬起石头向别人扔去,没想到没搬起来,却砸到了自己的脚。

复工,这是疫情在美国暴发的几个月后,我们最经常从美国政客口中听到的一个单词。从特朗普总统到各州州长,几乎所有人都在叫嚷着复工。不仅政客们在叫嚷复工,美国的普通民众为了早日复工甚至频繁走上街头,游行示威。真的是"不自由,毋宁死",宁可死于病魔,也要埋头工作吗?

不,让他们敢于无视恐怖的病魔,即使感染也要复工的,是更加残酷的现实压力。根据美联储发布的关于美国家庭经济状况的报告,有40%的美国人表示他们拿不出400美元的现金用于急用,需要借钱或卖东西才行。对于依赖月薪过活的美国"月光族"家庭来说,他们几乎没有积蓄,他们的房租、水电、购买食物的费用乃至缴纳各种税款的费用,都有赖于每个月新鲜到手的工资。对绝大多数美国人来说,他们面临的是一个"不复工等死,复工了感染"的两难选择。

面对复工的压力,面对经济下滑的事实,美国政府却不得不侵犯最基本的人权——生命权。此时的美国,已经不再叫嚣保护人权了,而是默不作声地侵犯着广大人民的人权。曾经用人权攻击他人的美国,在自己真正侵犯人权的时候,却默不作声、置若罔闻。由此可以看出,美国所谓的人权,只不过是停留在嘴上的人权,这种人权只不过是攻击他国的一个工具,对于本国根本不去使用,这是典型的"双重标准"。美国作为经常侵犯人权的国家,非但不经常反省自己,而且经常以侵犯人权为说辞攻击他国的声誉,这有力地呈现出了美国的小人品格,只要求别人、不要求自己的无赖德行。

总结说来,西方国家强调人权时总是在强调别国应该尊重人权,而自己国家不用尊重人权;他国侵犯了人权,而本国没有侵犯人权;自身的权利是人权,他人的权利就不是人权,这就是他们的言辞逻辑,这就是他们的伎俩。言辞可以编造,事实不容置疑,谎言再美丽,总敌不过事实的真相。

二、中国用行动挽救生命,用事实戳穿谎言

编织神话靠的是谎言,戳穿神话靠的是事实。

在美国想方设法攻击他人、编造谎言粉饰自我的时候,中国人民和中国政府正在竭尽全力拯救感染新冠病毒的人们。民主并不是口号,而是行为;人权并不是说辞,而是真切的生命和财产。中国通过公平对待每一个患者,来实现实质性的民主;通过尽力医治每一位感染者,来保障最真正的人权。

2020年3月中旬,一张账单照片开始在微博和微信朋友圈流传。这张账单显示,一位刚刚治愈出院的新冠肺炎患者住院期间的总费用高达71万元人民币,而这些费用,全部由国家买单。实际上,早在疫情刚开始蔓延的2020年1月25日,国家财政部、卫生健康委联合发布的《关于新型冠状病毒感染肺炎疫情防控经费有关保障政策的通知》就提到了对患者救治费用的补助政策。根据这一政策,对于确诊患者发生的医疗费用,在基本医保、大病保险、医疗救助等按规定支付后,个人负担部分由中央和地方财政给予补助,也就是事实上的"费用全包"。

根据《抗击新冠肺炎疫情的中国行动》白皮书的数据,截至5月

31日，全国各级财政共安排疫情防控资金1624亿元。全国确诊住院患者结算人数为5.8万人次，总医疗费用为13.5亿元，确诊患者人均医疗费用约2.3万元。其中，重症患者人均治疗费用超过15万元，一些危重症患者治疗费用为几十万元甚至上百万元，全部由国家承担。

而跟费用全包配套的，则是应收尽收。

2020年2月5日，湖北省新型冠状病毒感染肺炎疫情防控指挥部下达命令，要求确保疑似和确诊病例"应收尽收、应治尽治"，确保一个都不放过。违反此条者，按照《传染病防治法》相关规定，严格追究责任。全包、封城和应收尽收，不仅防止患者和潜在患者在不受控的情况下继续接触健康人群，有效控制了疫情蔓延，更重要的是，这些举措和数万驰援武汉的医护人员一起，最大限度地防止了患者在缺乏必要治疗和照顾的境地下，无声无息死于家中这种悲剧的发生。

2020年3月8日下午，一则来自意大利的短视频在海外社交媒体上传播开来。视频画面中，男子卢卡（Luca）希望意大利政府有关部门可以帮助他，而他死于新冠肺炎的妹妹的遗体就被放在他身后的床上。

"我录这个视频是为了意大利，为了那不勒斯。我的妹妹昨晚去世了，可能是因为感染了新冠病毒，我从昨晚开始就在等待答案。"

"我不得不强迫他们来做检测。我不得不把自己隔离起来。我可能感染了病毒。为了让我妹妹活下去，我还试着给她做人工呼吸……我们完了，意大利抛弃了我们。"

而在世界的其他角落，这类悲剧还在持续不断地蔓延。

路透社2020年4月7日报道，纽约市长白思豪在记者会上承认，该市在家中去世的新冠肺炎患者未完全统计在内。

根据纽约消防局的统计，纽约市每天在家中去世的市民由2020年3月20日的45例激增至4月5日的241例，这表明该市新冠肺炎死亡病例可能被大大低估。

在被记者问及消防部门的统计数字时，白思豪回答道："有理由认为绝大多数（死亡病例）都与冠状病毒有关。"

2020年4月11日，国家医保局医药服务管理司司长熊先军在接受媒体采访时表示，截至4月6日，确诊住院患者人均医疗费用已经达到2.15万元。目前重症患者人均治疗费用超过15万元，少数危重症患者治疗费用达到几十万元，甚至超过百万元，医保均按规定予以报销。从总量来看，截至4月6日，全国31个省（区、市）和兵团新冠确诊和疑似患者的医保结算，涉及总费用约14.86亿元，医保支付9.9亿元，总体支付比例为66.6%。其中确诊住院患者结算51983人，涉及总费用11.18亿元，医保支付7.46亿元，支付比例为66.7%。疑似患者结算涉及总费用3.68亿元，医保支付2.45亿元，支付比例66.6%。

这条信息爆出之后，曾经有国内媒体质疑"是否值得"。

实际上，被这家媒体忽略的是，中国为了尽最大可能地保护自己的人民，付出的代价其实远远不止十几亿元的治疗费用。

为了拯救生命，全国的经济活动都被按下了"暂停键"。

曾经熙熙攘攘的高速公路、铁路、航空枢纽，停顿了；曾经人流如织的街市和景点，沉寂了；因过年缺工暂停的各种工厂再度热闹起来的日期，一次又一次地被延迟了。现在回过头看一看，为了战胜疫情，中国社会在经济上付出的代价是非常巨大的。2020年第一季度，我国国民生产总值比2019年同期下降6.8%，也就是说基本回到了2018年第一季度的水平。

但无论如何，人的生命只有一次，在生命的最高伦理和价值面前，其他一切事物都是苍白的。我们没有忘记"存人失地，人地皆得"这光耀古今的哲理。无论是中国政府还是中国人民，"世间一切事物中，人是第一个可宝贵的"。能够挽回数万人的生命,全天下还有比这更值得的事吗?

中国政府用最真实的行动,关爱每一位民众,尊重每一个人,挽救每一个生命,演绎着什么是人人平等,什么是尊重人权,什么是优质民主。

中国用最真实的行动关爱每一位新冠患者

反观西方国家,他们的人权对于保障本国人民的基本权利来说基本不起作用,所谓人权只不过是攻击其他国家的一种说辞,这些说辞对于其他国家可以说是"言之凿凿""信誓旦旦",而对于自己国家则是公然违背、理屈词穷。不明真相的人还以为他们是出于高尚的道义、崇高的品格,不顾本国人民的死活,而关心他国人民的生命呢。实质上,他们根本不是关心他国人民的人权,而是通过人权来抹黑其他国家、干涉别国内政,试图搞乱别国,让自己从中得利。

所以说，西式人权，只是言辞上的人权，不是实质上的人权；是特定的资产阶级的人权，而不是广大人民群众的人权。这种虚假的人权，必然随着实质人权的兴起而破灭。中国已经用实际行动证明了什么是真正的人权，而西式人权的幌子自然也会在中西方抗疫事实的对比中逐渐走向衰亡。与此同时，支撑西式人权的西式民主（形式民主）也必然会被实质民主所取代。所谓西式民主，其实质只是少数人的民主，不是多数人的民主；只要求别人对自己讲民主，不要求自己对别人民主。这种虚假的民主，必然会随着资本主义的衰落走向破灭。

第四章　CHAPTER FOUR

经济优势：
公有为基　公益托底

在全世界经济仍在疫情泥潭中挣扎的时候,中国经济率先摆脱阴霾,实现稳步复苏,成为全球第一个从疫情中崛起的经济体。2020年7月16日,国家统计局发布第二季度国民经济数据。中国第二季度GDP同比增长3.2%,环比增长11.5%,与2020年第一季度GDP同比增长−6.8%,环比增长−9.8%相映衬,走出了一条漂亮的V形反转曲线。中国经济复苏的步伐,超过了几乎此前所有国外机构和经济学家给出的预期,是提振世界经济的一针"强心剂",被外媒称为"耀眼复苏"。从助力疫情防控阻击战,到实现中国加快复苏,中国特色社会主义经济制度展现出巨大的优势。

第一节　公有制和国有企业的独特优势

一、担当重任的公有制和国有企业

公有制为主体、多种所有制经济共同发展是我国基本经济制度。国有经济掌握关系国计民生的关键领域和基础性行业,是国家经济发展的支柱,在集中力量办大事的过程中发挥中流砥柱的作用。改革开放以来,中国的国有企业已经与市场经济充分融合,这一方面避免了官僚主义化、利益集团化,从而提升了生产效率;另一方面又保留了基本的政治属性,为社会主义上层建筑提供了坚实的经济基础。

公有制和国有企业还要不要?这是建设中国特色社会主义必须面临的重大问题。有人认为,中华民族走向复兴、维护国家经济安全,不一定必须走社会主义道路,也完全不需要国企,走资本主义道路,依靠外资、私企和资产阶级照样可以。这种观点其实彻底违背了中国人民自1840年以来近200年的残酷历史中所得出的血与铁一般的结论——只有社会主义才能救中国。

20世纪初,在帝国主义形成之后,中国实际上已经丧失了走资本主义道路的最后时机。其根本缘由在于:在资本主义世界体系中,第三世界是帝国主义侵略、剥削、渗透、控制的重点,而第三世界的资产阶级本身又存在极强的依附性、软弱性,如果没有社会主义运动的压力或者社会主义运动的遗产,第三世界依靠本土资产阶级走资本主义道路,只能成为帝国主义的附庸。

在现代世界资本主义体系中,发达国家的民族主义和爱国主义,更多地跟资本主义、殖民主义、帝国主义联系在一起,而第三世界国家的民族主义、爱国主义更多地跟民族解放、社会主义联系在一起。正如毛主席所说:"有日本侵略者和希特勒的'爱国主义',有我们的爱国主义。"[1]

以上这种状况的出现是世界资本主义体系发展的必然规律。无论是发达国家的资产阶级还是第三世界的资产阶级,其本性就是利用政治、经济、军事、文化各种手段追求资本增殖,追求本阶级或者大资产阶级的利益最大化。因此,处于优势地位的发达国家资产阶级对外表现出强烈的殖民主义和对外侵略的倾向,用对外侵略来缓和内部危机。而第三世界国家的资产阶级同样是出于维护本阶级利益最大化的考虑,他们倾向性的选择是屈膝投降,与国际垄断资本合作,共同镇压本国劳动人民的反抗。如果要与国际垄断资本对抗,并取而代之,在缺乏劳动人民的支持情况下,风险太大。于是第三世界国家的资产阶级有很强的卖国性、买办性,无论是分析汪精卫还是分析蒋介石,都是如此。即便是有两面性的民族资产阶级,其买办性也往往占主要方面。因此,第三世界的资产阶级主要是卖国主义的,第三世界国家的民族解放、民

---

[1] 《毛泽东选集》第2卷,人民出版社1991年版,第508页。

族复兴使命的完成往往需要更多地动员无产阶级和劳动人民的力量，这样爱国主义的旗帜主要由无产阶级扛起，于是第三世界的爱国主义便天然地和社会主义亲近。

第三世界国家那些脱离人民、压迫人民的统治精英，无论是官僚地主、宗教神权还是资产阶级，在资本主义全球化的时代都只能是卖国的奴才。而这些国家的周边小国，则有可能依附在西方帝国主义身上走向帝国主义道路。比如，英美帝国主义一直有扶持日本对抗中国和俄罗斯的战略，所以日本一直没有遭受清朝王朝那样极端残酷的侵略，而日本明治维新则受到英国的大力支持。1894年日本侵略中国的甲午战争、1904年日本与俄国在中国东北的日俄战争，乃至1931年的九一八事变，其背后都是英美势力。日本实力膨胀后，也想摆脱英美的控制，于是联合德国挑战英美霸权妄图迅速统治世界，但被苏联和中国共产党所阻击，最终在美国原子弹的威力下转了一个圈仍然成为美国的军事基地，又成为英美势力拿来继续对抗苏联和中国的棋子。同样，中东的以色列也是类似角色。可以说，自从以帝国主义为统治核心的资本主义世界体系形成后，从来就没有一个国家通过走资本主义道路走向复兴，变为发达资本主义国家。亚洲的日本和韩国，如果不是英美用之来遏制苏联和中国，也不可能成为较发达的二等和三等的资本主义国家。

由于中国本土资产阶级的软弱性和依附性，中华民族的民族解放是由工农大众及中国共产党完成的。同样的原因，中华民族的复兴也不能依靠以追逐自身利益最大化为根本生存动机的资产阶级，这个任务仍然只能由工农大众及中国共产党来完成。因此，对于第三世界国家的中国来说，资本主义道路走不通，只有社会主义才能救中国，只有社会主义才能发展中国。

中华人民共和国成立后的30年时间里，我们依靠国有企业建立了独立完整的工业体系，在一穷二白（黄金都被蒋介石运去了台湾）的基础上，实现了与苏联、德国、日本相比毫不逊色的工业化奇迹。在前30年里，公有制经济的实践基本上是成功的，但是也存在一些问题，比如有些国企及人民公社里的村干部、群众觉悟较低，生产关系与生产力相比超前，上层建筑与经济基础相比也不协调，因此公有制经济体存在严重问题。为了适应这种状况，改革开放后，我们在坚持公有制为主体的前提下允许并鼓励一部分私有制经济的发展。

马克思认为，物质资料的生产是人的最基本的实践活动，也是人及其社会存在与发展永恒的自然条件。劳动者要创造物质财富，必须首先占有生产资料，并与自然资源相结合。在马克思主义看来，生产资料所有权才是第一人权，也是一个社会最根本性的权力。谁控制了它，谁就是这个社会最根本的主人。一个真正公平、民主、自由、人权的社会，必须最终消灭剥削，生产资料公有制是基本条件。从这个意义上看，美国不可能是民主、自由、人权的社会。1985年3月7日，邓小平曾指出："我们允许个体经济发展，还允许中外合资经营和外资独营的企业发展，但是始终以社会主义公有制为主体。社会主义的目的就是要全国人民共同富裕，不是两极分化。如果我们的政策导致两极分化，我们就失败了；如果产生了什么新的资产阶级，那我们就真是走了邪路了。……总之，一个公有制占主体，一个共同富裕，这是我们所必须坚持的社会主义的根本原则。我们就是要坚决执行和实现这些社会主义的原则。"[①]中国现行《宪法》第六条也规定："中华人民共和国的社会主义经济制度的基础是生产资料的社会主义公有制，即全民所有制和劳动群众集

---

① 《邓小平文选》第3卷，人民出版社1993年版，第110—111页。

体所有制。社会主义公有制消灭人剥削人的制度,实行各尽所能、按劳分配的原则。国家在社会主义初级阶段,坚持公有制为主体、多种所有制经济共同发展的基本经济制度,坚持按劳分配为主体、多种分配方式并存的分配制度。"①

国有经济属于人民,是社会主义的经济基础,是我国保持社会主义性质的根本保证,是巩固和增强共产党执政地位的保证,是保障人民共同利益的重要力量。公有制的主体地位主要不在公有制的数量上,而在于公有制的影响力和控制力上。新中国成立以来,国有企业一直掌握关系国计民生的关键领域和基础性行业,是国家经济发展的支柱,在经济建设发展中始终占有主导地位,是维护和巩固国家政治稳定、承担社会责任、提供公共产品、建设重大工程项目、支持公益事业和对外援助的重要力量,在集中力量办大事的过程中发挥中流砥柱的作用。

关于为什么需要大力发展国有企业,习近平总书记 2016 年 10 月在全国国有企业党的建设工作会议上的讲话中强调,"国有企业是中国特色社会主义的重要物质基础和政治基础,是我们党执政兴国的重要支柱和依靠力量。新中国成立以来特别是改革开放以来,国有企业发展取得巨大成就。我国国有企业为我国经济社会发展、科技进步、国防建设、民生改善作出了历史性贡献,功勋卓著,功不可没"②。针对一些人恶意攻击、抹黑国有企业的战略阴谋,习近平总书记针锋相对地提出,如果把国有企业搞小了、搞垮了、搞没了,公有制主体地位、国有经济主导作用还怎么坚持?工人阶级领导地位还怎么坚持?共同富裕还怎么实现?我们党的执政基础和执政地位还怎么巩固?中国特色社会主义

---

① 《中华人民共和国宪法》,人民出版社 2018 年版,第 10—11 页。
② 《坚持党对国有企业的领导不动摇　开创国有企业党的建设新局面》,《人民日报》2016 年 10 月 12 日。

还怎么坚持和发展？对这些问题，我们一定要想清楚。总的来说，发展国有企业的问题，不仅仅是一个纯粹的经济问题和所有制问题，而是一个重大的政治问题。

我国长期坚持的以公有制为主体的基本经济制度，在打赢新冠肺炎疫情防控阻击战中发挥了独特优势。疫情来临，党中央一声令下，和广大公立医院的医务工作者一样，各大央企一马当先、奋勇向前，在贡献抗疫物资和建设基础设施方面，发挥了不可取代的中流砥柱作用。正如国资委党委所说的："在党和人民需要的关键时刻，国有企业必须拉得出、冲得上、顶得住、打得赢。"①

例如，作为中央医药储备单位的国药集团，为武汉提供防护服5万件、N95口罩36万件以及医用物资290万盒、试剂盒5万人份，并向武汉人民保证：武汉需要多少，我们就供应多少。疫情暴发初期，全国防护服日产量不足2万件，2020年3月6日日产量已达到50万件；2月29日全国口罩日产量达到1.16亿只，是2月1日的12倍。截至4月5日，一次性医用防护服日产能达到150万件以上，医用N95口罩日产能超过340万只，重点跟踪企业医用隔离眼罩／面罩日产能达到29万个，全自动红外测温仪日产能1万台，手持式红外测温仪日产能40万台。

在4万多名白衣天使驰援荆楚，救死扶伤，托举生命之时，同样有3万多名建设工人八方赶来，倾力抢建、并肩奋战。武汉火神山、雷神山医院10天左右双双落成，"两山"医院运行近两个月，收治5000多名患者。湖北省政府国资委党委书记、主任傅立民介绍，在"两山"医院的建设过程中，中建三局作为牵头单位，以最坚决的态度、最果断

---

① 国务院国资委党委：《在大战大考中充分发挥国有企业顶梁柱作用》，《求是》2020年第5期。

中建三局承建雷神山医院

的行动,投入最优秀队伍、最优质资源,组织火神山、雷神山医院的施工大会战,累计调集管理人员4000余人,作业人员44000人,各类大型机械设备及运输车辆等4500余台(套),24小时昼夜不停施工,9天内建成移交火神山医院,10天内建成移交雷神山医院,共完成建筑面积11.38万平方米,提供2600张重症病房和2318张医护人员床位。中铁大桥局、中铁十一局、中交二航局、湖北工建、武汉地产、武汉建工、武汉城投等企业紧急支援、积极参与"两山"医院建设。国网湖北电力公司24小时不间断供电保电,兵器工业集团、中国宝武紧急支援供氧系统、管道焊接工作,等等。一大批国有企业并肩作战,创造了举世瞩目的"中国速度"。由于定点医院容量有限,建设方舱医院收治轻症患者,既能及时医治,又能有效隔离,是疫情防控的关键举措。按照中央指导组"宁可床等人,不要人等床"的意见,大批国企完成"两山"医院会战后,又立即转战方舱医院,将空旷仓库、厂房、体育场馆改造成可容纳上千张床位的战地医院。中南设计集团先后完成抗疫医院设计改造39个，包括雷神山医院、方舱医院在内，项目覆盖武汉三镇、省内外多个地区。湖北工建、武汉地产、武汉建工等企业先后建成武汉客厅方舱医院、武昌方舱医院、汉阳汉汽方舱医院、青山楠姆方舱医院、吴家山校区方舱医院等数十个方舱医院和应急医疗点，几乎是以每天建成一座方舱医院的速度与时间赛跑。数据显示，武汉的新冠肺炎患者，每4人中就有1人是在方舱医院治疗的。方舱医院的大容量，大幅提升了收治能力，大大降低了疫情扩散的风险。[1]

此外，石油石化企业统筹供应渠道、抢调油气资源，2700座加油站为湖北用户提供24小时不间断服务。电网企业主动挂牌对接，为医疗物资生产企业提供"主动服务零上门、精简手续零审批、低压供电零投资"的"三零"服务，确保"医院建到哪里，电就通到哪里"。通信企业派出应急保障人员数万人次，确保湖北地区基站正常运行，中国电信搭建火神山医院5G远程会诊系统，中国联通、中国移动推出5G智慧医疗服务平台，为科学防控疫情提供有力支撑。中航集团、东航集团、南航集团等航空运输企业一方面在客座率较低的情况下，全力保障国内航线和重要国际航线"不断航"；另一方面坚决执行专项包机任务，截至2月26日累计执飞湖北包机243架次，运送防疫物资1372吨、医护人员近2.7万人。

习近平总书记2020年4月在陕西考察时强调，"在防控疫情中，国有企业充分发挥了主力军、生力军的作用，在推动复工复产过程中，

---

[1] 任腾飞：《湖北国资国企冲锋在前全力战"疫"——专访湖北省政府国资委党委书记、主任傅立民》，《国资报告》2020年第3期。

国有企业也要发挥主力军、生力军作用"①。在新冠肺炎疫情持续蔓延的阶段，任何一个国家都必须解决维持正常经济秩序与阻断病毒传播这个尖锐矛盾。美国及大部分西方国家为了保护资本寡头的利润、为了防止大面积失业导致的社会不稳定局面，宁可选择"群体免疫"的做法，以感染上千万、死亡几十万的代价，维持经济秩序的正常运行。具体到微观的企业层面来说，许多美国资本主义性质的企业在正常运行的同时，却没有认真做好各种防疫措施，结果导致很多底层工人尤其是少数族裔的工人阶层成为新冠病毒感染的对象。

中国国有企业是全民所有、服务于全民的公有制企业，疫情来临的时候，能够将全民和整个社会的利益放在首位，按照习近平总书记统筹推进疫情防控和经济社会发展工作的要求，在严格落实疫情防控措施的前提下，有序推进企业复工复产，努力把疫情带来的不利影响降到最低，全力以赴保持生产经营稳定运行。除一马当先奔赴一线抗击疫情，为物质资源的生产调度和国家托底支付医疗费用提供财力、人力的保障以外，国有企业率先进行全面有序的复工复产，为保持经济平稳运行作出重要贡献。疫情期间，电力、能源、通信等领域央企举措频频，为其他企业复工做好基础保障，提供优质服务。三大电信运营商推出"云服务"等服务新举措，以满足网上办公、远程会议需求；国家电网有限公司对疫情防控物资生产企业实施零上门、零审批、零投资"三零"服务，对确因流动资金紧张缴费有困难的，疫情防控期间欠费不停电，助推企业复工复产；国家能源集团保持高位运行水平，为企业复工复产提供可靠稳定的能源供应。②

---

① 《越是危急越担当——抗疫复工最前线的国企力量》，新华社 2020 年 5 月 11 日电。
② 《国有企业，关键时刻显担当》，《经济日报》2020 年 2 月 21 日。

截至 4 月份，中央企业复工率达到 99.4%。石油石化、电网电力、钢铁和航空运输等国有企业，整个疫情期间不停工；受疫情冲击较大的建筑、汽车、旅游等国有企业，在同行业中率先复工；承担重点工程、重大项目的国有企业更是全力促开工、保进度，通过稳定产业链、畅通供应链，为经济平稳运行提供坚实保障。①

二、私有制相形见绌

在美国疫情肆虐之时，特朗普与美国最大的口罩生产商 3M 公司多次发生争执。特朗普 4 月 3 日在白宫发布会上宣布，将阻止 3M 公司出口 N95 口罩、外科手套和其他医疗防护装备。此前一天，特朗普援引《国防工业生产法》，强迫 3M 公司将其生产的医疗防护设备出售给美国政府。3M 公司表示，白宫已要求限制在美国制造的防护装备向加拿大和拉丁美洲出口，3M 公司出于人道主义理由对此表示反对。3M 公司发表声明指出，这种做法可能会导致其他国家采取报复行动。

由于担忧新冠肺炎疫情导致全球经济衰退，美股 3 月 9 日、12 日、16 日以及 18 日连续 4 次出现熔断，而此前几十年美股只出现过 1 次熔断。4 月有 2023.6 万人失业，全国失业率达到 16%。

美国在这次疫情中的糟糕表现，不仅仅是因为不靠谱的特朗普。实际上，这是美国的制度性问题，私有化太过，政府管控太少，调配公共资源和救援的能力太差，每次遇到大灾大难，美国的这种制度性问题就会造成很多灾难性后果。

在 2009 年发源于美国的甲型 H1N1 流感疫情肆虐世界的过程中，美国政府犯的错误和这次几乎是一样的。

---

① 《国企扛起复工复产大梁》，新华社 2020 年 5 月 12 日电。

在甲型 H1N1 流感疫情的初期，美国疾控中心（CDC）就迅速释放了 25% 的战略储备物资，根据人口向各个州分配了 1100 万抗病毒药剂、超过 3900 万套口罩和呼吸器等，但并没有对机场的乘客采取任何的隔离保护措施，导致病毒在美国迅速传播，并散布到全世界。

美国用了足足 6 个月才宣布进入国家紧急状态。在超过 60 万人感染之后，美国疾控中心就不再统计确诊人数了，只能估测最后的感染和死亡人数。美国疾控中心的研究人员估计，2009 年甲型 H1N1 流感疫情直接导致了 201200 人死亡，另外有 83300 人死于与甲型 H1N1 流感病毒感染相关的心血管疾病，也就是总共有 284500 人因此丧生。时至今日，甲型 H1N1 流感已经变成了美国的季节性流感，每年都要带走数万人的生命。

疫情暴发后资本主义的弊端暴露无遗，西方一些领导人也开始反思。3 月 12 日，法国总统马克龙发表讲话指出，"我们必须吸取现在的教训，反省几十年来我们所奉行的、已暴露出种种弊端的发展模式，审视民主制度的缺陷"，并强调"将某些公共服务置于市场规则之外很有必要"。

从里根时期开始，美国就大力推动市场化、私有化，把很多关键的公共领域对私人资本放开，而放弃了原本坚持的政府宏观调控的能力。

以美国加利福尼亚州的水资源私有化为例，该州降水不均匀，北部降水占据三分之二，雨季时而发生洪灾，但北部多山，耕地也少，不适宜人类居住，而居住条件更好的南部却偏偏降雨量较少。为了解决这个问题，加利福尼亚州政府发挥作用，做了一个著名的中央河谷工程（Central Valley Project），北水南调，让原本干旱的地区出现了 2000 多万亩的良田，受益人口达到 2300 万之多，也让加利福尼亚州的农业得以飞速发展。

但在里根政府推行市场化之后,加利福尼亚州的水资源调配权也被私营公司掌握,私营企业成立了水银行,水被当做一个重要的资源牟利。

资本家可以滥用水资源灌溉果树,普通家庭用水却因水管长期没有维修而问题频出,居民只能喝劣质水。2017 年,美国国家地理杂志记者前往加州东波特维尔小镇采访之时发现当地居民的日常用水都成问题。这就是玩得久了,把自己都给忽悠瘸了的典型案例。

在新自由主义时代,发达国家摒弃了以往的产业政策,导致社会中许多关键的企业和部门,都落到了私人手上。但是,私人资本追求利润最大化,不愿意砸钱给利润低的制造业,宁愿将工厂搬到其他国家,如果任其发展,就势必造成金融产业发达,而制造业逐渐空心化的现象。

法国在 20 世纪 60 年代奉行戴高乐主义,由国家出手选择一些值得突破的技术领域,政府补贴企业搞研发或干脆成立国有企业,使得法国在 70 年代成功研制除了民用核能电站、航天、高铁领域的新技术。法国自主生产的尖端装备的战斗机从"幻影"升级到"阵风"。如今,中国都能生产歼 -20 型战机,西方国家却是清一色的美制 F-35 型战机。

美国除了在尖端领域还保留了一些顶尖企业外,中低端制造业迅速萎缩,原本风光的工业城市群,已经变成了著名的"铁锈带"。

同时,私人资本的逐利性质,导致其往往不关注民生,一遇到重大灾难、紧急时刻,私人资本为了自己的利益考虑,少有人能为社会民生着想,主动缓解物资紧缺的问题,反而是想着如何囤积居奇、发国难财,如何更好地大赚一笔。

在这次疫情中,欧美发达国家也意识到了自己以前犯的错误,开始反思,正在试图重返国有化的老路,欧洲几个疫情较为严重的国家尤其如此。

2020年3月15日晚,西班牙卫生部长萨尔瓦多·伊拉宣布西班牙的医疗体系将"国有化",并强调在抗击新冠肺炎疫情中,西班牙的公共、私人和军事医疗机构,包括具有购买医疗用品能力的私营部门,如医院或制药公司等,都要由政府全权指挥。考虑到了资本的对抗,萨尔瓦多·伊拉态度很强硬,表示为解决这场新冠危机,会对私营部门采取"一切必要手段"!能够制造或者手头囤积着医护用具(如口罩、护目镜、手套)的西班牙企业和个人,必须在48小时内向西班牙政府报备,不可延期!不服从就会受到惩罚!

在西班牙之后,法国也试图重拾国有化之路。2020年3月17日,法国经济与财政部长布鲁诺·勒梅尔宣布,面对新冠肺炎疫情的冲击,法国政府将采取一切措施支持法国大企业,包括"国有化"。3月19日,布鲁诺·勒梅尔再次表示,为了帮助大型企业应对疫情带来的危机,其将向马克龙总统提交各项计划和可选政策,可能包括国家增持大型企业的股份,也可能是"一步到位"对大型企业进行国有化。

第二节　公益性 vs 市场化

—

一、医疗健康行业为什么需要坚持以公益性为主

中国的抗疫模式有两个特点。一是效率高，从防护、预防到检测、隔离以及治疗，各个环节都非常扎实地落到实处，人力物力得到了有效的动员、组织和利用。二是成本少，整个抗疫过程是中国共产党领导下的一场保障全民生命安全和根本利益的公益性活动，杜绝了任何人、公司及组织通过疫情牟取私利的可能。由于国家托底，在保障质量的前提下所有治疗流程的成本都被降到最低，新冠肺炎患者得到免费治疗，广大人民群众成为最大的受益者。

2020年1月22日，国家医保局、财政部联合发布《关于做好新型冠状病毒感染的肺炎疫情医疗保障的紧急通知》，规定对于新冠肺炎患者发生的医疗费用，在基本医保、大病保险、医疗救助等按规定支付后，个人负担部分由财政给予补助，即"新冠患者免费治疗"。4月11日，国家医保局医药服务管理司司长熊先军表示，截止到4月

6日,确诊住院患者人均医疗费用已经达到 2.15 万元,全国 31 个省(区、市)和兵团新冠确诊和疑似患者的医保结算,涉及总费用约 14.86 亿元,医保支付 9.9 亿元,总体支付比例为 66.6%。其中,确诊住院患者结算 51983 人,涉及总费用 11.18 亿元,医保支付 7.46 亿元;疑似患者结算涉及总费用 3.68 亿元,医保支付 2.45 亿元。诊疗方案中的体外膜肺氧合(ECMO)因对诊疗水平要求较高,费用较为昂贵,之前许多省份未纳入支付范围,在肺炎疫情中医保也予以支付。截至 4 月 6 日,重症患者人均治疗费用超过 15 万元,少数危重症患者治疗费用达到几十万元,甚至超过百万元,医保均按规定予以报销。①

中国共产党人的初心和使命,就是为中国人民谋幸福,为中华民族谋复兴。新中国成立以来,我国一直坚持医疗卫生事业以公益性为主的基本原则。党的十八大以来,习近平总书记多次强调,要坚持公立医院公益性的基本定位,要毫不动摇把公益性写在医疗卫生事业的旗帜上,不能走全盘市场化、商业化的路子,让广大人民群众享有公平可及、系统连续的预防、治疗、康复、健康促进等健康服务。医疗健康行业必须以公益性为主的原因在于,在医护人员与病患者这一对矛盾关系中,病患者处于信息绝对失衡的弱势一方,无法由双方自由博弈决定商品与服务的价格。

毫无疑问,依靠所谓的自由市场来应对新冠肺炎疫情,其结果只能是一败涂地。因为人的生命与健康是无价的,如果任由市场逻辑扩张,把人的生命与健康也变成商品,最终结果只能严重损害绝大部分人的人权。如果医疗健康行业完全由资本寡头主导,他们肯定会将新冠肺

---

① 《国家医保局:新冠肺炎重症患者人均治疗费用超过 15 万元,均按规定予以报销》,中央纪委国家监委网站 2020 年 4 月 13 日。

炎疫情当作牟取暴利的机会,极端情况下甚至会鼓吹所谓的"群体免疫"的抗疫模式,让绝大部分人感染病毒,让市场化大公司的利益得到最大程度的膨胀。

"今日俄罗斯"电视台2020年8月报道,感染了新冠肺炎的美国公民珍妮特·门德斯在入院治疗一个月后康复出院,在她出院之前,家中就已经开始陆续收到医院的账单,刚出院时收到的账单总额高达40万美元,约合人民币273万元。除去医疗保险支付的部分,她仍然需要支付7.5万多美元,约合人民币52万元,而这还不是全部。虽然新中国仍然是一个刚刚成立70多年的年轻的社会主义发展中国家,而美国早在20世纪初就已经是世界上最发达的资本主义工业化国家,但是美国新冠患者的遭遇与中国形成了天壤之别,这一切充分说明了资本主义制度和社会主义制度哪一个才真正尊重人权。

自20世纪80年代里根政府推行新自由主义政策以来,由于过度资本化、市场化,美国的医药利益集团以及相关的保险业金融机构成为能够决定美国国内政治风向的重大利益集团。美国普通民众看病难、看病贵的问题成为整个社会的一大痼疾。奥巴马政府曾经试图推行医改,要求医药利益集团向美国民众适度让利,但是遭到了医药利益集团及其政治代理人共和党极端势力的严重阻挠,尽管奥巴马曾经将医改当作自己政治生涯的主要使命,但是最终成了烂尾工程。特朗普上台后,全面废除了奥巴马的医改方案,重新强化了医疗健康行业的新自由主义的市场化倾向。面对新冠肺炎疫情,特朗普政府最终选择与执行了"群体免疫"这样一个对大多数人不利的战略,不得不说一定程度上体现了医药利益集团的利益。

二、资本主义医疗制度的伪福利性

美式抗疫的全面大失败与大溃散,与美国医疗体制高度市场化、资本化密切相关。其中存在的一个普遍问题,就是新冠肺炎的检测和治疗费用极其昂贵,从而使大量美国穷人放弃检测和治疗。

美国《迈阿密先驱报》2020 年 2 月 26 日报道,一位名为奥斯梅尔·马丁内斯·阿斯库埃的迈阿密小伙 1 月从中国出差回到美国后出现流感症状。于是,他主动前往医院做检查。幸运的是,查出来的结果不是新冠肺炎,只是流感,但不幸的是,光是这项检查,他就收到了一份 3270 美元的账单,即使扣掉医保支付部分,他也要为此支付 1400 美元。对于美国中产阶级来说,这也是一笔不小的开支。

对于那些没有医保或者医保不够好的美国人来说,这笔开支非常巨大,很多人支付不起,于是他们会直接选择放弃检测,由此带来的后果就是新冠病毒的大规模传播。

而与之相对应的是,美国的富人们可以得到及时的、优先的检测。美国佛罗里达州有一个名为费舍尔岛的小岛,它是美国最富有的居住区,居民年收入中位数为百万美元,光是费舍尔岛社区协会的会费一年就要缴纳 3 万美元,协会有时候会用游艇接送居民。在美国新冠肺炎疫情暴发初期,费舍尔岛社区协会就花钱买了大量的新冠检测试剂,为社区每一位居民做检测。

直到美国贫穷的公民得不到检测而引起公愤,美国政府才规定新冠肺炎检测免费。但免费是有代价的,是有数量限制的,为了得到检测,美国公民需要排很长时间的队,平均排队时间达 3 小时,而且检测结果 3 天后才通过短信通知。

最重要的是,检测虽然免费,但治疗需要付费。美国医疗系统比中国更昂贵，需要的治疗费用更多。根据美国消费者新闻与商业频道（CNBC）的报道，如果患者没有购买保险，或者他们接受的治疗不在医保范围内，那些因为新冠住院的患者需要支付的费用在42486—74310美元。对于那些用网络医疗服务看病的患者，根据其保险水平的不同，自己支付的费用在21936—37855美元。这对大部分美国公民来说是一个天文数字，因为当前美国有40%的人拿不出一次性的400美元紧急款项，而美国政府一次性发放的1200美元，仅够大多数人一个月的开销。

美国的医保之所以在紧急时刻无法为普通美国人分担治疗费用，根本原因是美国私营医疗企业形成了实际上的垄断市场，他们会用各种办法阻挠政府在医疗领域实行对普通民众有利的改革。奥巴马政府时期曾对美国医疗进行改革，推行平价医疗法案，全称叫作《患者保护与平价医疗法案》。

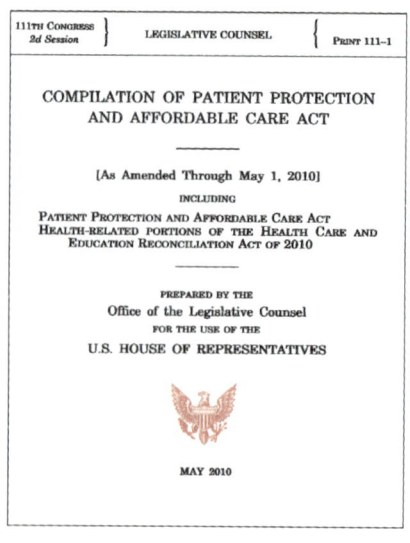

《患者保护与平价医疗法案》

该法案要求所有美国公民都必须购买医保，美国政府会根据个人收入情况进行评估，对于买不起的人给予一定的补贴，由政府财政来支付。对于那些能负担得起而不购买医保的人进行罚款。雇佣50人以上的公司必须为所有雇员购买医保，不购买将被罚款。同时，法案还要求，保险公司不能以个人身体状况为由拒绝投保，或者根据个人身体健康状况的不同收取不同的保费。

奥巴马医改将3200万低收入人群纳入美国的医保体系，也因此得罪了原本不需要为员工购买医保的小企业主以及以此牟利的医药公司，尤其是医疗保险公司。因为根据投保人的身体状况计算不同人患病的概率，把可能赔钱的人踢出保险体系，是医疗保险公司赚钱的一个基本操作，奥巴马的医保改革让他们蒙受了损失。

让奥巴马没有想到的是，上有政策下有对策，美国私营医药公司为了对抗奥巴马医改，故意哄抬药物价格，在奥巴马医改实施后的5年里，艾伯维（AbbVie）公司的畅销药修美乐（Humira）价格上涨了126%，安进（Amgen）公司的关节炎药物恩利（Enbrel）价格上涨了126%，梯瓦（Teva）公司的多发性硬化症药物Copaxone价格上涨了118%。

医保能报销的比例是固定的，药物涨价后，医药公司还是能赚钱，穷人还是看不起病。特朗普上台后废除了奥巴马医改方案，政府不再为买不起医保的低收入人群提供补贴，也不再强迫购买医保，而是让市场来做决定。这个方法让美国政府财政卸下了担子，但是让没有医保的人增多，可以说，特朗普在没有触动私营医药公司利益的情况下，单纯地减少了政府在医疗上的开支。

根据英国《独立报》2020年3月20日披露的消息，美国总统国家安全事务前助理苏珊·赖斯透露，在奥巴马政府时期，美国国家安全委员会设立了全球健康安全和生物防御办公室,目的是预防下一次流行病在美国的暴发,但是在 2018 年 5 月,特朗普政府解散了这一办公室。赖斯认为,这是特朗普政府应对新冠肺炎疫情暴发反应迟缓的原因之一。

全球健康安全和生物防御办公室的解散仅仅是特朗普政府削减公共医疗开支的一个缩影。美国《外交政策》杂志披露,2018 年以来,美国政府在卫生系统上逐渐减少了 150 亿美元的支出,同时削减了美国疾控中心、国家安全委员会、国土安全部以及卫生与公共服务部的运营预算,取消了高达 3000 万美元的复杂危机基金。在 2020 财年的预算中,特朗普直接砍掉了美国疾控中心 20% 的防疫开支,全美超 700 家基层医院处在缺钱关张的边缘,而这些医院的年接诊人数加起来超过 70 万人。

美国政府大幅度削减公共医疗支出,同时又把医疗保险交给私营公司而不加以限制,导致美国人民在新冠肺炎疫情中无力负担高额的治疗费用。

新冠肺炎疫情蔓延给美国经济带来了重大影响,美国股市连续出现 4 次熔断,失业人数也创新高。在美国,失业的人是无法享受医保的,失业也意味着失去了医保。

因此,在美国疫情严峻的形势下,很多专业人士提出的建议却是,新冠肺炎轻症患者不要去医院,自己待在家里自愈就好,因为前往医院,无论是否享受医保,都要支付一笔巨款,不治疗说不定能自愈,但治疗大概率会破产,两害相权取其轻。

根据"今日俄罗斯"电视台的一项调查,美国有 14% 的人因为完全无法负担新冠肺炎的治疗费用,即使自己或者家人患病,他们也会选择放弃治疗。正因为如此,在美国确诊人数突破 700 万关口的情况下,很多地方的医疗系统没有被击穿,因为有大量的确诊患者放弃治疗。不治疗,医疗系统怎么会崩溃呢?

第三节　中国特色社会主义市场经济的韧性

一

一、什么是中国特色社会主义市场经济？

关于市场经济的概念，一般有两种理解。第一种是将其视作从交换和流通角度对商品经济进行的描述。或者说它和商品经济描述的是同一事物，只不过前者侧重于从交换和流通角度进行描述，突出在商品交换和流通环节中市场价格机制的作用，而后者侧重于从生产与交换联系起来的整体角度进行描述。因此商品经济发展到什么程度，市场及市场经济就发展到什么程度。按照这种理解，在资本主义经济出现之前就已存在市场经济。

第二种是将其视作商品经济高度发达并获得基本统治地位的经济形态。既然商品经济处于统治地位，那么劳动力也必然实现了商品化和市场化。此时市场在整个经济的生产和交换中发挥调节作用，在这种经济形态中，所有的经济要素实现了商品化和市场化，生产资料的价格、劳动力的价格、生活资料的价格，主要由市场调节。在这种定义中，只有资本主义经济才能称为市场经济。新自由主义理论属于后一种倾向。这种对市场经济的定义在逻辑上与商品经济的定义互相矛盾且无法统一。

中国特色社会主义理论对市场经济的理解显然采取的是第一种方式。只有如此，市场经济才会有资本主义和社会主义之分。理论和实践都证明，在社会主义初级阶段，还不能完全消灭商品生产和市场经济。与此同时，社会主义市场经济以生产资料公有制和按劳分配为主要所有制和分配形式，那么商品经济、市场经济就只能在一定范围内存在，不能像资本主义经济那样获得完全统治地位。在此基础上，社会主义市场经济可以对资本剥削进行很大程度的限制甚至将其完全消灭。

按照中国特色社会主义理论，在社会主义市场经济中，工人阶级应是生产资料的所有者及社会和政治上的统治阶级，是社会主义市场经济的主导者。这一重大原则将决定社会主义市场经济与资本主义市场经济有本质的不同。最起码，马克思所概述的资本主义经济的两大主要特征（劳动力的普遍商品化和剥削剩余价值），不能成为社会主义市场经济的主要特征。而这一切的前提，是生产资料不能实行彻底的商品化、市场化和私有化。

二、疫情中的社会主义市场经济为什么有效？

与美国政客和资本家们在疫情中相互勾结，对抗疫物资囤积居奇、哄抬物价等混乱现象相比，中国的市场尤其是抗疫物资市场基本平稳有序。自然，也会有一些商人试图利用口罩等物资的短缺，按照纯粹的自由市场原则哄抬物价。然而，中国的市场经济是社会主义市场经济，与资本主义的自由市场存在根本区别。2020年2月3日，习近平总书记在中央政治局常委会会议研究应对新冠肺炎疫情工作时的讲话中明确指出,"要妥善处理疫情防控中出现的各类矛盾和问题,加强社会治安工作,依法严厉打击利用疫情哄抬物价、囤积居奇、趁火打劫等扰乱社会秩序的违法犯罪行为,严厉打击制售假劣药品、医疗器械、医用卫生材料等违法犯罪行为,坚决依法打击各类违法犯罪,维护社会稳定和国家安全"①。国家市场监督管理总局2月5日发出《关于疫情防控期间严厉打击口罩等防控物资生产领域价格违法行为的紧急通知》,要求各级市场监管部门主动与有关部门、行业协会和企业加强沟通协调,加强调查研究,摸清辖区口罩等防控物资生产设备和原辅材料供应企业等基本情况,做到底数清、情况明,为提高价格监管效率筑牢基础;积极倡议、引导企业主动承担社会责任,参与社会共治;依法从重从严从快,严厉打击口罩等防控物资生产领域价格违法行为,不仅要加强口罩等防控物资销售环节的价格监管,还要加强生产设备和原辅材料供应全链条价格行为监管。

显而易见,在疫情面前,资本主义市场经济导致的是少数资本家和当权政客的暴富,而社会主义市场经济却引导广大私营企业和国有企业一起承担社会责任,确保抗疫物资供应。以口罩为例,由于在正常的社会秩序下,口罩只能是小众产品,其日常需求和产能一般只服务于医院等医疗行业。疫情袭来,口罩等防护用品一下子成为全民急需的短缺产品,在医疗资源供给缺口急剧扩大的情况下,医疗人员的基本防护需求都可能无法满足。

在党中央的统一领导部署下,中国许多原本不生产口罩的企业在

---

① 《中共中央政治局常务委员会召开会议 研究加强新型冠状病毒感染的肺炎疫情防控工作》,《人民日报》2020年2月4日。

短时间内迅速解决技术与设备难关，使中国医疗物资的短缺问题在最短时间内得到完美解决。例如，北京纳通科技集团有限公司原本是生产人造骨等高端医用耗材的生产基地，疫情发生以后被临时用来转产口罩。对于这家临时"跨界"的民营企业来说，要持续扩大产能面临极大困境：口罩机买不到、熔喷布买不到、无纺布也要高价去抢，甚至连那些最小的零部件也要四处求购。2月上旬，在得知北京纳通科技集团有限公司正为熔喷布短缺和难以扩产心急如焚之后，中国石化马上帮助解决了一吨熔喷布的难题，让其口罩生产的压力迅速减轻，同时承诺将持续为其提供熔喷布原料。2月14日，中国石化董事长张玉卓和总经理马永生前往北京纳通科技集团有限公司落实日产100万只口罩的事，并强调中国石化将继续发挥自身产业链优势，与有资质的企业合作多产快产口罩。我们每多生产一只口罩，百姓就多一份保护。至于后续双方如何继续合作，如何分配利润，这些对企业来说最重要的生产经营问题，在这个特殊时期似乎显得不再重要。在双方看来，最主要的任务是紧密配合，发挥各自优势，尽可能多生产口罩。

《羊城晚报》2月21日报道，2月13日至2月20日，原本造车的重点国企广汽集团争分夺秒，与时间赛跑，短短一周时间，就实现了口罩生产从零到100万产能的突破。面对口罩生产设备组装调试过程中的难题，广汽集团临时党支部书记李科芳将全体工程师分成调试、组装、工艺三个小组，对所有的重点难点形成"各个击破"的态势，平均一个小时进行一次沟通，提高调试组装效率。疫情期间，在多数加工企业尚未复工，设备核心零件无法购入的情况下，李科芳运用标准件从外地空运、机加工件派专人在委外工厂驻守、自制件自行加工相结合的办法，确保日程按时推进，仅用5天时间便带领团队成功组装调试出第一台防护口罩生产设备。李科芳接受记者采访时表示："对于每个党员来说，这都是义不容辞的任务。只有早日生产出防护口罩,才能保护大家的身体健康,减轻广州市防疫物资的供应压力。……有时候,为了确保一个零件准时入库,工程师们需要深夜自己驾车前往加工企业取回;有时候,工程师们在产线上连续奋战三十多个小时,完全顾不上休息。"

这些案例充分说明,"另一个世界是可能的",因为"生产出来的口罩"并不是走向市场变成企业的利润,而是"由广州市政府统筹,优先支援医疗、公交、出租车、地铁等防控疫情和公共服务的一线人员使用"。这说明,在疫情冲击面前,纯粹的以市场和利润为链接,在经济人逻辑下形成的社会必然软弱涣散、不堪一击。在市场突然失灵的危急时刻和关键时刻,社会主义企业完全可以不是为了追求资本利润和剩余价值,而是为了人民的共同利益和现实需求而生产,企业高管、工人、工程师也都完全可能突破经济人的假设,作为无限光荣的有机的社会共同体的一部分而更加努力和拼命地工作,从而最大限度地将各种力量集中起来抗击疫情。

中国的抗疫历程告诉我们,社会主义市场经济与资本主义市场经济在性质上有本质区别。党的十八届三中全会提出的"使市场在资源配置中起决定性作用",并非新自由主义经济学意义上的"市场决定论"和市场原教旨主义。邓小平早已指出:"计划多一点还是市场多一点,不是社会主义与资本主义的本质区别。计划经济不等于社会主义,资本主义也有计划;市场经济不等于资本主义,社会主义也有市场。计划和市场都是经济手段。"① 据此,我们可以看到,市场、计划都是手段,其性质取决于由谁主导及为谁服务。资本主义也有计划,但是其计划,如美国垄断财团主导和实施的计划,本质上是为资产阶级服务的,是为了更好

---

① 《邓小平文选》第 3 卷,人民出版社 1993 年版,第 373 页。

地掠夺人民并维护自身统治的,是资本主义性质的。这就是邓小平所说的,"计划经济不等于社会主义,资本主义也有计划"。

市场也一样。资本主义国家的市场经济,当然是由资产阶级尤其是垄断财团主导的,而人民大众则在其中遭受经济剥削。新自由主义者渲染市场神话,本质上就是主张垄断财团主导经济的运行。而在中国特色社会主义理论看来,市场也可以是社会主义性质的。与资本主义的市场由资产阶级主导不同,社会主义的市场总体上应该是由人民大众主导并服务于人民的市场,是以公有制经济为主体,以按劳分配为主要分配形式的市场,是要限制和消灭剥削、消除两极分化并最终实现共同富裕的市场,而非新自由主义所主张的"自由市场"。正如邓小平所说的,"市场经济不等于资本主义,社会主义也有市场"。只有在这个意义上,才能准确理解邓小平关于计划与市场的相关论断,也才能廓清"市场经济""资本主义""社会主义"三者之间的关系。

三、社会主义市场经济是有限市场和有效市场的统一

正如马克思所指出的,只有在资本主义社会,"各种生产条件本身才广泛地表现为从流通进入生产过程的商品"。[①] 没有生产资料当初的商品化,就不会有资产阶级的产生和发展;没有生产资料广泛而普遍的商品化,就不会有生产资料向资产阶级的集中,资产阶级就不能在经济上进而在政治上占据统治地位,也就没有资本主义社会。生产资料的逐步商品化,导致了传统生产资料所有者的消亡与新的所有者(资产阶级)的诞生和壮大。正是农民出卖土地变得一无所有后,他们才沦为不

---

① 《马克思恩格斯文集》第 8 卷,人民出版社 2009 年版,第 424 页。

得不依靠出卖劳动力为生的工人。也就是说,在资本主义社会,劳动力商品化、市场化的前提,是生产资料的商品化和市场化。生产资料的商品化和市场化,必然意味着生产资料向少数人的集中,也意味着劳动力的商品化和市场化。因此,只有在资本主义社会,劳动力和生产资料才都以商品的形式从流通进入生产过程。

在社会主义社会,工人阶级共同占有主要的生产资料,这便意味着生产资料层面不存在真正的完全的市场,意味着主要的自然资源和生产资料不能彻底市场化和私有化,变成可以进行买卖和交易的商品。在现代文明社会,人身及其基本权利不能沦为可以买卖的商品,这已经是最基本的原则。同样,在社会主义社会里,工人阶级对生产资料的公共所有权既不能分割,也不能进行自由买卖,否则就等于走向了私有化之路。这一点,苏联解体、东欧剧变后俄罗斯及东欧地区的改革实践已经做了很好的例证——国有企业实现彻底的股份化和市场化后(哪怕是全民均分的股份化),必然最终走向私有化乃至寡头私有化。假如工人阶级手中的生产资料所有权可以自由买卖,其最终结果,一定是生产资料集中到少数人的手中。

由此可见,私有化是市场化的必然结果:彻底的市场化,必然导致彻底的私有化。完全彻底的市场化,必然要求生产资料所有权的市场化和商品化,也必然要求劳动力的彻底市场化和商品化,这就必然意味着完全的私有化,意味着资本主义化。

按照市场经济原则,假如一个企业经营失败,其所有者必然以较低价格出卖其企业所有权,从而就有可能丧失其生产资料所有者的身份,沦为以出卖劳动力为生的工人。然而在社会主义社会则不允许这种情况出现,社会主义社会不允许出现真正的、完全的自由交易生产资料所有权的市场。一个公有制企业如果濒临破产,主要原因一定是经营管理不善，高级管理人员损公肥私。在这种情况下需要做的是完善管理制度，聘用合适的管理人员，而非将企业卖给私人。在资本主义社会，私有制企业因为管理不善被其他私有制企业兼并是非常普遍的事。但是，假如公有制企业管理出现问题，就以私有化的方式处理，那么公有制企业最终可能被消灭。

在资本主义市场经济中，跨国企业母公司和子公司之间的产品交换，子公司和子公司之间的产品交换，并非按照真正的市场原则进行，它表面上有市场的外壳，但实际上交易双方在很大程度上都必须服从于最高垄断资本家管理团队的计划和调控，服务于垄断资本家总的利益体系，其交易价格也是由公司内部自定的。此时跨国企业内部的产品交换，并非真正的商品交换，虽然它们表面上是以商品的形式在市场上进行交换。

在社会主义市场经济中，全民所有制企业与全民所有制企业之间的关系，不是简单的市场关系和商品关系，因为他们不是独立的利益主体。正如跨国公司子公司与子公司之间形成的市场，是受垄断资本家的计划指令所主导的市场一样。生产资料在全民所有制企业之间的交换和流通，虽然表面上也是以商品的形式进行，但它仅保留了市场的外壳。这种市场，是受代表全民利益的中央政府的计划和宏观调控所主导的市场，因此并非纯粹的市场关系。

在社会主义社会，人与人之间仍然存在较大的劳动能力差异以及随之而来的收入差距。如果允许生产资料所有权自由交易，就会出现这种局面：一部分高收入群体通过合法和公平的方式，逐步用手中的高收入购买生产资料所有权而成为新生的资产阶级，而另一部分低收入群体则由于出卖生产资料所有权而沦为雇佣奴隶，从而导致剥削等不公正现象的发生，社会就会最终蜕变为资本主义社会。

社会主义市场经济的另一大特征，是劳动力的有限商品化。

通过马克思对资本主义生产方式的分析我们可以看到，劳动力的价值，即工人维持劳动力所需要的生活资料的价值，是存在很大弹性的。在资本主义社会里，由于生产资料向资产阶级的集中及劳动力之间的充分竞争，劳动力的价值远远低于劳动力的使用价值，这是资本主义的价值规律。而在社会主义社会，工人的劳动力不再是商品，工人本身成为真正的人，工人作为生产资料所有者也不再受剥削，剥削剩余价值的现象也不存在，因此，劳动力所创造的价值完全由工人自己支配：一部分用于扩大再生产，补充和扩大属于自身的生产资料，另一部分用于自身的消费，整个经济遵照等量劳动相交换的原则运行，这是社会主义的价值规律。工人的生活状态应得到质的飞跃，也应从物的存在变为人的存在。前者表面上是平等的、等价的，实质上是不平等、不等价的；而后者则是真正平等和等价值交换的。

社会主义市场经济的劳动力市场，整体上看是一种特殊的市场，它仅仅具有市场的外壳。在公有制经济范围内，工人阶级作为基本生产资料的所有者，既是劳动力的出售者同时也是购买者，如此一来劳动力也就并非真正的商品。市场关系的基本特征，是购买者和出售者为不同的、独立的利益主体。严格说来，在公有制经济范围内没有真正的劳动力市场，因为工人实际上是在属于自己的企业里劳动，因此公有制企业并不剥削工人的剩余价值（就像资本家的企业不会剥削资本家自己一样），而这个基本原则，将对私营企业的劳动力价格产生很大的制约。

在私营经济范围内，虽然存在真正的劳动力市场，但是代表工人阶级利益的政党和政府也会干预劳动力市场的价格，从而限制乃至消灭资本的剥削。这就是社会主义市场经济和资本主义市场经济的一大区别。

除全民所有制经济外，社会主义市场经济中还存在大量的集体经济和私营经济等独立的利益主体，它们与消费者之间的关系都是市场关系。集体经济之间、集体经济与全民所有制经济之间、集体经济与私营经济之间、私营经济之间、私营经济与全民所有制经济之间，也都是真正的市场关系。

总而言之，在社会主义市场经济中，商品经济和市场经济的范围和作用比社会主义计划经济要大，但与资本主义相比，在根本上又是有限度的。公有制经济应该在党和政府的配合下，主导全国的劳动力市场，以特殊的社会主义性质的市场关系（等量劳动交换），限制和消灭资本主义性质的市场关系，从而限制和消灭资本主义式的扭曲，恢复完全的等价值交换和等劳动量交换原则，即限制和消灭剥削，从而抑制和消灭两极分化。这是社会主义市场经济和资本主义市场经济最本质的区别之一。只有这种由人民大众主导的社会主义性质的以等量劳动相交换为基本原则运行的市场，才能在资源配置中起决定性作用。

构建社会主义市场经济的必要性在于，资本主义市场经济是不均衡的。例如，由于工人收入低下，当消费品供给大于工人的有效需求时，资本家宁可销毁商品、闲置生产能力，也不愿大幅降低商品价格以满足工人的实际需求。这才是资本主义市场经济的常态。资本主义市场经济无法实现真正均衡和资源的有效配置，当然相比于奴隶社会和封建社会的生产方式，资本主义的市场还是更有效率的，这一点马克思也是承认的。

而社会主义市场经济克服了上述弊端。首先，自然资源是属于全民所有的，杜绝了由少数人垄断所衍生的剥削权力。其次，公有制占据主体地位，分配也以按劳分配为主体，因此在劳动力市场上，工人阶级不应该处于劣势。只要公有制企业使用大多数劳动力，那么它就可能主导全国的劳动力市场，使工人阶级的工资等于或者接近于其劳动创造的价值。再次，在消费品市场上，公有制企业仍然可以制约私有制企业，使关键、重大和基本消费品(如能源、粮食、住房等)被少数人垄断和投机的现象得到根本遏制。以上这三点，都是通过市场行为而非政府干预行为来完成的。这种情况，就是社会主义市场在资源配置中起决定性作用的均衡市场经济。在这里，达到了效率和公平的统一，限制及消除了资本剥削，抑制了两极分化，以市场为主导实现了按劳分配，实现了资源的最优配置。可见，要使社会主义市场在资源配置中发挥决定性作用，关键是发挥公有制经济在资源配置中的主导性作用。

最后，则是政府的辅助作用，进一步消灭剥削和消除两极分化，确保按劳分配的实现。例如保障工人的劳动果实不被资产阶级剥削；促进私人资本家之间的充分竞争，防止私人资本垄断某类商品和某个行业以牟取暴利；对个别私人资本的暴利征收高额税收，以扩大国家财政，提供公共福利等。

第四节　新自由主义政策与"疫"边倒的美国经济

一

在疫情肆虐的纽约州，出身于民主党的纽约州州长科莫由于非常高调地跟大失人心的美国总统特朗普公开叫板，在美国主流媒体的追捧下，俨然成了一名抗击疫情的政治明星。根据《纽约时报》《纽约邮报》、美国有线电视新闻网（CNN）等媒体的报道，当地时间2020年3月30日，纽约州州长科莫在新闻发布会上谈及纽约州抗击疫情采取的新措施。他表示，纽约州目前已经从中国订购了1.7万台呼吸机，每台2.5万美元，其中2500台会在两个星期内运送到纽约；即便纽约已经成为疫情的"震中"，但还要和其他州以及联邦政府"争抢"呼吸机。

然而，这位非常善于吐槽特朗普的科莫州长，却和特朗普一样都是资本寡头的代言人。疫情发生后，科莫不仅否决了纽约市封城的提议，使疫情更加严重，而且在极力推动把纽约州的低收入者的政府医疗保险项目砍掉25亿美元，这里面就包括了给医院的4亿美元财政补助。科莫曾经多次反对提高最低工资的提案，在美国占领华尔街运动期间被群众称为1%州长，意指其只为社会前1%收入的人服务。这次疫情当中科莫使出一招，让监狱罪犯生产洗手液，缓解了纽约的短缺问题,其实也不过是图罪犯的工资极低。从本质上看,科莫不过是民主党的特朗普而已,虽然他和特朗普扮演的角色、承担的分工不同,但本质上都是资本寡头的代理人。

美国医疗体系在新冠肺炎疫情中的大溃败,是美国资本主义制度尤其是20世纪80年代实行新自由主义政策导致的恶果。根据美国疾控中心的数据,美国实行罗斯福新政后,一直到冷战结束,随着美国公共卫生体系的不断加强,美国传染病致死率大幅度降低。这一切都是美国资本主义制度在共产主义运动压力下,被迫作出调整的结果,如增强政府作用、对富豪增加税收、增加民众福利、增强公共医疗卫生服务等。

然而,自里根-撒切尔轴心登上历史舞台后,美国公共医疗卫生体系经历了系统的私有化、市场化潮流的冲击,经费遭到削减。美国国立卫生研究院是美国最重要的卫生健康研究机构,其预算占美国国内生产总值的比例在十几年前曾经一度接近25%,但是到今天已经跌到15%。2000—2014年,美国疾控中心专项用于公共卫生紧急状况的资金减少近40%。根据美国疾控中心统计,1975年,美国拥有大概150万张医院病床,到2015年,却已经削减到了不到90万张。各种私人保险公司和政府项目都在尽量减少病人住院,从1975年到2015年,住院的数量大幅度降低。

在新冠肺炎疫情暴发之时,作为世界上财富最多的国家,美国依然有超过2700万人没有任何保险。在美国,看一次普通的全科医生,平均得支付超过100美元,这对于穷人来说已经是天价。根据2019年的调查,有将近一半的美国人没有任何银行存款。美国的私人医疗保险体系成了资本牟利的工具,保险有各种限制条款,而且只能报销一部分,保险费用的大量开支主要就是喂肥了一批美国保险公司,这些保险公司也成了主要的反对全民医保覆盖的势力。新自由主义制度对美国大众的伤害非常严重，在 1980 年，美国和法国、英国、意大利三国的人均预期寿命是差不多的，都在 74 岁左右；但是到了 2017 年，美国的预期寿命不仅低于英、法、意三国 3—4 岁，甚至低于古巴。

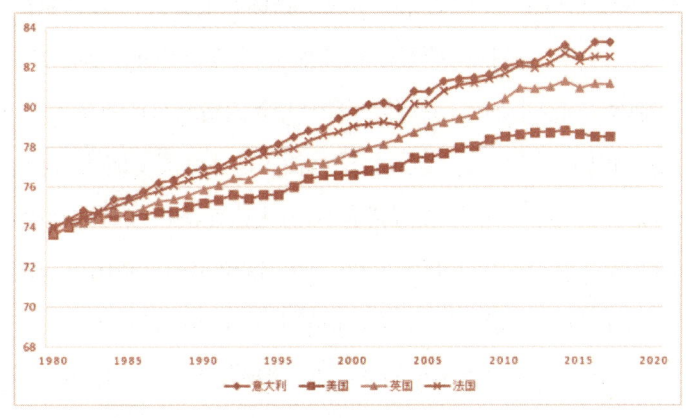

1980—2017 年美法英意四国人均预期寿命变化①

更为严重的是，疫情影响了许多行业的供应链，导致美国人需要的生活物资出现了短缺。比如牛奶。美国农业发达，农产品的供应链相对完整，受疫情影响，美国奶农的奶牛还在产奶，但是对应的下游工厂却无法开工，而牛奶不加工是无法流入市场的，奶农只能被迫把牛奶倒掉。

威斯康星州是美国的"乳制品之州"，新华社记者采访了当地的一个奶农贾森·里多，他的奶牛场里有 500 头奶牛，但是从 2020 年 4 月初开始，他每天都要倒掉 4700 加仑，也就是 17.8 吨的牛奶。美国奶农公司根据得到的数据估测，美国奶农目前每天都要倒掉 14 万吨牛奶，

---

① 图片来源：世界银行。

如果牛奶的产业链不好转，这个数字还要继续上升，甚至可能翻番。

美国最大的两家猪肉加工厂——泰森食品和史密斯菲尔德的部分员工确诊新冠肺炎，导致美国猪肉供应链出现问题。

泰森在艾奥瓦州滑铁卢市的加工厂是其旗下最大的猪肉加工厂，每天要处理近万头生猪，相当于全美4%的猪肉加工能力。4月份，该工厂的2800名员工中，就有180名员工确诊新冠肺炎。与此同时，史密斯菲尔德位于南达科他州苏福尔斯的加工厂3700名员工中有783人确诊新冠肺炎，而这个加工厂提供的猪肉占全美猪肉总产量的5%。缺少两大猪肉加工厂的加工，上游农民的猪便无法正常屠宰流入市场。

4月份的倒数第二周，美国就有60万头猪无法被按时送到屠宰场，4月底的一周，这个数字上升到了90万头。这给美国的猪肉供应链造成了压力。5月7日，史密斯菲尔德在推特上宣布南达科他州的工厂要重新复工，但是在防疫物资不足的情况下，这种复工无疑会给员工带来危险。事实上，在美国政府无法做到对市场进行有效调控的情况下，可以预见到的是，美国诸多行业的工人会因为缺少必要的防护物资，陷入要么复工被感染，要么不复工产业链断裂的两难抉择中。

中国的经验证明了，只有先做好疫情防控，做好相应医疗物资的生产，工人才能正常复工，经济才有可能逐渐恢复。而在这个过程中，一个完全自由的市场一定是混乱的，政府必须发挥至关重要的引导调控作用，国有企业起到带头作用，放任私人企业来做，势必会造成各自为战、事倍功半的后果，从而导致市场秩序崩溃。一旦市场秩序混乱了，工厂就会在生产和复工之间顾此失彼、左右为难。

存人失地，人地皆存；存地失人，人地皆失。

第五章　CHAPTER FIVE

文化优势：
乐观团结　奉献牺牲

文化是一个国家、一个民族的灵魂。历史一再证明，每到历史重大关头，文化总能感国运之变化、立时代之潮头、发时代之先声。中华上下五千年，积累了丰富的知识智慧和理性思辨，创造了源远流长、博大精深的中华优秀传统文化，为滋养当代中国人精神世界、提振当代中国人精神力量提供了源头活水和不竭动力。

面对史无前例的新冠肺炎疫情，在中华优秀传统文化的熏陶下，在中国革命文化、社会主义先进文化的激励下，中国人民发扬凝心聚力、众志成城，敢于牺牲、礼赞英雄，志愿奉献、友爱互助，不畏艰难、乐观向上，集体为上、追求公正的精神，筑起了14亿中国人民强大的精神防线，为抗击疫情、战胜病魔汇聚了强大的精神力量，充分彰显了中国特色社会主义的文化优势。

第一节　从中国人的精神基因说起

一

中国人自古以来就有乐观团结、奉献牺牲的精神基因。这种精神基因流淌在中国人的血液里，支撑着中华民族生生不息、发展壮大。

一、端午节蕴含的乐观团结精神

"端午"一词最早出现于西晋名臣周处的《风土记》："仲夏端午谓五月五日也，俗重此日也，与夏至同。"古代，人们普遍认为五月五日是"恶月、恶日"，且有"不举五月子"之俗，即五月五日所生的婴儿无论是男或是女都不能抚养成人，一旦抚养则男害父、女害母。甚至出现了"五月到官，至免不迁""五月盖屋，令人头秃"等说法。东汉王充《论衡》对"五月五日生子不举"有过这样的解释："夫正月岁始，五月盛阳，子以（此月）生，精炽热烈，厌胜父母，父母不堪，将受其患。"对于这一习俗，除王充的《论衡》外，应劭的《风俗通》以及《后汉书》中多有记载。

起初，在"恶月恶日"的五月初五，人们会采取不嫁娶、不建房、不砌灶、不搬家、不造船等办法进行回避，形成颇有特色的"避五毒""躲端午"等习俗,用以祈福纳祥、压邪禳灾。后来,人们慢慢明白回避战胜不了困难,只有团结起来共同应对"恶月",才能成功度过"恶月"。于是,人们便赛起了龙舟,包起了粽子。

相传,在端午这天,人们在水面上竞渡祭龙神,很多人同时坐在同一条龙舟上,齐心协力划龙舟,这便是龙舟竞渡习俗的由来。竞渡过程中,只有人舟合一、同舟共济,才能赢得胜利。其实,赛龙舟的背后隐藏着的就是团结一致才能取胜的合作精神。而粽子里面同样包含着众志成城、团结就是力量的集体精神:一颗米粒不足以充饥,许多米粒汇集起来的粽子则可以充饥。

如今,"端午"已不再是一个避之唯恐不及的日子,反而是祭祖团圆、共享安康的节庆日,并产生了广泛的国际影响力。如果说,人们从"躲端午"到"盼端午",体现的是中华民族在直面生死、正视厄难时的积极乐观,那么赛龙舟、包粽子就是传达同舟共济、团结协作的最好方式。中国人这种乐观团结的精神,在端午节的延续中逐渐成为中华文明的文化品格,支撑着中华民族的存续、繁衍和发展,成为抗击新冠肺炎疫情的精神力量。

二、"神农尝百草"彰显的奉献牺牲精神

《淮南子·修务训》记载:"古者,民茹草饮水,采树木之实,食蠃蚌之肉,时多疾病毒伤之害,于是神农乃始教民播种五谷,相土地宜,燥湿肥垆高下,尝百草之滋味,水泉之甘苦,令民知所辟就。当此之时,一日而遇七十毒。"唐代司马贞《史记·补三皇本纪》记载:"(神农氏)以赭鞭鞭草木,始尝百草,始有医药。"

这段话讲的是,上古先民,由于生活经验和医疗知识有限,吃野

草、喝生水,采摘树上的野果子充饥,吃生的蚌蛤肉果腹,因此经常遇到有毒食物患疾病。作为部落首领的炎帝神农氏,心急如焚。为了百姓的健康,神农氏把自己的生死置之度外,亲自品尝百草和泉水,指导百姓避开有毒害的百草、水源。相传,神农氏一天能够遇到有毒的植物和水源 70 次。

神农氏为了百姓而献身尝百草,获得了中华民族最早对中草药的知识,因此他也被称为中华医学的始祖。后人为了纪念他,将中国的第一部医学著作命名为《神农本草经》。炎帝神农氏以自己的牺牲换取中医学的诞生,以自己的生命换取后世亿万百姓的生命,在中华民族上下五千年文明的一次次疫病中挽救着人民的生命。

2003 年,非典横行中国,当时 87 岁的中医教授邓铁涛先生临危受命,担任中医专家组组长,力挽狂澜,扭转了治疗非典的被动局面。在邓铁涛先生带领的广州中医药大学第一附属医院,以中医为主治疗 73 例非典确诊病例,创造了四个"零"。第一个"零"为"零死亡",即没有病人死亡。人民网 2003 年 6 月 25 日《检视香港的 SARS 死亡率》一文显示,全球 SARS 平均死亡率为 9.5%,中国内地为 6.5%,西医高度发达的香港竟然高达 16.86%;而广州中医药大学第一附属医院纯中医治疗死亡率却是零。第二个"零"为"零转院",即没有病人转院,这说明患者并没有出现中医药无法控制的危情。第三个"零"为"零感染",即没有医护人员感染。2003 年 5 月 17 日新华网《专家分析非典疫情:医务人员感染率高死亡率低》一文显示,全国累计确诊病例中医务人员比例高达 15.2%,而广州中医药大学第一附属医院实现零感染。第四个"零"为"零后遗症",即没有一个患者治愈后出现后遗症。与此同时,中医治非典的费用较之西医相对较低。2003 年 5 月 24 日 21 世纪经济报道《上书温家宝总理,中医抗击 SARS 集体"突围"》一文中说道:"中医介入治疗的费用非常低,完全中医治疗的每个患者平均只花费5000元,而西医则至少3万元,严重些的在10万至20万元,在香港,该数字则是约30万港币。"

2020年,新冠肺炎疫情暴发,在汲取了非典疫情的经验之后,1月28日高级别专家组组长钟南山院士在接受新华社专访时明确表示:"抗击新型冠状病毒引起的肺炎,需要中医从一开始就介入,别到最后不行了才看。"在抗击新冠肺炎疫情的斗争中,中医药参与诊疗成为我国独特优势,中医药总有效率达90%以上,为处于疫情中的民众带来了希望。2020年2月4日,现年已66岁的田丽华确诊新冠肺炎入院,CT检查结果显示,双肺严重感染。"我是死亡里站起来的。"感染新冠肺炎的她经历了一场病毒感染带来的无法呼吸的痛苦和濒临死亡的恐惧。然而,经过一个多月治疗,田丽华的症状明显改善。"我以前咳嗽得蛮厉害,吃完中药后,结合点西药,现在情况好多了。"田丽华道出了她病情得以明显改善的原因——中药介入。

可以说,没有神农氏的奉献牺牲,就没有中医学的诞生。炎帝神农氏敢于牺牲、为百姓尝药草的无私奉献精神,早已熔铸在中华民族优秀的文化基因里,这一精神基因同中华民族共同成长几千年,一直延续至今,呵护中华儿女茁壮成长,保护华夏子孙渡过了一个又一个难关。正是有了这一精神基因,中华民族在面对危难时才有力量、有底气挺过无数艰难险阻。正是这一精神基因激励着当代中华儿女以舍生忘死的勇气成功战胜新冠病魔。

三、在抗击疫情中赓续伟大精神

面对这场新中国成立以来传播速度最快、感染范围最广、防控难度最大的重大疫情，全国人民坚持一方有难、八方支援，越是艰险越向前，每一个抗疫小故事都充分展示了当代中国人乐观团结、奉献牺牲的伟大精神。

（一）"在有限的期限，做想做的事情"

现年39岁的周国红是2020年2月9日奔赴武汉抗疫一线的安徽第三批援鄂医疗队队员。在援鄂3个月的工作中，周国红除了要坚持高强度的工作之外，还经历了父亲的去世，其身体与心理都经受了严峻的考验。

3月3日，周国红在支援方舱医院时，出现了喘不上气、咳嗽的症状。据她本人讲述，"难受的时候感觉像有人掐着脖子一样"。周国红在抗疫一线两次晕倒。当时，周国红以为是工作劳累所致。援鄂结束回到安徽后，周国红4月10日至22日做了三次检查，最终被诊断为甲状腺癌，癌细胞已经转移至肺部、肝部、盆腔等多处器官。在与武汉人民并肩战斗3个月后，等待周国红的却是需要独自面对的抗癌斗争。

5月4日，正在等待第一次手术的周国红虽然身体非常虚弱，但依然非常乐观："我现在手术方案出来了，正在等待手术，身体的一些部位还有一些疼痛，喘息困难、浑身出汗。刚开始那两天确实有一些崩溃，现在好多了。"

5月8日，她进行了颈淋巴清扫和甲状腺切除手术。手术之后，她就签下了捐献遗体和器官的志愿者登记卡。这个想法并不是在手术后才萌发的，而是在支援武汉时就已经下定的决心。"出发武汉前，我就已经跟老公交代好后事了。我跟老公说，假如我牺牲了，你一定要把女儿带好。"她说，"那个时候就开始考虑了自己的生死问题。"

"在武汉的时间里，其实我想了很多，我也害怕自己被感染，一直想自己被感染去世了怎么办,所以当时就想过把自己的遗体和器官捐献出去。"周国红说,"我觉得假设生命是有期限的也很好,我可以在我有限的期限内,做我自己想做的事情"。

捐献遗体和器官的想法并不止她一个人有。"当时我们队里有好几个人都有这样的想法。"周国红接受采访时说道,经历过武汉的疫情后,大家更多开始关注现实的生活,如果去世之后,还是想做点对社会有用的事情。

(二)"国家困难面前总得有人站出来"

2020年4月6日晚,山东省第一批援鄂医疗队员、齐鲁医院呼吸与危重症医学科主管护师张静静因抢救无效,与世长辞。

"国家困难面前总得有人站出来。"这是张静静跟随山东省第一批援鄂医疗队奔赴前线前留下的一句话。1月26日凌晨2点半随山东医疗队抵达湖北后,她便开始了紧张有序的援助任务。1月28日,为了更好地开展工作,张静静将自己头发剪成了一寸长的男孩"寸头"。"现阶段,在爱美的女孩子们眼里,尽快遏制疫情,比秀丽的长发更重要,作出这个决定,我不后悔。"张静静如此说道。

张静静在援鄂期间,正在援助非洲的丈夫曾写信给张静静鼓励和祝福。而在一线的张静静的细致工作也得到了患者的认可。有一次,张静静值大夜班,早晨6点半给一位50多岁的患者抽血。正在她细心找血管的时候,这位患者说:"孩子,别离我太近,你们这么年轻,从山东大老远到我们黄冈来,我不想把病传给你。"

对每一名医护人员来说,最开心的事莫过于看到患者康复出院。张静静参与救治的另外两位年轻女患者曾对她说:"咱们年龄相仿,都是

'80后',我可能一辈子也忘不了在大别山区域医疗中心,你们山东人对我们的帮助,我可能会一辈子记得,有个女孩叫张静静,记得您是如何把我们一步步从死亡的边缘拉回,千言万语道不尽感激。"这是患者对像张静静这样的英雄平实又真切的礼赞,是人民群众对英雄发自肺腑的感谢。

3月21日,张静静完成任务后随队返回了济南,按规定集中隔离医学观察14天。4月4日下午5点,张静静她们按规定的集中隔离医学观察14天期满。张静静其间三次核酸检测均为阴性,原计划在4月5日上午返家休息。5日早上7点却突发心脏骤停。4月6日晚上,医院宣布张静静医学死亡。

(三)"我半个小时后就出发"

就职于湖南省长沙市中南大学湘雅医院的朱恋,是一名有着9年重症护理工作经验的护士。2020年1月26日,大年初二,本是朱恋轮休的日子,下午两点,她在微信工作群内收到了这样一条通知:"接国家卫健委通知,现需抽调重症医学科连续血液净化护士5名前往武汉紧急增援,请所有科室同人立即到护士长处报名!"朱恋第一个报了名。她打电话告诉父亲,她已经成为湖南省援鄂医疗队的一员,将奔赴湖北抗疫第一线。朱恋父亲得知消息后十分担心女儿的安全,并表示如果可能的话,可否不去援鄂一线?但朱恋却回答道:"我半个小时后就出发了!"

朱恋的丈夫也是一名医务工作者,就在朱恋收到通知的前一个小时,她的丈夫也被通知重返工作岗位。将5岁的女儿托给爷爷奶奶照顾之后,朱恋匆匆收拾了行李。出发前,朱恋曾希望爸爸做好自己回不来家的思想准备，但幸运的是朱恋安全地回到了家中，家里悬着的心也终于落地了。朱恋的爸爸专门定制了一面锦旗送给女儿进行鼓励，这面锦旗也记录着朱恋在湖北与疫情战斗的生活。

不只是这些典型人物，抗击疫情更离不开全体中国人的默默付出。习近平总书记在抗疫表彰大会上这样总结："我们举全国之力实施规模空前的生命大救援，用10多天时间先后建成火神山医院和雷神山医院、大规模改建16座方舱医院、迅速开辟600多个集中隔离点，19个省区市对口帮扶除武汉以外的16个市州，最优秀的人员、最急需的资源、最先进的设备千里驰援，在最短时间内实现了医疗资源和物资供应从紧缺向动态平衡的跨越式提升。各行各业扛起责任，国有企业、公立医院勇挑重担，460多万个基层党组织冲锋陷阵，400多万名社区工作者在全国65万个城乡社区日夜值守，各类民营企业、民办医院、慈善机构、养老院、福利院等积极出力，广大党员、干部带头拼搏，人民解放军指战员、武警部队官兵、公安民警奋勇当先，广大科研人员奋力攻关，数百万快递员冒疫奔忙，180万名环卫工人起早贪黑，新闻工作者深入一线，千千万万志愿者和普通人默默奉献……"①

回望中华民族走过的五千多年，我们经历过很多磨难、灾难和考验，从来没有动摇战胜困难的意志和信心，中华民族也从来没有在艰难困苦面前退缩、屈服和沉沦，从来没有被任何困难压垮，而是知难而进、百折不挠、愈挫愈勇，不断在磨难中成长、从磨难中奋起。之所以如此，就是因为中华民族血液里始终流淌着乐观团结、奉献牺牲的伟大精神，始终鼓舞中华儿女迎难而上、团结奋进，以钢铁般的意志战胜

---

① 习近平：《在全国抗击新冠肺炎疫情表彰大会上的讲话》，人民出版社2020年版，第7页。

一切强敌。每当中华民族面对重大困难时,中华民族的这一精神基因的力量就会凸显出来。面对这次疫情,正是在伟大精神的熏陶下、英雄模范的感染下、身边好人的鼓舞下,在团结中、在奋进中、在奉献中、在行动中,我们才能取得这样的成绩。

第二节　　集体自由 vs 个人自由

―

病毒和瘟疫在传播的过程中，不以种族、国家、肤色、阶层为界限。谁不防治，谁就会被感染，甚至会死亡。疫情防控绝不是个人的事情，而是大家的事情。

中国人自古就有集体主义精神，从《礼记·礼运》中所载"大道之行也，天下为公"，到《荀子》总结的"人生不能无群"，再到贾谊《治安策》倡导"国而忘家，公而忘私"，都强调了集体优先、集体至上的理念。历史上，中华民族每每遇到困难时，集体主义精神都会焕发出勃勃生机，鼓舞着全体中国人民参与到维护民族利益的斗争中。特别是近百年来，在中国共产党领导中国人民的实践中，集体主义精神深深融入每一个中国人的血液中，激励着中华民族不断地从胜利走向新的胜利。

面对这次新冠肺炎疫情，中国人民始终发扬集体主义精神，主动团结一致，共同抗击疫情，正如习近平总书记指出："战胜这次疫情，给我们力量和信心的是中国人民。中国14亿人民同舟共济，众志成城，坚定信心，同疫情进行顽强斗争。"[①]

[①]《习近平同波兰总统杜达通电话》，《人民日报》2020年3月25日。

一、像石榴籽一样紧紧团结在一起

（一）团结一致围剿"瘟神"

"千村薜荔人遗矢，万户萧疏鬼唱歌"，这是当年的血吸虫病给人们留下的残酷记忆。今天人们再谈起血吸虫病，其似乎已经成为一个历史名词，但就在20世纪50年代的中国，血吸虫病还是一个危及中国人民特别是长江中下游地区人民生命健康的流行病。

根据当时的有关数据，病害流行遍及江苏、浙江、湖南、湖北、安徽、江西、四川、云南、广东、广西、福建和上海等12个省和直辖市的350个县市，患病人数1000多万，受到感染威胁的人口超过1亿。在江西省余江县曾流传着这样的民谣："身无三尺长，脸上干又黄。人在门槛里，肚子出了房。""妇女遭病害，只见怀胎不生崽。难听婴儿哭，十有九户绝后代。"1951年3月，毛泽东派人到余江县调查，首次确认余江县为血吸虫病流行县。1953年4月，他又派医务人员到余江县马岗乡进行防治血吸虫病的重点实验研究。1953年9月，在上海养病的沈钧儒见当地一些农村血吸虫病猖獗，便给毛泽东写信，介绍了有关情况并提请中央注意相关问题。毛泽东意识到，血吸虫病并非江西省余江县个别存在的问题，而是一个具有普遍性的重大问题。他立即组织卫生部门和有关地方政府就血吸虫病进行大范围摸底调查。调查结果显示，当时血吸虫病流行性广、传染性强、死亡率高，严重程度高于当时流行的慢性传染病。面对严峻的疫情形势，毛泽东先后多次会同有关部门专家研究血吸虫病防治工作，并在1956年2月的最高国务会议上发出号召，要求全党动员，全民动员，消灭血吸虫病。一场同仇敌忾、围剿血吸虫病的人民战争就此打响。

一时间,在党中央的领导下,血吸虫病流行地区县以上党的组织以及大部分乡以上党的组织,都建立了防治血吸虫病领导小组,大部分地区乡以上的各级人民委员会都建立了防治委员会。同时,中央防治血吸虫病领导小组充分整合了卫生、农业、水利、化工、商业、教育、民政等部门,以及军队和共青团、妇联等方面的组织资源,地域范围覆盖血吸虫病主要流行地区。全国各地人民群众更是一方有难、八方支援,与灾区人民同舟共济、共渡难关,在人力、物力等方面给予灾区人民极大支援。

在血吸虫病流行地区,各级党组织充分依靠群众、发动群众,开展了声势浩大的全民灭螺斗争,发起了对血吸虫病的大战役。据史料记载,当时江苏省昆山、嘉定两个县动员全县绝大部分劳动力,车干了几千条河的水;安徽省芜湖县发动20万人连战18天,挖螺土260多万平方米,实现了基本无螺县的指标。截至1958年5月,全国血吸虫病流行区的12个省市消灭钉螺15亿多平方米,充分彰显了人民群众在应对困难时的强大力量。

1958年6月30日,《人民日报》刊登了江西省余江县消灭血吸虫病的喜讯,这是中国人民与血吸虫病斗争中的决定性胜利。毛泽东"浮想联翩,夜不能寐""微风拂煦,旭日临窗,遥望南天,欣然命笔",写就了不朽名篇《七律二首·送瘟神》。

其一

绿水青山枉自多,华佗无奈小虫何!
千村薜荔人遗矢,万户萧疏鬼唱歌。
坐地日行八万里,巡天遥看一千河。
牛郎欲问瘟神事,一样悲欢逐逝波。

> 其二
> 春风杨柳万千条,六亿神州尽舜尧。
> 红雨随心翻作浪,青山着意化为桥。
> 天连五岭银锄落,地动三河铁臂摇。
> 借问瘟君欲何往,纸船明烛照天烧。

"六亿神州尽舜尧",这是毛泽东对当时六亿中国人民团结一心、不畏艰难精神的讴歌,更是中华民族在与困难的作斗争中锻造的凝心聚力、众志成城等精神品格的不朽丰碑!

(二)家是最小国,国是最大家

中国有个古老的词语叫"家国天下",一直流传至今。我们可以从这个词语表达的观念,窥探到中国人对家国关系的理解。在中国,有着一种深厚的乡土文明传统,人们共同生长在这片土地上,共同接受这片土地的哺育,认同这片土地孕育的文化和价值,共同守卫这片土地。现代汉语中的"国家"一词就是从这种传统中形成的,家是小的国,国是大的家,这是中华民族基本的价值观念。中国人不仅讲家国一体,而且讲"天下一家亲"。在中华民族的观念里,家、国和天下没有绝对的界限,人类是同呼吸、共患难的命运共同体,这就是华夏儿女的群体观、中国人民的价值观。这种价值观似乎无法被西方人理解,因为西方人总是固守个人,无法从个人利益的束缚中解脱出来,导致无休止的争斗和分裂。而中国人认为,人类是一个命运共同体,一方有难,应该八方支援,即使不同的民族、不同的肤色,面对困难都应该挺身而出、携手相助;面对共同的困难,要"捐躯赴国难,视死忽如归"。

在抗击新冠肺炎疫情斗争中,很多中国人都把祖国视为自己最大的家。"大家都是同一个愿望,多生产一只口罩,就能给家园多一份守护,我们同心协力,中国就一定能打赢这场硬仗!"殷悦如是说。

殷悦本是浙江师范大学音乐学院的一名大四学生。2020年寒假,她从媒体报道中关注到新冠肺炎疫情的防控形势非常严峻,尤其是一次性外科口罩、医用防护N95口罩几近脱销的消息。与一般人不同,殷悦得知该消息后并不是第一时间冲到药店抢购口罩,而是在打听哪些工厂需要招募志愿者。

终于她联系到了海宁市当地的一家口罩生产厂,成为这家生产厂家的"临时工"。为了能让物资尽早到达各地,殷悦和工人们自愿放弃春节假期,加班加点地生产,常常从早上工作到半夜11点。高强度的工作经常使得殷悦和同事们腰酸背痛。每当这时,她们就会相互按摩揉肩,相互鼓励,继续投入生产。她还和工人们比赛谁的包装速度快,谁的技巧娴熟,每天经她包装出去的口罩有近万只。

最后,殷悦的事迹感动了身边的朋友们,他们也都纷纷加入了志愿服务,在疫情期间加入口罩生产行列。殷悦的妈妈大年初三张罗完家中的事情,也同她一起加入口罩生产这场"战斗"。"我行动,大家一起行动""尽管工作很辛苦,但大家都没有一句抱怨。和奋战在一线的医护工作者相比,这又算什么呢?"殷悦说。

1992年出生的魏星是湖南电子科技职业学院医药学院护理专业的教师。2019年寒假,她回到湘西永顺县老家过年,报名参加县医院的志愿工作。但是她的梦想并不仅仅是要在县医院做一名志愿者,而是想上一线。

2月7日,她从网上得知,武汉协和江北医院缺乏护士,尤其是ICU护士,于是曾在医院ICU病房工作三年半的她立即跟医院联系,发了一条请战短信："胡老师，您好，我叫魏星。看到你们那里缺护士。如果缺，我不需要钱，梦里都希望能上一线。"

她在请战短信里写道："我的老师、姐妹都去支援武汉和黄冈了。我坚决听从安排，不论什么岗位、是否要值夜班。我27岁，正年轻，证件齐全，抵抗力强，耐力好，曾经是长跑冠军，父母支持。家里姐姐、姐夫都是党员，我虽不是党员，但正在努力入党。只要您同意，我的箱子已经收拾好了。"

最终，武汉协和江北医院同意了。在驰援武汉的40多天中，魏星负责插管及护理等工作。在给病人做气管插管护理时需要吸痰，要求操作者必须亲密接触，魏星从来没有退缩。

除了在生理上照护患者，魏星也成了患者心理上的呵护者。有一位奶奶，当时心理压力大，已经没有求生欲了，绝食不吃东西。魏星耐心劝她："奶奶，我是湖南跑过来的，坐了3个小时汽车，2个小时高铁，4个小时火车才到武汉，就是希望你们好起来，您一定要吃几口。"那位奶奶当时就哭了，竖着大拇指，把饭吃下去了。

像这样的感人故事还有很多，就在新冠肺炎疫情席卷中国的一开始，"天使白""橄榄绿""守护蓝""志愿红"迅速集结，"我是党员我先上""疫情不退我不退"，誓言铿锵，丹心闪耀。为什么有那么多人牺牲小家的利益，保全大家的利益，就是因为中国人有着同西方人不一样的家国观念、家国情怀，在面对民族危难、国家兴亡的紧急关头，中国人会为了"大家"，舍弃"小家"，把自己看成是"大家"的一员，愿意为"大家"奉献自我。这就是中国人上下齐心的感情链接、众志成城的文化内核。

（三）识大体、顾大局

习近平总书记指出："在这场严峻斗争中，武汉人民识大体、顾大局，不畏艰险、顽强不屈，自觉服从疫情防控大局需要，主动投身疫情防控斗争，作出了重大贡献，让全国全世界看到了武汉人民的坚韧不拔、高风亮节。"[1]

2020年1月23日，武汉市宣布自当日10时开始"封城"，这是此次抗疫的标志性事件，也是武汉人民对新冠病毒的宣战。面对"封城"，武汉人民没有质疑，而且以自觉在家隔离的方式支持武汉市的抗疫部署，支持全国的抗疫大局。

数据显示，2020年大年初一，武汉市内驾车导航出行较2019年同期下降了76%。从驾车出行的目的地看，2020年高频目的地集中在医院、超市，而2019年同期则集中在旅游景点和购物中心。在购物类目的地中，大型仓储购物中心代替了娱乐类购物场所。由此可见，武汉市民出门主要为满足基本生活需要，并且最大限度地压缩了非必要出行。

而一些从武汉回乡的民众也选择了自觉隔离。湖北经济学院金融专业的大二学生刘浩2020年1月23日一大早回到了家乡甘肃天水。他到家后的第一件事就是到医院进行检查，检查结果未见异常。但作为一个从武汉返乡的人员，刘浩还是选择了自行在家隔离。春节大门不出、二门不迈的他，在直播平台写道："我希望大家不要一棒子打死所有武汉人，也不要用有色眼镜去看待武汉返乡人员，我们会自觉检查、自觉隔离。江城人民需要大家的支持，即使是一句加油，也温暖人心。全国都在打一场没有硝烟的战争，我希望大家团结起来，一起面对这场

---

[1] 《毫不放松抓紧抓实抓细各项防控工作 坚决打赢湖北保卫战武汉保卫战》，《人民日报》2020年3月11日。

灾难,不要互相指责。国家与我们同在,相信理智与爱也会在我们身边。武汉加油,中国加油!"

中国人民合力抗击新冠肺炎疫情

意大利《二十一世纪的马克思》主编安德烈·卡托内认为,中国特色社会主义和中国共产党展示出强大的控制和隔离疫情的能力。中国能够成功处置疫情还要归功于14亿中国人民充分积极、有纪律、有意识地遵守中国政府的指令。为遏制疫情蔓延,中国人民忍受了巨大的个人、社会和经济的牺牲。如果没有领导人和人民之间、中国共产党和人民群众之间这种非常牢固的思想和心灵、理性和激情的纽带,病毒就不可能得到遏制。①

无论是自觉隔离的武汉市民,还是如刘浩一样的从武汉返乡的人员,都体现了一种识大体、顾大局的品质,在新冠肺炎疫情防控十分严峻的时候,主动配合国家的防控部署,以自觉隔离的方式参与到中华民族与新冠肺炎的斗争中,体现了中国人集体主义的价值追求。这种集体主义的观念和团结一致的作风,为夺取抗击疫情胜利凝聚了磅礴之力。

二、个人自由异化为自私主义

个人主义是近代西方文化的主流,这一思想起始于中世纪之后的文艺复兴,伴随着资产阶级的兴起而日渐流行。这一思想的根源可以追溯到西方的基督教传统。基督教是西方文化的重要组成部分,西方文化的变革很大程度受宗教改革的影响。在黑暗的中世纪,教会势力堕落腐化,民众备受压迫和剥削,受文艺复兴运动的影响,敢于批判的宗教学家公开质疑教会权力的合理性,公开反对腐朽的教会黑暗统治,进行宗教改革。16世纪德国基督教教士马丁·路德开启宗教改革的大门,冲击了传统教会的统治势力,将个人的地位提高到了史无前例的位置,为个人主义的发展铺平了道路。

当时,随着生产力的发展,欧洲的新兴资产阶级与传统的欧洲封建主和代表欧洲封建势力的罗马天主教会的矛盾日益尖锐。这种阶级矛盾在宗教上的反映就是欧洲宗教改革。1517年10月31日,代表新兴

---

① 姜辉主编:《中国战"疫"的国际贡献和世界意义——国外人士看中国抗疫》,当代中国出版社2020年版。

资产阶级利益的马丁·路德将《九十五条论纲》钉在了维滕堡教堂大门，宣布与罗马天主教会决裂。他提出的主张的核心就是"个人可以和上帝直接对话"，教徒可以自由阅读解释《圣经》，可以自由与上帝建立直接连接，而不需要通过教会。这种学说强调了人与上帝之间的关联性，实际上就是强调人与人之间的绝对平等性。这种学说也强调人的非社会性，否定社会个体之间的相互依存性以及社会规则对人的限制，否定现实中的统治集团对人的管理与统治，否定人的政治从属性，以此来获得个体完全的独立。

这种理论构建，为后来的启蒙思想家奠定基础。英国思想家洛克的"天赋人权"思想，实际上就是借基督教的"尸"还资产阶级思想的"魂"。启蒙思想家不仅将生命权视为上帝赋予的"自然权利"，而且按照新兴资产阶级的现实需要在理论上构建了自由和财产这两个"自然权利"范畴。从常识看，除生命之外的自由和财产都不是与生俱来的，西方民商事法律中关于民事行为能力的规定就是有力反证。作为"自然权利"的自由和财产只反映当时新兴资产阶级反抗封建领主、反对罗马天主教会的斗争需要，并不存在于真实的历史中。这样，在个人主义和自然权利（天赋人权）的结合下，西方自由主义思潮也就形成了。

自由主义主张的个人自由至上，看似将欧洲人从宗教式的愚昧中解救出来，但实际上它给欧洲思想带来了新的错误。自由主义的错误就在它降下的不是无知之幕，而是幻觉之幕，在它后面隐藏的是自负、堕落和缺德。这个起源于欧洲的思潮，无非是用自由幻觉取代了宗教幻觉，看似反教权，实际上确立了一个新宗教。

个人自由在启蒙思想家那里脱离现实被理想化、绝对化。在自由主义的视野下，个人利益是价值的第一顺位。事实证明，在新冠肺炎疫情当前，一些西方国家的警察、医院护士、养老院护理人员等重要岗位人员将自身的安全作为首要考虑,将个人利益置于社会利益之上,这便是西方长期以来自由主义"教育"的结果。可以说,自由主义从产生之初就埋下了异化为自私主义的种子。新冠肺炎疫情不仅是对全球各国制度的考验,也是全世界各国文化的试金石。西方自由主义将个体自由绝对化,使"自由"实质上变成了"自私",最终使得西方一些国家的疫情防控政策在执行层面失真、失效、失控。

根据美国等主流媒体的报道,当地时间2020年3月24日,美国纽约市有2774名警察请病假,占警员的7.6%。4月11日,在纽约市中心短短几分钟内发生了两起枪击案,3名市民被枪杀当场死亡,由于纽约警察大量请假,凶手逍遥法外。这两起枪击案分别发生在纽约的哈莱姆区和布鲁克林区,案发现场附近的商家对媒体说:"凶手发了疯似的对人群开枪,疫情期间不仅要担心被感染,还要担心被枪杀,太可怕了。"美国密歇根州部分护士罢工呼吁增派人手,而医院方面却同意他们离职。意大利南部莱切省索莱托市一家暴发疫情的养老院,护理人员集体逃离,留下87名孤立无援的老人,多位老人不幸去世。

个人自由优先的文化传统,让西方社会陷入了无法应对疫情的窘境,这再一次证明了马克思所说的:"人的本质不是单个人所固有的抽象物,在其现实性上,它是一切社会关系的总和。"[①] 蔑视事实的人,必然要承受现实给予的反击,认为个人的自由可以不受约束、可以脱离社会和集体而存在,这对于个人发展和社会进步都是极其有害的。个体的自由与他人的自由互为前提和条件,个人自由和社会自由必须实现有机统一。只有这样社会才能安定,个人才能安稳。

---

① 《马克思恩格斯选集》第1卷,人民出版社2012年版,第135页。

三、两自由，两种结果

以自由主义作为意识形态的西方社会，在政治、经济、文化等方面都以实现个人自由为最终目的，这种自由包括人身自由、财富自由、言论自由、出行自由……因此当集体利益和个人利益发生冲突的时候，坚持个人利益优先，集体利益靠后；当集体自由和个人自由产生冲突的时候，首先要保障个人自由。正是在这种价值理念的指引下，西方国家在抗击新冠肺炎疫情方面表现得如此之差。换句话说，西方国家在新冠肺炎疫情中陷入窘境，其背后一个重要的原因，就是他们坚信个人主义，追求绝对的个人自由。

"我们要求每个人，如果无法保持社交距离，就戴口罩。不管你愿意与否，它们会起作用。"特朗普在7月21日的美国疫情通报会上终于一改他以往的态度，呼吁美国民众戴上口罩。而消息显示，特朗普发出呼吁的这一天，美国境内累计确诊病例已达400万人，死亡超过14万人。

疫情期间戴口罩难道不是常识吗？戴口罩，这个对自己和他人都负责的防控措施，为什么在美国却成了一个社会争议的焦点？甚至疫情期间美国很多地方的医疗系统都面临着艰难选择，那就是究竟要谁去死？因为大量普通美国民众正挣扎在死亡线和贫困线上，如果不做这种选择，那么年轻人和老年人的命可能都保不住。

事情已经发展到了这个地步，为什么美国社会上下还表现得如此反智、如此违反常识？

这主要是因为在相当一部分美国民众和高层的眼里，"政治正确"的红线是不能触碰的。这个"政治正确"的红线就是所谓的"自由"。匈牙利诗人裴多菲曾有诗云："生命诚可贵，爱情价更高。若为自由故，两者皆可抛。"这句诗虽然充分体现了西方悲剧精神的美感，但是当它成为美国社会的精神教条时,从某种意义上就造成了美国的社会失调、政府失灵。戴口罩在美国社会被认为是一种个人选择的自由问题,而政府不能出台强制令,强制民众戴口罩就是破坏了自由,踩了"政治正确"的红线。

事实上,在以美国为代表的西方社会,将个人自由绝对化的自由主义思潮成为西方疫情防控的绊脚石。疫情防控期间,个人自由的负面影响远不止"口罩争论",还体现在其他方面:警察大规模"请病假"、医护人员罢工溃散、社会阶层分化扩大、种族歧视加剧和民众陷入恐慌。长期以来被西方国家奉为圭臬的自由主义思想,在历史进程中将所谓的个人自由极端化,使之异化为"自私主义";在自由主义思潮迷雾下的社会不公成为民众对抗政府"禁足令"的社会根源;个人自由塑造的道德优越感加剧了西方社会种族歧视现象,加剧了其内部社会撕裂。

在世界另一端,中国的抗疫成绩与西方国家形成了强烈对比。而这种成效对比的背后,恰恰是中西方文化的对比。和西方个人自由优先的价值观念相反,中国人秉承责任先于自由,义务先于权利,推崇集体自由。中国人民在困难和危险面前,总能挺身而出、毫不退缩,不管是干部还是群众,不管是士兵还是护士,他们都愿意站在困难的前面,和困难作斗争,甘于奉献、不怕牺牲。

疫情暴发后,全国各地的4万多名白衣战士响应国家号召,主动请缨、不计报酬、无论生死、白衣执甲、逆行湖北,冲在了抗击新冠肺炎疫情斗争的最前线,成为守护中国人民生命健康安全的卫士。这些逆行的白衣战士中有大批"90后""00后",很多还是二十出头的孩子,但在国家遇到前所未有的考验时,他们不惧风雨、勇挑重担、毅然决然、义无反顾地冲上前线。

我们不禁要问，是什么精神支持他们作出如此平凡而伟大的选择？他们的精神力量来自何方？究其根源，是他们为"大我"不顾"小我"的集体主义精神，是他们秉承同呼吸、共患难的集体主义观念。正是集体主义观念、集体主义精神，使中国人民有了集体自由，支撑着我们的人民、我们的国家成功战胜疫情。

第三节： 实质公正 vs 形式公正

———

公正是衡量社会文明发展的重要标尺，是各个历史时期思想家们共同关注的话题，是政治哲学、法哲学和道德哲学研究的核心议题。

西方资产阶级学者在公正的概念、来源和实现方式等方面作出了很多有意义的探讨，但他们主要是从一般的、抽象的公正原则出发，而并非聚焦于历史中客观的、具体的公正，导致许多西方国家以抽象的公正原则为指导，设计出仅仅追求表面上公正的制度，以保证起点上的公正，即形式上的公正。西方资本主义国家贫富悬殊，它们的制度只是追求起点上的公正。例如，在美国进行核酸检测，无论贫富都执行相同的价格标准，这种看似表面上的公正，却造成了实质上的社会不公。而在涉及人民生命健康权时，这种社会不公就是对基本人权的漠视。

事实上，公正的本质是一种价值。所谓价值，从哲学意义上说，是客体对主体的有用性。而价值本身包括两个层面，即价值观和价值事实。比如一个人渴了，需要喝水，从价值观上可判断是水能够解渴，但从客观上（价值事实）上判断，需要这个人旁边有一杯水可饮用，才能够实现水对这个人的有用性。因此，讨论任何价值的时候既要照顾价值观，又要考虑价值事实。甚至从某种意义上说，价值观的内容也会随着价值事实的变化而变化，没有什么价值观的内涵是一成不变的，任何价值观都是历史范畴，都不可能离开具体的历史环境而存在。由此可知，任何脱离价值事实谈价值都是要流氓！

一、社会主义的实质公正

面对突如其来的新冠肺炎疫情，中西方国家在初期秉持不同的认知思维，采取了不同的应对措施。比如美国领导人认为，新冠肺炎只比流感"厉害那么一点"，是"大号流感"，英国、瑞典政要则鼓动"群体免疫"理念。在这一理念指导下，他们的防疫措施一开始就没有严格起来，不强制公民居家隔离，不强制外出戴口罩。而在中国，中国政府认真对待每一位患者、不放弃每一个生命的有力举措，充分诠释了社会主义的实质公正。特别是在疫情早期，中国政府除了号召全民居家隔离外，还在除夕夜前一天（1月23日）毅然决然地对武汉这么一座上千万人口的城市坚决采取"封城"举措。

2020年5月11日，武汉市新冠肺炎疫情防控指挥部下发通知，称将在全市范围内开展全员新冠病毒核酸筛查"十天大会战"，进一步摸清无症状感染者底数。截至5月23日，总共发现189例无症状感染者；截至5月24日，完成超900万居民采样工作。5月25日，武汉市卫健委发布核酸检测"查缺补漏"工作通告，要求从未做过核酸检测的居民于26日17时前主动到社区登记，统一安排采样检测。这标志武汉上千万市民核酸大筛查接近尾声。

武汉市人民政府以"一个都不能少"的标准，对全市上千万居民进行全员检测、全员排查，每一个市民无论贫富老幼都拥有平等的检测权利,都可以享受平等的医疗服务,这体现了实质公正和结果公正。此举也足以让武汉人民放心,让全国人民安心。相反,在大洋彼岸的美国,号称全世界医疗条件最先进的国家,许多人却因为贫穷而得不到检测。比尔·盖茨在采访时说道,美国现在的检测数据是非常不可靠的,实际上的确诊人数要多得多,并非现在看到的。他也提到美国富人可以做很多次检测,但有一些穷人,可能连一次检测都没有做过。

从整个过程来看,武汉"封城"对上千万武汉市民的自由来说,暂时会受到一些限制,看起来有违公平正义,这也成为西方国家政客和媒体攻击我国的借口。但是,如果不做此决定,任由疫情肆意发展,那么整个武汉、整个湖北乃至整个中国的感染面和感染人数将大大增加,后果不堪设想。武汉"封城"举措,实际上是在艰难的情况下作出的科学选择,是对实质公正的一次生动诠释。世界卫生组织助理总干事布鲁斯·艾尔德说,"我们要认识到武汉人民作出的贡献,世界亏欠你们!我想当这场疫情过去的时候,希望有机会代表世界再一次感谢武汉人民"。

二、自由主义的公正虚名

西方自由主义从抽象的个人出发,不顾现实个人的实质性差异,把自由竞争引入社会的各个领域、各个行业,以期通过所谓的个人之间的自由争夺,实现社会的有序发展。实际上,这种做法是把人与人之间竞争的关系无限放大,无视合作、互助这些人类生存发展的必需品质。这种把自由竞争引入到社会各个领域的做法,必然导致社会财富分配的不均、社会等级的拉大、资源配置的不公正。然而,自由主义者却声称这种不公正,只是结果的不公正,真正的公正在于"机会的公正""过程的公正"。其实,这种机会和过程的公正,只不过是西方自由主义否定实质公正的巧言说辞。基础和起点的不平等,在平等和公正的程序面前,一定造成结果的不平等、不公正。所以,西方自由主义所说的"机会平等""程序公正"只不过是公正的一个虚名。

　　虚名自然需要一个虚幻的理论作为支撑。美国自由主义政治哲学家罗尔斯在其代表作《正义论》中指出,一种正义理论至少在其最初阶段只是一种理论,一种指导我们的正义感的原则。为此,罗尔斯特别提出了自己实现正义的"两个原则"。由此可以看出,西方自由主义学者喜欢从概念到概念,从原则到原则,喜欢在逻辑上推演,有意无意地忽视公平正义现实的社会历史基础。作为一种价值观的公正自然是人类的主观产物,马克思早在一百多年前就曾在其《关于费尔巴哈的提纲》中指出:"这不是一个理论的问题,而是一个实践的问题。人应该在实践中证明自己思维的真理性,即自己思维的现实性和力量,自己思维的此岸性。"①

　　马克思指出:"人的本质不是单个人所固有的抽象物,在其现实性上,它是一切社会关系的总和。"②因此,公正不是一个纯粹的理论问题,而是一个实践问题。"哲学家们只是用不同的方式解释世界,而问题在于改变世界。"③在理论上讨论公正问题并不是为人们提供辩论的谈资,而是为了解决现实的不公问题。因此,必须改变实现社会公正的现实条件,实现社会的真正公正。单纯追求起点公正的形式公正并不是真正的社会公正,实现结果公正的实质公正才是社会公正的实质。

　　由于生产的社会化与生产资料私人占有之间的矛盾,西方资本主

---

① 《马克思恩格斯选集》第1卷,人民出版社2012年版,第134页。
② 《马克思恩格斯选集》第1卷,人民出版社2012年版,第135页。
③ 《马克思恩格斯选集》第1卷,人民出版社2012年版,第140页。

义国家大多停留在形式公正的阶段,其经济社会基础和资本主义制度阻碍了社会实现实质公平。匈牙利工人党主席久洛就曾指出,新冠肺炎疫情清楚地表明,主要建立在利润和个人主义基础上的资本主义价值观,妨碍了动员社会一切资源来抗击病毒。中美两国对新冠肺炎防控中的核酸检测的不同政策充分体现了这一点。

根据美国媒体报道,在 2020 年 5 月初的一次采访当中,比尔·盖就告诉记者,现在美国针对疫情的监测数据都是作假的,尽管现在美国的检测数据已经上升了很多,但不足以反映美国现有的人口规模。美国在检测上存在很大的问题,主要是那些低收入群体得不到应有的检测。那么比尔·盖茨的根据在哪里呢?比尔·盖茨说,并不是美国不给低收入群体做检测,而是由于低收入者多集中在偏远地区,这些地区的医疗设施和检测能力都跟不上,美国政府现在并没有去考虑这些人。原因是多方面的,一是现在的美国医疗压力大,二是资金投入和医护人员难以及时到位。

核酸检测本是一项新冠肺炎疫情防控措施,但是却照见了美国社会的三六九等,折射出了在富人的健康权面前,穷人的生命权一文不值的社会现实。根据媒体报道,我国新型冠状病毒核酸检测项目价格 180 元,为最高指导价格,不得上浮,下浮幅度不限。国家和当地规定的"应检尽检"人群新型冠状病毒核酸检测费用由医保基金和财政共同负担,财政负担实行分级保障。而在美国大部分人要想做核酸检测,得花 100 美元。如果遇到一些私立医院,或者要求医生去家中检测,费用甚至可能会高达 2315 美元。任性的检测价格让很多美国穷人不能得到检测的机会,在"交多少钱享受多少服务"的形式公正逻辑下,留下的却是社会不公的残酷现实。这个残酷现实背后的实质体现的还是生产的社会化与生产资料私人占有的矛盾,正是这个价值事实,使得公正在美国社会产生了严重的异化,受现实条件的影响,美国只能停留在形式公正的虚名当中。

三、两种主义,两种公正

同样是追求公正,西方自由主义所标榜的公正,其实只是一种抽象的形式公正。这种公正主要体现在西方资本主义国家的宪法性文件之中,比如美国的《权利法案》、法国的《人权宣言》,但也仅止于此。西方资本主义国家所谓的公正,只不过是资产阶级政治革命的产物,所带来的只是人的政治解放,而不是人的更彻底的经济社会方面的全方位解放。如果没有经济社会方面的解放,政治解放注定将是不稳固、不可靠的。换言之,资产阶级声称要建立一个自由平等的社会,却并不致力于创造能够实现真正自由平等的经济社会条件,而只是在法律条文上宣布一切人是自由平等的,也就是说,仅仅在抽象的形式上,人才是自由平等的。"资本"对"劳动"说,你是自由的,但没有说的是,你必须自由地出卖自己——资本主义社会的形式公正,仍是实质的不公正。

而社会主义所追求的公正,是人的政治、经济、社会等方面的彻底解放,所强调的也是一种更具实质意义的公正。在社会主义中国,不仅仅重视人的政治自由与公正,更重视人在经济社会方面所享有的真实的自由与公正,它要实现的是真正平等的集体公正。换言之,作为实质公正的社会主义公正,就是为了实现大多数人利益的公正,就是属于普通劳动者的公正,就是劳动统治资本,劳动掌握权力。

在世界仍由资本主义主导的今天,西方自由主义依然有很大的市场。从理论上来看,它的外表很光鲜,但已然掩盖不了西方社会长期积聚的激烈矛盾。贫富悬殊等问题在这次疫情中凸显出来,成为阻碍西方疫情防控的重要因素。

根据美国媒体的报道，当地时间 2020 年 4 月 30 日，美国密歇根州数百名抗议者齐聚州议会大厦，抗议居家隔离令，部分人还携带了枪支，而当时州议会正在讨论州长格雷琴·惠特默提出的将紧急状态延长 28 天的问题。还有消息显示，美国加利福尼亚州爆发的抗议运动中，抗议者高喊"freedom"（自由），以自由之名抗议政府的隔离政策，给人以自由高于生命的既视感。事实上，美国民众以自由之名抗议政府的隔离政策，表面上是西方自由主义思想驱动下的公民抗议运动，实质上则是美国严重的社会不公所引发的群体反抗。

同一天，美国劳工部公布 4 月最新就业数据，在截至 4 月 25 日的一周中，美国新增失业人员 384 万人，增幅与 350 万预期相比有所增加。在此前的六周中，美国全国失业人数飙升至约 3000 万人。与之形成鲜明对比的是在疫情暴发的短短三周里，美国亿万富翁的财富却增长近 10%。根据哥伦比亚大学的报告，美国亿万富翁的总财富已经超过了一年前。在疫情全球大流行期间，至少有 8 位亿万富翁的财富又增加了 10 亿美元。报告认为，当大多数美国人面临比十年前的金融危机更严重的经济衰退时，一小部分亿万富翁却像强盗一样发大财。更值得质疑的是，亿万富翁们的财富让他们对政治进程产生了强有力的影响，过去几十年里，他们一直在用这种影响力来大幅削减他们的税单。从 1980 年到 2018 年，美国亿万富翁缴纳的税款下降了 79%。

由此可见，美国富人阶层长期以来用自由主义思想"教育"民众，让民众产生了自己是国家主人翁的幻觉，借以维护美国制度。而美国富人则利用其对政治进程强有力的影响，获得实际利益，加剧社会的不公。民众获得了形式的自由，而美国的富人阶层获得的则是实质的自由。美国民众高喊"自由"抗议，说明他们对作为维护美国富人阶层核心利益的西方自由主义对其的麻痹无所察觉,这也是西方富人阶层为民众定制的没有上帝的"新宗教"。正是这种"新宗教"掩盖了西方社会发展的基本矛盾,即生产社会化同资本主义私有制之间的矛盾。疫情的暴发,使二者的矛盾更加尖锐,以至于直接影响到西方社会疫情防控的局面。这就是西方自由主义的公正虚名给西方社会带来的防疫困境。

第四节　新冠病毒 vs 政治病毒

一

在抗击新冠肺炎疫情过程中，社会主义中国和资本主义美国之间形成鲜明对比的另一个突出方面，就是中国能够以科学的态度、实事求是的原则应对疫情，而美国则是不尊重科学、不正视事实，恶意"甩锅"中国，诋毁中国是病毒的制造国，公然声称新冠病毒为"中国病毒""武汉病毒"。"多行不义必自毙"，明智之人，不必多想，自然能够判定：中美两国对待疫情的不同态度，必然会产生美国之乱和中国之治的鲜明结果。

一、病毒的科学命名与政治命名

关于病毒的起源，一直是中美两国争议的焦点。其中一个主要原因就在于，美国的一些政客把新冠病毒命名为"中国病毒""武汉病毒"，将新冠肺炎疫情的暴发、传播和防控等一系列责任甩给中国，恶意对中国进行污名化。这种"甩锅"行为，是美国政客的一贯作风，也是其政治文化的重要组成部分。

从科学的角度讲，病毒的起源和命名并不是一个政治问题，而是一个医学问题、科学问题。一个病毒的产生应该以事实为依据、以科学研究为准绳。病毒的命名也应该以广大科学家和医学专家的严谨判断为标准，而不应该以政客的政治喜好和意识形态作为命名依据。然而，美国的做法严重违反了科学精神，将新型冠状病毒命名政治化，并以此污名化中国，诋毁中国，让中国承担不该承担的责任。

2020年1月31日，世界卫生组织将新型冠状病毒暂时命名为2019-nCov。

2月5日，复旦大学姜世勃教授在《细胞与分子免疫学》期刊发表文章，建议将新冠状病毒命名为PARS-Cov。

2月8日，在国务院联防联控机制新闻发布会上，新闻发言人表示新冠病毒命名沿用此前的2019-nCoV称谓。

2月9日，姜世勃教授再次联合石正丽教授在 Virologica Sinica 发表文章，建议将新冠病毒命名为TARS-CoV。

2月11日，国际病毒分类委员会冠状病毒研究小组（CSG）在预印本论文平台bioRxiv上发布手稿，确定新病毒属于现有物种，即与严重急性呼吸综合征（SARS）相关的冠状病毒，并将2019-nCoV重新命名为SARS-CoV-2。

这一命名很快受到中国科学家的反对。中国科学家指出，SARS-CoV-2这个名称可能会对病毒流行国家（甚至世界范围内）的社会稳定和经济发展产生不利影响。这一方面会让人们对新冠病毒产生是SARS再次发生的联想，因此感到恐慌，旅行者和投资者可能因此不再访问病毒流行的国家。另一方面，人们可能误以为新冠病毒与SARS一样，一旦当前的暴发结束就再也不会重新出现，导致人们对此失去警觉。

中国科学家的合理建议最终被世界卫生组织专家采纳。正如世界卫生组织总干事谭德塞博士所强调的："我们必须找到既不涉及地理位置、动物、个人或人群，又容易发音，并且与该疾病相关的名称。妥善命名很重要，这有助于防止使用其他可能不准确的或污名化的名称。它还为我们提供了今后任何冠状病毒疫情的标准命名格式。"最终，世界卫生组织于2020年将新型冠状病毒感染的"疾病"正式命名为COVID-19。

令人大跌眼镜的是，在世界卫生组织已经就新冠病毒作出正式命名的情况下，美国国务卿蓬佩奥在当地时间2020年3月17日举行的新闻发布会上，开场直呼"武汉病毒"，并在讲话中屡次使用该措辞，"明示"这种病毒来自中国武汉。特朗普也修改演讲稿，称新冠病毒为"中国病毒"。美国一些议员甚至想要中国为美国的疫情买单，而且打起了中国持有的美国国债的主意。在接受福克斯新闻节目连线时，印第安纳州共和党籍众议员吉姆·班克斯宣称："我们要从迫使中国支付新冠病毒为美国带来的负担和成本开始，我想我们有很多办法做到这点，例如总统可以迫使中国减免一大部分美国债务……"这种污蔑的行为，最终被事实反驳，这些居心不良的人落了个"搬起石头砸自己脚"的下场。

2020年5月1日，世界卫生组织正式宣布，经过全球科学界的一致研究，确信新冠病毒来源于自然界，而非实验室，接下来要做的，就是确定病毒的宿主。

在此之前，美国情报部门也得出了同样的结论，就连美国首席传染病专家福奇也弃特朗普而去，直言没有任何证据表明病毒源自实验室。

眼见一口巨锅要砸在自己手里，特朗普立马改口，面对采访时，他表示自己的意思是说病毒"从武汉地区扩散"，而不是确认"源自实验室"。

没错，就是要负隅顽抗到底，一个剧本不行，就马上扔掉再换一

美国搬起石头砸自己的脚

个,哪怕扔掉的锅就砸在美国国务卿身上。

2020年5月3日,特朗普的跟班蓬佩奥还在对媒体大吹特吹,"我手上有大量证据,新冠病毒来自武汉一个实验室",他还声称最好的专家都是这么认为的。很明显,这个专家说的就是他自己。

对病毒的恶意命名,暴露了美国政治文化的主要特征:推诿责任,污名化对手。面对新冠肺炎疫情,美国施展了这一绝技,"甩锅"其他国家。通过贬损他人来美化自己,不仅影响了自身的大国形象,而且损害了国际道义。更为重要的是,污名化有损政客自身的道德品质和美国的国际形象,还严重耽误了本国疫情的防控,无助于他国疫情的防控。正如美国《大西洋月刊》网站发表的文章称,白宫没有在疫情初期采取强有力的防控措施,这是当前美国疫情大暴发的最主要原因。盖茨基金会联席主席比尔·盖茨直言,"从一开始,中国就做了很多正确的事情,就像任何有病毒出现的国家一样""令人难过的是美国本可以做得很好,但恰恰是它应对得最为糟糕"。这正好印证了中国的一句老话"多行不义必自毙",美国的这种恶劣行为最终还是要自食其果。

二、疫情映射出资本主义的真面目

将新冠病毒命名政治化,是排外思想的典型体现,也是资本主义的一贯作风。资本主义除了用资本排斥生命、用个人主义排斥集体主义、用自由主义排斥社会主义之外,还用种族主义排斥其他民族的人民。总之,资产阶级用各种方法维护自身的利益,维护自己的统治。可以说,新冠肺炎疫情像照妖镜一样,照出了西方资本主义的本来面目。

新冠肺炎疫情照出了西方资本主义国家的种族歧视弊病。根据美国旧金山州立大学的统计,2020年2月9日至3月7日,与歧视亚裔有关的新闻报道增长了50%。澳大利亚《先驱太阳报》将新型冠状病毒称为"中国病毒"(Chinese Virus),这种带有明显种族歧视意味的言辞,引发当地华人的愤怒。法国报纸《皮卡尔信使报》2020年1月报纸头版大写字母写着"黄色警戒"(法语"Alerte Jaune",意为"Yellow Alert"),配图为一名戴着口罩的中国妇女,这种无知的用字遣词激起了许多华人乃至亚裔的极度反感。美国《华尔街日报》竟然刊登题为"中国是真正的亚洲病夫"的评论文章。德国《明镜》周刊的封面更具煽动性,大标题赫然写着:"冠状病毒,中国制造——当全球化成为致命危险"。德国《每日镜报》报道,当地时间2020年1月31日下午,两个外国女性在德国柏林米特区朝一名前往轻轨车站的中国女生吐口水,并撕扯她的头发、进行殴打,直至两名目击者出面干预,这

西方政客就新冠肺炎疫情持续对中国"甩锅"

两个女子才停手,随后逃走。美国广播公司3月27日发表文章称,新冠肺炎疫情导致美国出现大量针对亚裔的歧视行为。3月14日,一个19岁男子在得州一家超市内,持刀伤害两名亚裔儿童。4月6日,一名亚裔女性在纽约自家门口被一个不明身份男子泼酸液,造成大面积烧伤。

以上事实无可辩驳地证明了疫情暴发后西方社会对华裔、亚裔人士的歧视和傲慢,这种情绪也蔓延至西方国家的大选和对外政策。美国政治新闻网站Politico 2020年4月24日报道,美国共和党参议员全国委员会给党内各竞选团队发送了一份备忘录。这份备忘录的日期为4月17日,作者是共和党资深战略师布雷特·奥唐奈的政治咨询公司,布雷特·奥唐奈曾是国务卿蓬佩奥和阿肯色州参议员科顿的顾问。备忘录长达57页,建议共和党参议员参选人应该通过积极攻击中国来应对本地的新冠肺炎疫情,内容包括从如何将民主党参议员参选人与中国官方联系起来,到怎样对付种族主义指控,可谓详尽。

美国大选之后,特朗普仍不甘心失败,想实施若干外交政策给自己的继任者"埋雷"添乱。当地时间2020年11月10日,美国国务院同意了一项对阿联酋总价超过230亿美元的军售计划,该计划因影响以色列在中东地区的军事优势、存在先进军事技术外泄的风险而备受争议,将明显打乱继任政府对于中东地区的外交军事计划。11月16日,特朗普宣布拟将也门胡塞武装认定为恐怖组织,这一决定将破坏国际社会为也门和平作出的努力,产生的负面影响难以逆转。11月18日,特朗普开始兑现竞选时的承诺,从阿富汗撤军。上述做法将进一步破坏中东地区和阿富汗的稳定,给美国传统盟友带来很大压力。德国科学和政治基金会的安全政策专家马库斯·凯姆说:"它来得很突然,没有协调过程,让盟国几乎没有任何反应的机会,只能选择撤军。"11月

26日，特朗普在发表年度感恩节宣言时，竟然鼓励所有美国人"聚集在家中和礼拜场所祈祷"，这一呼吁充满着对常识的无视、对生命的漠视、对责任的忽视，本质就是用更多人民的生命做代价，加大继任政府的工作难度，拉低继任政府的施政满意度。

2020年美国大选，将美国"纸牌屋"那一套低劣的、无耻的、无道德底线的政治权谋全部暴露在全球人民的目光下。从大选时无所不用其极的"驴象之争"，到大选结束后，特朗普为阻碍民主党继任者施行的种种手段，无不体现着资本主义世界这种对资本、权力疯狂追逐的丑恶嘴脸，无不体现着资本主义世界玩弄生命、漠视生命的卑劣道德。为了赢得大选，可以颠倒是非黑白，不顾事实真相，从"黑命贵"运动到频繁"退群"，从打压中国企业到"中国病毒"，都深刻照射出资本主义国家毫无大国风范、毫无责任担当的无赖形象。尤其是两党互揭参选人丑闻的新闻连篇累牍、层出不穷，让资本主义世界的民主沦为全球笑柄、尊严被践踏得体无完肤、大厦摇摇欲坠。

最为重要的是，在全球疫情十分严峻的时刻，美国政客不仅不积极作为，反而为了政治利益"甩锅"中国，在国际舆论上"带节奏"，炮制"中国口罩外交论""中国疫情隐瞒论""中国责任论""中国赔偿论"等荒谬言论，严重破坏了全世界各国合作抗疫的大局。这种由西方自由主义思想带来的宗教式傲慢，阻碍了全球抗疫合作，到头来使得西方社会疫情严重不堪，让其民众吃尽苦头。

2020年5月，美国媒体统计数据显示，美国31个州超过三分之一的新冠肺炎死亡病例来自养老院。截至11月26日，美国累计确诊、死亡病例分别达1285万和26万人，分别是中国的大约138倍和55倍。美国人口占世界4%，新冠肺炎感染人数和死亡人数分别占世界的22%和19%。美国民众对新冠肺炎疫情的焦虑情绪日益上升，民调显示，有

81%的受访者表示"非常担心"或"有些担心"。美国全国公共广播电台和益普索集团2020年8月4日公布的一项联合民调显示，约三分之二的美国人认为美国新冠肺炎疫情应对情况不如其他国家，其中41%的美国人认为美国对新冠肺炎疫情的应对情况比其他国家差很多，25%的人认为差一些。益普索集团民调专家表示，美国处于很糟糕的境地，美国人希望看到彻底、广泛且有力的应对举措。美国经济遭遇"休克式打击"，2020年第二季度美国实际国内生产总值按年率计算萎缩32.9%，为1947年有记录以来的最大降幅。全球三大信用评级机构之一的惠誉国际将美国主权信用评级展望由"稳定"下调至"负面"。

三、疫情防控背后的意识形态之争

在17－18世纪，西方自由主义作为新兴资产阶级的理论武器，成就了历史的进步，但在历史发展的今天，其历史进步性似乎消失殆尽。21世纪的今天，西方自由主义仍将资产阶级价值塑造成普世价值，直接继承基督教的普世主义，采用传统"一神教"的排外态度和所谓正统基督教会对待异端的态度，在对待其他非西方文明时极力排除、对待其他种族时采取种族歧视、对待其他国家时进行殖民打压、对待其他社会形态时实施恶意攻击，其实质是将上帝替换成自由，是一个披上了近代化文明外衣的新宗教。源于这种思维逻辑，面对疫情，西方资本主义国家做得更多的是转移民众视线，让民众的矛头指向其他国家，让他人承担责任，让他国进行赔偿，而不从自身找原因，不去解决实质问题。这种做法公然违背事实，有悖科学精神，有悖国家道义，不仅没有使自己从中获益，反而导致国内防疫状况日益糟糕。

同样是抗击疫情，社会主义国家同心协力、友爱互助，既体现了社会主义的文化制度优势，也体现了共产党人的美好品德。在社会主义文化的指导下，社会主义国家都取得了非常好的抗疫成效。中国的抗疫成效自不待言，朝鲜、越南、老挝以及古巴等社会主义国家，全国人民集体响应，积极抗疫，没有出现任何大的疫情，感染率也远远低于世界各国的平均水平。

经此一疫，我们不难看出，生命和资本的斗争、人民和资本家的斗争，实质上是不同意识形态的斗争。资本至上思想源自当代资产阶级兴起时所秉承的自由主义观念，其实质是为了维护资产阶级的利益，维护自身的统治，掩盖其剥削和压迫的本质。如果固守所谓的自由主义价值理念，工厂必然会以大多数人的生命为代价恢复生产，其物质生产是最有利于资产阶级利益的。不进行生产，资产阶级政府是不会资助普通民众的，它们的钱财来自资本家，在自由主义的指引下，资本家是不会拿着自己的钱财资助普通劳动者和下层民众的。在疫情之下，资本家本身是不能进行生产，没有利润可以赚取，在这种情况下，如果还想让他们再从自己的腰包中掏钱，让大家渡过困难，他们是不情愿的，因为资本家看待利益比看待生命更重。抗击新冠肺炎疫情的斗争，不仅仅是和病毒的斗争，更是和腐朽的社会制度和落后的意识形态的战争。

正如习近平总书记所指出，世界上正视和相信马克思主义和社会主义的人多了起来，使世界范围内两种意识形态、两种社会制度的历史演进及其较量，发生了有利于马克思主义、社会主义的深刻转变。新冠肺炎疫情的发展状况表明，抗击疫情，既是和新冠病毒的战斗，又是和资本主义的斗争，更是一场没有硝烟的意识形态战争。

社会主义意识形态和资本主义意识形态的斗争是人民与资本的斗争。中国有句老话："群众的眼睛是雪亮的。"套用这句话，我们同样可以说，世界人民的眼睛也是雪亮的，正义站在哪里，大家心里最清楚；

谁是公正的,谁是霸权的,谁是投机取巧的,大家看得清清楚楚;无赖的表现,最终只能把自身形象拉得越来越低,最终是损人不利己的。事实胜于雄辩,在抗击疫情的过程中,中国的成绩是不可否认的、有目共睹的,社会主义制度的优势也是不可否认的、有目共睹的。

第六章　CHAPTER SIX

军队优势：
人民军队爱人民

在中共中央宣传部2009年推荐的100首爱国歌曲中,有一首名为《人民军队忠于党》的歌曲,歌词是这样写的:"雄伟的井冈山,八一军旗红,开天辟地第一回,人民有了子弟兵。从无到有靠谁人?伟大的共产党,伟大的毛泽东,伟大的毛泽东!"军队自古就有,但只有在中国共产党的领导下,军队才首次冠以"人民"的字样,真正成为人民子弟兵。从井冈山革命根据地到敌后抗日根据地,从抗美援朝战场到新中国成立以来的历次抢险救灾现场,人民军队一次次用实际行动续写人民子弟兵的传奇。2020年1月24日,武汉"封城"第二天,中国老百姓在互联网上奔走相告——"解放军来了"。在抗击新冠肺炎疫情阻击战中,中国人民解放军用逆行者的无畏与果敢,坚决守住"风暴之门",护佑人民的生命健康安全,充分彰显了人民军队在中国特色社会主义现代化建设中的功能和优势。

第一节　人民军队不负人民

一

2020年1月24日，除夕夜，武汉"封城"的第二天。

武汉"封城"的残酷消息和疫情的严重性，多多少少冲淡了节日的喜庆氛围，无论是在年夜饭的饭桌上还是在微博上、微信里，人们讨论得最多，也担心得最多的，就是武汉的疫情。

但最终，绝大多数人还是抱着一颗安稳的心入睡的。因为他们知道，共产党没有放弃武汉和武汉人民，人民子弟兵没有放弃武汉和武汉人民。在这一天的深夜，一条信息开始在中文互联网上飞速传播。这条信息的内容只有寥寥几个字：

"解放军来了！"

而在这寥寥几字之后，则是几张从摄影技术角度来讲或取景不当、或过度曝光、或对焦模糊的照片。而这些照片的共同特点，则是它们的主角都是一群群军人，一群群人民子弟兵。他们在大多数人都吃着年夜饭的时候离开家门，他们在春晚进行之时紧急出征，他们在深夜的机场列队出发，他们在运输机的机舱里和衣而眠。

解放军出动，使人民心里都清楚，这一回，稳了。

人民子弟兵闻令而动连夜驰援武汉

不了解神州大地上曾经发生过的事情的人，可能很难理解，中国人民对于解放军那近乎绝对的信赖到底从何而来。但只要你能够认真听一听这些故事，你就会知道，这信赖从何而来；这在血与火之中结成的军民鱼水情，为何如此牢不可摧。

一、源自历史与血脉深处的纽带

中国人民解放军 27 集团军曾创造过一项名为"钢木土石组合坝封堵堤防决口技术"的独门绝技。在 1998 年的长江流域特大洪水汛情中，负责封堵九江大堤决口的解放军官兵们，正是依靠这项技术完成了对大堤决口的封堵，保障了大堤的安全。

在一篇撰写于 1999 年、名为《钢木土石组合坝封堵堤防决口技术的施工方法》的论文中，我们可以看到这项独门绝技的种种细节：在解放军日常的抗洪实践中被创造出来；在 1996 年河北省滹沱河流域的一次水灾中首次得到运用。如果善用搜索引擎，我们就会发现，直到2017年依然可以在互联网上找到关于东部战区陆军某舟桥旅加强演练该技术应对汛情的新闻。

但最令人惊愕，继而泪流满面的，则是论文中的这几句话。

"实施过程中，打筑木桩、填塞土石袋等环节都需要人员跳入决口的激流中。"

"对抢险人员的纪律性、素质要求高，一般的群众性抢险人员或抢险队很难具备这一点。"

"一旦需要时，由人民解放军或武警部队去实施。"

要知道，这并不是某一次某个人纵身一跃的英雄壮举，而是人民子弟兵20多年来时时刻刻在演练、很可能每一年都要投入实战的一项成熟的技术。

如果善用搜索引擎，我们也可以搜索到一张有些年头的宣传画。图中画的，是一群军人站在河流中，而磅礴的水流正倾泻在他们身上。图上还有这样一句乍听起来很有震撼力的话：拿人的身躯能把河流阻塞吗？

拿人的身躯能把河流阻塞吗？

随着越来越多的影像资料被曝光，2008年汶川大地震中空降兵十五勇士惊天一跃的故事已经越来越被广为传颂，但还有一个关于空降兵的故事却鲜有人知晓，那就是关于小木岭的"绝岭天梯"，一场持续6天的生死救援。

小木岭救援，是空降兵在汶川地震救灾过程中创造的又一个奇迹。这场救援是从2008年5月16日开始的。当时，空降兵15军特功八连的战士们正在绵竹清平乡执行救灾任务，他们获悉附近的小木岭由于地震导致道路垮塌，使得在岭上工作的近千名群众被困，断水断粮数日，无法支撑太久，若再得不到救援，恐再难为继。

局势危急，特功八连立刻组织侦察部队前往小木岭进行地形勘察，但先头部队反馈的情报却让所有人揪心——事发地区交通完全阻断，大型施工设备完全无法开进，即使依靠人力进行施救，也需要翻越高百余米且近乎垂直的峭壁才能与受困群众会面，即便如此，在简陋的条件下将近千人经悬崖峭壁上运至安全地带，也是不可能做到的事。

但特功八连的战士们，偏将这种不可能变成了现实。经过筹划，他们将施救地点选定在小木岭电站——那里有大量的电缆和木材供他们搭设上山的软梯。他们随即展开行动。至5月18日，特功八连已经制作出足够长的绳梯，于是派遣6名党员组成突击队，登上百余米高、65度的陡坡，又徒手爬上高达10余米、坡度达80度的电站混凝土大坝，在宽度不到1米的水坝平台上固定软梯。战士们搭建的软梯也成了联结小木岭山上与山下的唯一一条交通线，通过这条软梯，他们成功到达受困群众所在位置，当日便撤出群众97人。

5月17日，他们又搭建了更长的绳梯，将一批又一批被困群众护送、疏导至小木岭电站水坝上依次撤离，有的群众由于受伤、病饿已经失去了活动能力，战士们就将他们背在肩上，在没有任何保护措施的情况下，冒着生命危险顺着绳梯爬下百米山崖。

人们说，绿色是象征生命的颜色，彼时彼刻，那一簇簇仅凭绳梯来往于绝岭上下的迷彩绿，为最需要帮助的人们带来了生的希望。到5月21日，小木岭所有被困群众均顺利到达安全区域，在整场救援中，空降兵15军特功八连一共救出756人。

或许有人会认为，这样一场声势浩大的救援行动，特功八连一定调集了大量人力，事实上并没有，从行动开始到结束，他们出动的总人数仅有93人。

93人，6天内，仅凭人力从绝岭之上救出近千人，这是绝无仅有的，且很有可能是空前绝后的。

一千多年前，李太白曾这样感叹蜀地的山路："黄鹤之飞尚不得过，猿猱欲度愁攀援。"

一千多年后，空降兵15军的战士们，不仅到达且徒手爬上了这黄鹤难过、猿猴愁攀的蜀地山岭，而且是受灾严重的情况下在这险得令人绝望的山体上固定天梯，搭建了"生命天梯"，救出了近千名群众……

奉行浪漫主义的诗人是极善修辞和慨叹的，而现实中的英雄们往往会在现实的艰难中实现壮举，又将现实中的壮举跃升至有时连浪漫主义也难以企及的高度。这就叫英雄。

这支英雄部队，当年在上甘岭上书写了人类军事史上的奇迹，半个多世纪后，依旧是他们在这个叫小木岭的地方，书写了人类灾难救援史上的奇迹，续写了"前有上甘岭，今有小木岭"的传奇神话。

然而空降兵15军的战士们，对于这等殊荣表现出的是一如既往的淡然，在他们看来，这不过是他们应当去做的事情，是人民军队的天职。当年在救灾现场，有记者问空降兵15军的一位小战士怕不怕，小战士回答说不怕,记者追问为什么不怕,小战士答:"因为我们是钢铁的部队。"随后转身跟上队伍,消失在镜头中。

在抗美援朝期间,以美国为首的"联合国军"用各种各样的方式——飞机空投、炮弹发射、特工渗透……将宣传单散布到志愿军的阵地上,用以动摇志愿军的意志。

很显然,当年的宣传并没有什么用,否则"联合国军"也就不会被志愿军从鸭绿江边一路打到三八线了。美国人以为,这支人民的军队,还会像过去那些中国军队一样,会在他们如同洪水一般磅礴的火力优势面前害怕、退缩。

但是,没有人退缩。就像之后的近七十年里,这支人民的军队从来没有在洪水、烈火、地震、瘟疫,更没有在任何可能威胁到人民安危的风险面前退缩过一样。

有一部讲述车臣战争的俄罗斯电影,叫《风暴之门》。这部电影的名字源自这样一句话:"假如风暴来临,我们的任务就是把它挡在门外。"

人民子弟兵们做到了,他们永远用自己的血肉之躯,在危险的暴风来临之时,将人民挡在自己身后。

一如1943年的淮阴,以白刃格斗战至最后一人的刘老庄八十二烈士。

一如1998年的九江,以血肉之躯跳进滚滚洪流的解放军战士。

一如2008年的汶川,高空中纵身一跃的空降兵十五勇士。

一如2020年的武汉,从全国各地奔赴前线的解放军医护人员。

一如遍布神州大地、田间地头的,有名的、无名的烈士墓碑的主人,在生前所做的一样。

除了对人民的忠诚,除了共产主义的理想和信仰,再没有其他理由能够解释，为什么人民子弟兵能够将生死置之度外，逆水火而行。

人民子弟兵，这伟大而光荣的称谓之所以能够在 14 亿人中传颂，靠的并不是嘴，而是血和汗。

二、人民子弟兵战疫在行动

从进驻金银潭医院、汉口医院、武昌医院，到进驻火神山医院、武汉泰康同济医院、湖北省妇幼保健院光谷院区……一个个"第一时间"，见证着抗疫斗争中分秒必争的"军队速度"。军令如山，闻令而动。不分军种，不分战区，不分隶属关系……来自陆军、海军、空军、火箭军、战略支援部队、联勤保障部队、武警部队多个医疗单位的 4000 多名军队支援湖北医疗队队员抵达武汉后，在抗击疫情的 80 多天里，荆楚大地不仅见证了一次举世瞩目的陆空兵力大投送、卫勤力量大集结，更见证了深化国防和军队改革后全军卫勤力量的第一次大抽组、大联合、大协同。两个多月的时间里，军队支援湖北医疗队 3 家抽组医院展开床位 2856 张，累计收治确诊患者 7198 名，实现了"打胜仗、零感染"的目标。中部战区总医院等驻湖北地区 4 所军队医院一直坚守在疫情防治一线，全军 63 所定点收治医院开设收治床位近 3000 张，1 万余名医护人员投入一线救治。

而在研发疫苗对疫情"釜底抽薪"等领域，人民解放军更是起着不可替代的作用。2020 年 1 月 26 日，军队派出以军事科学院军事医学研究院研究员陈薇团队为主的军队医学科研力量紧急奔赴湖北武汉。1 月 30 日，军事科学院帐篷式移动检测实验室开始运行，一方面参与病例核酸检测，另一方面展开疫苗研制应急科研攻关。3 月 16 日，军队研发的新冠疫苗通过了临床研究注册审评，获批进入临床试验，这标志着国家抗击新冠肺炎疫情工作取得了重大突破性进展。3月27日有108位志愿者完成疫苗Ⅰ期临床试验接种。4月12日,陈薇院士团队正式对外发布,其团队研发的新冠疫苗正式进入Ⅱ期临床试验阶段,成为全球唯一一个进入Ⅱ期临床试验的新冠疫苗,这也标志着由中国自主研发的新冠疫苗再次向前迈进一大步,给全世界人民抗击疫情打了一针强心剂。

疫情发生后,人民军队第一时间"向武汉紧急调拨40万只医用口罩,配发8000套防护服、50套正压防护头罩、2套负压运输隔离舱,保障医疗救治急需。空军出动30架次运输机,向武汉紧急空运军队医疗力量和物资。截至3月1日,中部战区派出130台运输车、260人,担负支援武汉市生活物资运输任务,累计出动5667人次、车辆2500多台次,运送群众生活必需品8500多吨,防护物资器材23600多件(套);出动直升机4架次,转运医疗物资6.5吨。28个省军区(警备区)每天出动民兵约20万人,配合地方完成外来人员管理、场所消毒、物资运输、防疫宣传等任务"[①]。"人民解放军派出4000多名医务人员支援湖北,承担火神山医院等3家医疗机构的医疗救治任务,空军出动运输机紧急运送医疗物资。各医疗队从接受指令到组建2小时内完成,24小时内抵达,并自带7天防护物资,抵达后迅速开展救治。"[②] 在抗击新冠肺炎疫情的战场上大量使用的军事高科技,不仅为广大医务人员提供了战胜疫情的强力支撑,而且为以后国家经济建设和军队战备训练,特别是应急体系和国防动员体系建设,带来诸多宝贵启示。

---

① 《军队支援地方抗击新冠肺炎疫情新闻发布会文字实录》,中华人民共和国国防部官方网站2020年3月2日。
② 中华人民共和国国务院新闻办公室:《抗击新冠肺炎疫情的中国行动》,人民出版社2020年版,第64页。

运-20作为我国首款200吨级大型多功能军用运输机,首次参加了非战争军事行动。该机与运-9、直8多批次联合执行紧急投送任务,向疫区紧急投送大批医务人员和众多急需医疗物资,充分展示了高科技支撑下"国之重器"的巨大威力和超强能量。另外,北斗系统的高精度定位技术,在火神山、雷神山医院的快速建设过程中,发挥了独特的作用。

具有中国军队野战特色的方舱医院,被广泛推广到武汉抗疫主战场,成为破解医患矛盾的利器。航天科工等一批"老字号"军工企业,各尽所能,在满足应急需要方面发挥了重要作用。航天科工旗下公司在疫情初期,迅速调集9台(套)移动医院装备,驰援武汉15处方舱医院。该装备共涉及手术车、医技车、通信指挥车、水电油保障车、生活车、宿营车等近10种特种车辆,展开后就相当于一所二级甲等综合医院,具备机动性好、模块化组合、展开部署快速、救治功能范围广等优势,能够完成手术、急诊、急救任务,同时可以保障救援人员的基本生活所需。

兵工集团发挥技术力量的雄厚优势,与阿里巴巴共同搭建起无人机战疫平台,适时对所需要的区域进行喷药消毒、巡检喊话等防疫作业。中国电科联合顺丰实施无人化应急运输投送,该款无人机还通过接入智能无人运投管控系统,实现了无人化运力的统一调度指挥,极大减少人力,解了民众的燃眉之急。兵工集团夜视研究院研制的适用于大范围人群测温的"20-I型红外发热人群快速筛选系统"和兵装集团湖南云箭科技公司采用3D打印而紧急研制的医用护目镜,加快生产节奏并陆续发送到一线战场,反映了军工企业的科技实力和责任担当。

第二节　西方军队难堪大任

一

疫情在全球暴发后,不少国家军队"中招"。出于保密考虑,各国军方往往拒绝透露具体信息,但通过梳理媒体报道,我们还是能发现部分国家军队疫情暴发的严重事态。在支援社会疫情防控方面,西方军队行动迟缓,效果甚微。对于美国在疫情期间爆发的抗议活动,特朗普甚至出动军队进行镇压,充分体现了西方军队资本家雇佣兵的本质。

一、自身难保的西方军队

一直以来,在西方媒体中都流传着这样一种说法:人民解放军没有"国家化",不够"政治中立",因此缺乏"国防军"属性,其专业性值得质疑。

而在新冠肺炎疫情这种几十年难得一见的巨大灾难考验下,曾经被吹捧的那些专业化程度极高的"国防军",却一个个现了原形,不光在本国的抗疫斗争中发挥的作用有限,自身也纷纷中招成为疫情的受害者甚至二次传染的源头，一个个自身难保。

美国国防部消息显示，截至 2020 年 4 月 28 日，美国现役军人、国防部工作人员、军人家属以及军方承包商等军方人士累计确诊病例已经达到 6568 例。海军成为美军受新冠肺炎疫情影响最为严重的军种，拥有大量官兵的航母也化身新冠病毒的温床。"罗斯福"号航母上共有 940 人确诊，29 人康复。美国海军其他近 40 艘舰船也相继"中招"，其中海军驱逐舰"基德"号形势尤为严峻。根据美国媒体的报道，截至 2020 年 4 月 28 日，"基德"号累计确诊人数已在一周多的时间内突增至 64 例，确诊人数超过舰上人数的七分之一。美国军方人员的确诊数字自 2020 年 3 月初以来一路攀升。3 月 6 日美国国防部在其管辖范围内发现 12 例新冠肺炎疑似病例，涉及美国本土及海外。3 月 25 日确诊数字已迅速增至 435 例，美军全球驻点的卫生防护状况也被提升至次高级别"重大"。进入 4 月后，美军确诊人数再次出现明显增长，现役军人的确诊数字在 4 月 6 日、16 日、24 日、28 日分别为 1555 例、2986 例、3919 例和 4359 例。

4 月 8 日，美国海军"尼米兹"号航母上两名舰员新冠病毒检测呈阳性。此时，美军已有 4 艘航母出现新冠肺炎确诊病例，分别是"罗斯福"号、"里根"号、"卡尔·文森"号以及"尼米兹"号。这 4 艘航母都属于美国太平洋舰队，而"尼米兹"号在 2019 年完成大修维护，正准备出海执行任务。4 月中旬，美国海军俄亥俄级战略核潜艇"田纳西"号在执行战备巡航任务时出现疫情，部分艇员感染新冠肺炎，被美国国防部紧急召回。

在这里特别要说"罗斯福"号航母的情况，因美军疫情防控不力，其出现了群体性抗命行为。2020 年 4 月 2 日，"罗斯福"号航母舰长——海军上校布莱特·克罗泽尔给海军领导机关写了一封长达 4 页的信,促请立即采取行动,阻止疫情在航母上扩散。但随后这封信的内容被公开,引发热议。当天,美国代理海军部长托马斯·莫德利解除了克罗泽尔舰长的职务。克罗泽尔被革职后,全舰官兵以"身体不适"等理由集体拒绝执行命令以宣泄不满,导致航母陷入瘫痪。莫德利6日飞往关岛,向停靠在那里的"罗斯福"号官兵发表内部讲话,措辞严厉、夹杂脏话,指责克罗泽尔做法"太幼稚""太愚蠢"。但此举未能将此事平息,反而加速了事件发酵,不少官兵被激怒,将讲话录音发送给多家媒体,一时舆论哗然、军心动荡,莫德利4月7日被迫向国防部辞职。

意大利国防部没有公开军队感染疫情的情况,但2020年3月初该国陆军参谋长萨尔瓦托雷·法里纳和其他十几名官员的检测结果呈阳性,一名陆军中校因新冠肺炎去世。

法国军队卫生部门负责人杰内洛在2020年4月22日举行的听证会上表示,截至21日法国已有1500名军人确诊感染新冠肺炎,其中有超过15人在重症监护室。杰内洛还确认,"戴高乐"号航母编队(包括航母本舰、舰载飞机、2艘护卫舰和1艘补给舰)所有人员都已接受病毒核酸检测,共有1082人检测呈阳性,其中1046人为航母本舰船员,占到舰上总人数的60%。这些船员当中已有24人入院治疗,目前仍有15人在医院之中,3人在重症监护室。

德国国防部承认,德国军队第一例确诊病例出现在2020年2月27日,随后约250名军人感染了新冠肺炎,10余人需要住院。

西班牙国防部透露,有230名军人被检测出阳性,约3000名军事人员自我隔离。

波兰国防部2020年3月10日证实,波兰武装部队总司令雅罗斯瓦夫·米卡在新冠病毒检测中呈阳性,确诊感染新冠肺炎。

印度媒体4月29日的消息称，位于德里的印度中央后备警察部队（CRPF）新增7例确诊病例。此前报道曾显示，CRPF已有47名士兵确诊感染，其中1人为部队首席医疗官。此外，印度孟买的一个海军基地内有21名现役海军士兵的新冠病毒检测结果呈阳性。

韩国国防部通报称，截至当地时间2020年3月3日上午10时，军队内新冠肺炎确诊病例为31例，已有8270名军人被隔离。

菲律宾武装部队发言人埃德加德·阿雷瓦洛称，截至当地时间2020年4月20日，菲武装部队已有33人确诊感染新冠肺炎。其中，22人为军事人员，6人为家属，5人为文职人员。阿雷瓦洛还透露，除确诊感染病例外，另有141人已进行新冠病毒检测，正在等待检测结果，其中包括111名军事人员，4名家属和26名文职人员。

斯里兰卡军方于2020年4月26日表示，截至目前已经有95名海军人员确诊感染新冠肺炎，其中68人在该国一海军基地内确诊，另有27人为正在休假的该基地人员。

相较于人民解放军积极支援地方抗疫斗争而自身"零感染"的出色表现，"国防军"们在对抗疫情中体现出来的专业性简直是糟糕至极。在这些"国防军"为本国疫情所做的努力中，收尸这一项往往是必选项，而他们在这项工作中做得更糟糕。2020年3月中旬，意大利军车在夜间从意大利小城贝加莫运走新冠肺炎感染者遗体的画面震撼了全世界，但随后不久，美国陆军部长麦卡锡就对媒体表示，激增的病死患者让纽约的殡葬行业不堪重负，为了加强处理能力，美军决定派出第111殡葬事务收集连进驻纽约，对那些逝者遗体进行专业化处理。美国媒体曾披露的消息显示，配置完善的第111殡葬事务收集连一天能处理多达400具遗体。

二、行动迟缓的西方军队

在新冠肺炎疫情蔓延欧盟多国的情况下,各国军队也在不同程度上参与抗疫行动,但整体来看支援力度非常有限,主要侧重于社会安全防控。

2020年4月27日,美国《军事时报》披露,美国防部派出超过61000名美军紧急进入各州及哥伦比亚特区等地区,对抗新冠病毒传播。其中,仅美军陆军国民警卫队官兵数量就超过了43700名。在美军抗疫部队中,大约4400名由军医、护士等战地医护人员组成的队伍最为引人瞩目,他们帮助医院收治了大批病毒感染者。另有美陆军工程兵将32个酒店、会议中心等场地改建成为野战医院,增加了15800多个床位。

2020年3月中旬,意大利军车在夜间从意大利小城贝加莫运走新冠肺炎感染者遗体的画面传遍世界。据意大利官方媒体3月21日的消息,意大利中央政府已经同意了伦巴第大区的提议,将在境内部署军队,协助政府工作人员执行封城命令。意大利内政部部长拉莫尔泽斯透露,根据总统签发的命令,军队目前已经派出114个军事小组在全国各地协助当地政府展开疫情防控工作。意军在受疫情影响严重的皮亚琴察、贝加莫和克雷莫纳等城市建立野战医院,派出军医和护士,并改建军营以照顾新冠肺炎患者。

德国《基本法》只允许紧急情况下在国内使用军队,但德国各地的地方政府要求军队协助。截至2020年3月24日在请求援助的申请激增至200例后,德国联邦国防军准备提供1.5万名士兵参加快速紧急行动。德军士兵在修建应急医院或大规模隔离检疫方面伸出援手。联邦国防军在柏林协助修建一座应急医院,同时在财产保护方面提供帮助,例如保护电力和水力发电厂,并动用飞机将意大利和法国的新冠肺炎重症感染者接到德国医院治疗。

英国国防部4月7日透露,在英国已部署了2680多名军队人员,另有数千人待命。英陆军帮助国民保健署共同抗疫。运兵车把口罩和手套送到医院。军队还帮助需要严格居家的150万名居民运送食品,在受疫情影响最严重的伦敦建造一家救治新冠肺炎患者的野战医院。

波兰国防部宣称,已调动了数千名士兵在封锁的街道上巡逻、给医院消毒,以及支持边境管控。3月15日,波兰出动军队加强封控与德国边界的过境检查点,筑起路障隔绝两国公路交通,强化边检。

法国军队在米卢斯修建了可容纳30张病床的野战医院。同时,一架空客军机把米卢斯的十几名患者运往阿基坦地区的一家医院治疗。

瑞士政府称,采取了"二战以来最大规模的军事行动"。约有8000名瑞士士兵正在与这种流行病作斗争。瑞军主要在卫生部门帮助抗击新冠病毒,例如护理、病人监护和医疗运输。

奥地利政府召集了10%的预备役部队来应对新冠肺炎疫情危机。奥地利国防部长称,该国将调动多达3000名预备役人员。

三、为什么西方军队成不了"人民子弟兵"?

因疫情影响,美国失业率大幅度上升,社会矛盾激化。明尼苏达州一名非洲裔男子在遭美国警察暴力执法后死亡的情况,不仅震惊了美国,更在当地引发了激烈的大规模街头抗议。

美国大规模街头抗议运动发展到白宫门口,一度势头不对之时,特朗普政府不得不开始调集军队进城协助警察镇压抗议民众。结果美军一来就被地方政府和民众喷了。华盛顿特区女市长缪里尔·鲍泽公开表示:"特朗普是拿美军当玩具兵,四处恐吓民众!"

6月7日，她就宣布将200名来自犹他州的美军士兵赶出酒店，并声称后期要把1200名进城的美军都轰走，因为民众害怕看到美国大兵在街头。对于这种情况，中国网友肯定觉得很陌生，因为在国内，每次碰到大灾大难，我们都希望解放军早点来帮忙，看见他们就像看见亲人一样欢迎。

为什么美国民众对美军不欢迎？因为美军的表现实在让人不敢恭维。国内遭灾时，美军士兵进入自己国家的城市时，都是全副武装，并且和民众保持距离，完全没有一点"军民团结"的迹象。美国百姓们也普遍觉得，美国军队就是负责打仗或者镇压的，真到了遭灾的时候，也应去找专业救援队求救，更不会有什么"军民鱼水情"了。

在美国百姓眼里尚且如此，在其他国家就更不用说了，每年驻外美军都会被曝光有侵害当地百姓的事件发生。美军的属性是国家暴力机器，不是人民子弟兵。而且，不只是美军，放大到全世界，整个世界都没有像解放军这样的人民军队，西方国家的军队本质上是资本家的雇佣军。

为什么说西方国家的军队是资本家的雇佣军？这就要说到军队的产生问题了。

军队的产生是与国家同步的，在国家产生之前是不存在军队的，有的只是氏族社会自己组织为武装力量的居民。恩格斯在《家庭、私有制和国家的起源》中是这样描绘军队产生的："国家和旧的氏族组织不同的地方，第一点就是它按地区来划分它的国民。""第二个不同点，是公共权力的设立，这种公共权力已经不再直接就是自己组织为武装力量的居民了。这个特殊的公共权力之所以需要，是因为自从社会分裂为阶级以后，居民的自动的武装组织已经成为不可能了。……为了也控制公民使之服从，宪兵队也成为必要了。这种公共权力在每一个国家里都存在。构成这种权力的，不仅有武装的人，而且还有物质的附属物，如监狱和各种强制设施,这些东西都是以前的氏族社会所没有的。"①

我们可以看到军队在本质上是阶级斗争的工具,确切地说,是统治阶级用来镇压被统治阶级的反抗,进而维护自身统治地位的工具,其本质特性就是阶级性,所以西方国家凡是打着各种旗号鼓吹"国家价值中立""军队去政治化"的观点,都是掩人耳目的谎言,其结果都只是更加有利于资产阶级的利益,对于无产阶级和广大人民群众来说可谓有百害而无一利。

一直以来,西方国家鼓吹的"军队非党化""军队国家化"并不意味着改变了军队为统治阶级服务的本质,只是改变了形式,使其看起来保持"价值中立",不是听命于政党,而是忠诚于国家,以便使军队更好地维护统治阶级的利益。因为说到底,国家在本质上是统治阶级维护自身统治的工具,只要是资产阶级政党执政而不是无产阶级政党执政,国家的本质就是资产阶级国家。在这个时候,虽然打着"军队非党化"的旗号,也丝毫没有改变其为资产阶级服务的本质。

但从我党和我军的关系来看,二者是互为依托、密不可分的。共产党的军队、人民的军队、国家的军队是内在一致的。

中国共产党是以马克思主义为指导的无产阶级政党,是中国工人阶级的先锋队,同时是中国人民和中华民族的先锋队,是中国特色社会主义事业的领导核心,代表中国先进生产力的发展要求,代表中国先进文化的前进方向,代表中国最广大人民的根本利益。我军自1927年8月1日诞生时起,其名称先后经历了中国工农革命军(1927年)、中国工农红军(1928年)、国民革命军第八路军(简称八路军)和国民革命军陆军新编第四军(简称新四军)(1937年)、人民解放军(1945年)。

---

① 《马克思恩格斯选集》第4卷,人民出版社2012年版,第187页。

虽然经历了名称上的改变，但是其性质没有改变。紧紧地和人民站在一起，全心全意为人民服务，是这支军队的唯一宗旨。在《中国人民解放军内务条令》中，我军的政治属性得到了清晰的表述，即中国共产党缔造和领导的人民军队，也就是党的军队、人民的军队。

由此可见，中国人民解放军既是党的军队，也是人民的军队、国家的军队。这三者是内在统一的，归根到底，统一在我们党、国家和军队阶级属性的根本一致上，统一在无产阶级的利益和广大人民群众利益的根本一致上，统一在党为军队规定的全心全意为人民服务的宗旨上。

第七章　CHAPTER SEVEN

合作优势：
大国担当　和平共赢

习近平总书记指出:"人类是一个命运共同体。战胜关乎各国人民安危的疫病,团结合作是最有力的武器。"在全球性危机来袭之时,积极促成并维护有效的国际合作,不仅是负责任大国的担当之举,更是推动全球和平共赢的首要条件。习近平总书记提出的人类命运共同体理念,在这次全球抗疫斗争中愈加深入人心,焕发出勃勃生机。疫情暴发以来,中国始终秉持人类命运共同体理念,积极呼吁各国携手开展抗疫国际合作。中国不仅非常注重维护世界卫生组织在全球抗疫战线中的权威地位,而且在接受国际社会许多成员真诚帮助的同时,毫无保留地同国际社会分享防控、治疗经验,力所能及向全球疫情严重的国家和地区援助了大量宝贵的医疗物资,当之无愧地成为"全人类抗疫的兵工厂"。在这次全球联合抗击新冠肺炎疫情的斗争中,中国发挥了中流砥柱的作用,充分彰显了中国特色社会主义在促成和引领全球团结中的合作优势。

第一节　再次拯救罗马的，不是白鹅

一

公元前 390 年，高卢人夜袭罗马军队退守的卡庇托林山岗，不承想惊扰了山岗上的白鹅，尖利的鹅叫声唤醒了沉睡中的罗马军队，帮助罗马躲过一次最危险的浩劫。"白鹅拯救罗马"，自此成为意大利重要的历史文化典故。

两千四百年后，2020 年 3 月，意大利因受新冠肺炎疫情的严重摧残，成为欧洲疫情的重灾区，再次陷入艰难境地。这次疫情来得太过突然，不用说白鹅了，就连美国总统都没派上用场。

"没有人比我更懂历史"，声称美国与意大利的友好关系可以追溯到罗马时代的特朗普，这次连招呼也不打，就关闭了与包括意大利在内的欧洲大陆国家交往的大门。欧盟诸国慌作一团，纷纷下令禁止防疫物资出口，而且对过境的防疫物资开启拦截模式。意大利进口的口罩就被兄弟国家再三"截胡"，导致意大利疫情愈发严重，截至 2020 年 3 月 15 日，意大利累计确诊新冠肺炎病例 24747 例，累计死亡 1809 例，死亡率升至 7.3%。意大利周边国家有的加强边境管制，有的干脆直接关闭了与意大利的边界，停飞与意大利之间的往来航班，意大利公民到处被歧视,甚至原本广受欢迎的意大利面,也成为欧洲网友嘲讽的对象。意大利多次要求欧盟启动民事保护机制,以确保医疗物资供应,但是没有一个兄弟国家响应。意大利人这才明白过来,平日里勾肩搭背的兄弟情,在疫情的压力测试下,原来不过是脆弱的"塑料友谊"。

就在意大利"呼天天不应,叫地地不灵"的时候,一架中国飞机于当地时间2020年3月12日降落罗马,同机来的有9名中国特派医疗专家和31吨医疗用品,包括重症监护室设备、医疗防护设备和抗病毒药物。大约在同时,一辆中国卡车抵达意大利,带来至少230箱医疗设备。来自中国的抗疫物资包装袋上,贴着意大利著名歌剧《图兰朵》中的一段曲谱和中意双语歌词——"消失吧,黑夜!黎明时我们将获胜!"作为有浓厚中国元素的意大利歌剧《图兰朵》,曾经是中意文明融合的典范,这次又成为中意两国联合抗疫的见证。中国专家组抵达罗马之后,连夜会同意大利相关卫生部门研究疫情形势,制定应对方案,专家、医护、物资立马进入一线阵地,拉开了意大利抗疫保卫战的大幕。

中国的慷慨援助,感动了万千意大利人。意大利网友纷纷到中国使馆的脸书官方主页上,留下如潮水般不绝的感谢。网友马克斯的留言获得大家疯狂点赞,"中国医生体现了人道主义精神,向中国医生致敬。他们本来可以留在家里(中国),却选择来这里(意大利)继续战斗。"当地时间3月14日,在罗马一个小区例行的"阳台音乐会"上,一名意大利小伙子用麦克风喊道:"我不知道这里有没有中国邻居,但我想由衷地感谢这个国家、这个民族。"话音刚落,雄壮的《义勇军进行曲》响起,周围居民纷纷鼓掌表示赞同。歌声中,"Grazie Cina!"(感谢中国!)的呼声此起彼伏,令人动容。一名中国留学生用镜头记录下了珍贵的现场画面,引发了中意两国民众的强烈共鸣。

在这次意大利抗击疫情的故事中,没有白鹅,只有无情的美国、"散装"的欧盟,还有慷慨的中国。

2020年6月15日,世界卫生组织总干事谭德塞表示,新冠肺炎病例达到首个10万花了两个多月时间,但在过去两周,几乎每天新增病例都超过10万。谭德塞强调,即使是有能力遏制病毒传播的国家,也必须对可能出现的疫情复发保持警惕。

而就在这之后的第二天,6月16日,全球新冠肺炎累计确诊病例超过800万,累计死亡病例超过43.5万。美国新冠肺炎累计确诊病例全球最多,超过216万,累计死亡病例超过11.7万。

这意味着,新冠肺炎疫情对人类的伤害,已经远远超越了2003年曾经造成全球774名患者死亡的非典疫情,以及2009年源自美国并最终蔓延到全球214个国家和地区、造成近20万人丧生的甲型H1N1流感。它的流行,成为人类社会新世纪以来面临的最大疫情灾难,其危害性甚至隐隐与20世纪初曾经席卷全球、感染超过10亿人、杀死了超过两千万人的1918年大流感比肩。

而疫情对于人类社会的影响,还远远不止它夺走的生命。2020年第一季度,作为世界经济发动机的中国,GDP数据同比下降6.8%;世界第一经济强国美国,GDP数据折年率下降5.0%;整个欧元区,GDP数据同比下降3.2%……

人类的命运,似乎又走到了一个十字路口。面对疫情,我们该怎么办?

这一次,是中国共产党和中国人民,用实际行动带头给出了答案。

"当前,新冠肺炎疫情仍在全球肆虐,每天都有许多生命逝去。面对严重危机,人类又一次站在了何去何从的十字路口。坚持科学理性还是制造政治分歧?加强团结合作还是寻求脱钩孤立?推进多边协调还是奉行单边主义?迫切需要各个国家作出回答。中国主张,各国应为全人类前途命运和子孙后代福祉作出正确选择,秉持人类命运共同体理念,齐心协力、守望相助、携手应对,坚决遏制疫情蔓延势头,打赢疫情防控全球阻击战,护佑世界和人民康宁。"[1]

---

[1] 中华人民共和国国务院新闻办公室:《抗击新冠肺炎疫情的中国行动》,人民出版社2020年版,第76页。

第二节　全人类抗疫的兵工厂

——

疫情暴发以来，中国秉持人类命运共同体理念，同世界各国携手开展抗疫国际合作，毫无保留地同世界卫生组织和国际社会分享防控、治疗经验，坚决维护中国人民生命安全和身体健康，坚决维护世界各国人民生命安全和身体健康。

一、力挺世界卫生组织

世界卫生组织隶属于联合国，是国际上最大的公共卫生组织。自疫情暴发以来，世界卫生组织积极动员国际卫生力量，启动多家实验室，加紧建立全球检测网络，增强全球诊断能力，改善疾病传播的监测追踪，加快疫苗研发和诊治创新，发挥着协调全球抗疫的核心作用。一直以来，中国都非常注重维护世界卫生组织的权威和地位。

2019年12月31日，中国就向世界卫生组织报告了湖北武汉的一组肺炎病例。

2020年1月3日起，中国有关方面定期向世界卫生组织、有关国家和地区组织以及中国港澳台地区及时主动通报疫情信息。

2020年1月5日,武汉市卫生健康委在官方网站发布《关于不明原因的病毒性肺炎情况通报》,共发现59例不明原因的病毒性肺炎病例,根据实验室检测结果,排除流感、禽流感、腺病毒、传染性非典型性肺炎和中东呼吸综合征等呼吸道病原。中国向世界卫生组织通报疫情信息。世界卫生组织首次就中国武汉出现的不明原因肺炎病例进行通报。

2020年1月9日,中国向世界卫生组织通报疫情信息,将病原学鉴定取得的初步进展分享给世界卫生组织。世界卫生组织网站发布关于中国武汉聚集性肺炎病例的声明,表示在短时间内初步鉴定出新型冠状病毒是一项显著成就。

2020年1月11日起,中国每日向世界卫生组织等通报疫情信息。

2020年1月12日,中国疾控中心、中国医学科学院、中国科学院武汉病毒研究所作为国家卫生健康委指定机构,向世界卫生组织提交新型冠状病毒基因组序列信息,在全球流感共享数据库(GISAID)发布,全球共享。国家卫生健康委与世界卫生组织分享新冠病毒基因组序列信息。

2020年1月28日,中国国家主席习近平在北京会见世界卫生组织总干事谭德塞时指出,疫情是魔鬼,我们不能让魔鬼藏匿;中国政府始终本着公开、透明、负责任的态度及时向国内外发布疫情信息,积极回应各方关切,加强与国际社会合作;强调中方愿同世界卫生组织和国际社会一道,共同维护好地区和全球的公共卫生安全。

2020年1月30日,国家卫生健康委通过官方渠道告知美方,欢迎美国加入世界卫生组织联合专家组。美方当天即回复表示感谢。

2020年1月31日,世界卫生组织宣布新冠肺炎疫情构成"国际关注的突发公共卫生事件"。

  2020年2月16日开始,由中国、德国、日本、韩国、尼日利亚、俄罗斯、新加坡、美国和世界卫生组织25名专家组成的中国—世界卫生组织联合专家考察组,利用9天时间,对北京、成都、广州、深圳和武汉等地进行实地考察调研……

  类似的合作,还有很多很多。《抗击新冠肺炎疫情的中国行动》白皮书中,对中国与世界卫生组织通力合作,为整个人类社会能够早日战胜新冠肺炎疫情的感人场景,是这样描述的:

> 在自身疫情防控仍然面临巨大压力的情况下,中国迅速展开行动,力所能及地为国际社会提供援助。向世界卫生组织提供两批共5000万美元现汇援助,积极协助世界卫生组织在华采购个人防护用品和建立物资储备库,积极协助世界卫生组织"团结应对基金"在中国筹资,参与世界卫生组织发起的"全球合作加速开发、生产、公平获取新冠肺炎防控新工具"倡议。积极开展对外医疗援助,截至5月31日,中国共向27个国家派出29支医疗专家组,已经或正在向150个国家和4个国际组织提供抗疫援助;指导长期派驻在56个国家的援外医疗队协助驻在国开展疫情防控工作,向驻在国民众和华侨华人提供技术咨询和健康教育,举办线上线下培训400余场;地方政府、企业和民间机构、个人通过各种渠道,向150多个国家、地区和国际组织捐赠抗疫物资。中国政府始终关心在华外国人士的生命安全和身体健康,对于感染新冠肺炎的外国人士一视同仁及时进行救治。①

---

① 中华人民共和国国务院新闻办公室:《抗击新冠肺炎疫情的中国行动》,人民出版社2020年版,第80页。

二、加强国际合作

习近平总书记时刻关注国内外疫情形势，高度重视抗疫国际合作，多次作出重要讲话和重要指示批示，频频与外国领导人和国际组织负责人会见谈话、通电话、致函致电，亲自推动疫情防控国际合作。1月20日，习近平总书记对新冠肺炎疫情作出重要指示，明确要求"及时发布疫情信息，深化国际合作"。此后，习近平总书记在国内多次重要会议讲话中反复强调加强疫情防控国际合作。1月22日，习近平主席应约同法国总统马克龙、德国总理默克尔通电话。据不完全统计，截至5月9日，习近平主席已经先后同柬埔寨首相、蒙古国总统、巴基斯坦总统、世界卫生组织总干事会见会谈，同俄罗斯、美国、英国、法国、德国、意大利、西班牙、比利时、韩国、南非、埃塞俄比亚、巴西、智利、塞尔维亚、芬兰、伊朗、尼泊尔、秘鲁、捷克、葡萄牙、乌兹别克斯坦等38位外国领导人及联合国秘书长等国际组织负责人47次通电话，向韩国、意大利、伊朗、法国、德国、西班牙、塞尔维亚、白俄罗斯、朝鲜等10余个国家的领导人和欧盟等区域组织负责人致慰问电。

这些谈话、通话、函电的核心要义只有一个：人类是一个命运共同体，战胜关乎各国人民安危的疫病，团结合作是最有力的武器。

3月26日，习近平主席出席二十国集团领导人应对新冠肺炎特别峰会，提出坚决打好疫情防控全球阻击战、有效开展国际联防联控、积极支持国际组织发挥作用、加强国际宏观经济政策协调4点重要倡议，郑重而真挚地呼吁加强疫情防控国际合作。

而这些理念和倡议，并没有简简单单停留在形而上的层面。疫情发生以来，中国与东盟、欧盟、非盟、亚太经合组织、加共体、上海合作组织等国际和地区组织，以及韩国、日本、俄罗斯、美国、德国等国家，开展 70 多次疫情防控交流活动。国家卫生健康委汇编诊疗和防控方案并翻译成 3 个语种,分享给全球 180 多个国家、10 多个国际和地区组织参照使用;主动推出新冠肺炎疫情防控网上知识中心,在线分享疫情防控科普、培训视频、最新技术指南和研究成果,全球 20 余万人关注;与世界卫生组织共同举办"分享防治新冠肺炎中国经验国际通报会",全球 77 个国家和 7 个国际组织代表参会,11 万余人在线观看;同 150 多个国家举行 80 余场卫生专家视频会议,就如何有效应对和战胜疫情深入交流……

中国及时主动透明向全球通报疫情信息、分享抗疫经验,努力防止疫情在世界蔓延,体现了对全球公共卫生安全高度负责的态度,彰显了构建人类命运共同体的使命担当。

在国内疫情逐渐好转之后,中国在满足国内疫情防控需要的基础上,想方设法为各国采购防疫物资提供力所能及的支持和便利,打通需求对接、货源组织、物流运输、出口通关等方面堵点,畅通出口环节,有序开展防疫物资出口。根据《抗击新冠肺炎疫情的中国行动》白皮书统计的数据,3 月 1 日至 5 月 31 日,中国向 200 个国家和地区出口防疫物资,其中,口罩 706 亿只,防护服 3.4 亿套,护目镜 1.15 亿个,呼吸机 9.67 万台,检测试剂盒 2.25 亿人份,红外线测温仪 4029 万台,出口规模呈明显增长态势,有力支持了相关国家疫情防控。1 月至 4 月,中欧班列开行数量和发送货物量同比分别增长 24% 和 27%,累计运送抗疫物资 66 万件,为维持国际产业链和供应链畅通、保障抗疫物资运输发挥了重要作用。①

---

① 中华人民共和国国务院新闻办公室:《抗击新冠肺炎疫情的中国行动》,人民出版社 2020 年版,第 81 页。

第二次世界大战期间，由于为英法盟国提供了大量军事物资援助，有力地支援了世界人民反法西斯战争的胜利，当时的美利坚合众国，曾经被时任总统富兰克林·罗斯福充满骄傲和自豪地称为"民主国家的兵工厂"。

而在全人类齐心协力共抗新冠疫情的今天，在中国为全世界贡献了如此之多的抗疫经验，贡献了如此之多宝贵的医疗物资之时，中华人民共和国已经当之无愧地成为"全人类抗疫的兵工厂"。

中国驰援世界各国抗疫

第三节　虚幻的共同体

一

一、特朗普"又双叒叕退群"了！

美国当地时间 2020 年 7 月 6 日，就在全球新冠肺炎患者突破千万大关、美国国内患者逼近 300 万、病亡人数超过 13 万的节骨眼上，美国又退群了——美国政府 7 日致函联合国，声明退出世界卫生组织。对于美国政府的这波操作，全球舆论表现得波澜不惊，因为特朗普早就"发狠"又"放话"，戏做得足足的。此前美国当地时间 5 月 29 日下午，美国总统特朗普在白宫宣布了一个惊世骇俗的决定：

由于世界卫生组织"拒绝执行美方所要求的改革"，美国将终止与世界卫生组织的关系，停止向世界卫生组织缴纳会费，并将会费调配至别处。

2020 年 6 月 13 日，《纽约时报》针对这一堪称灾难性的事件发表了社评。评论内容称，"世界正在抗击一个世纪以来最严重的流行病——新冠肺炎，而美国却在退出唯一一个有能力领导抗疫努力的国际组织——世界卫生组织"。

这篇社评先是对这件事的来龙去脉做了介绍。

美国总统特朗普一度指责世界卫生组织未能及时发出新冠肺炎疫情警报、"帮助中国政府掩盖新冠病毒威胁的严重性",以及总体上对中国过于"恭顺"。4月14日,特朗普以世界卫生组织应对新冠肺炎疫情不力为由,宣布美国暂停向这一组织缴纳会费。而随着美国新冠死亡病例超过10万,5月29日,特朗普又宣布美国将退出世界卫生组织,理由是后者未能完成美国要求的改革。

《纽约时报》认为,特朗普的言论存在着诸多重大问题。

首先,他对世界卫生组织官员"教唆掩盖真相"的指控是错误的。该组织首先在1月4日就警告世界,中国出现一场神秘疫情,随后又在第二天发布了内容更为详细的报告。接下来的几周里,世界卫生组织又派出负责亚洲区域办事处的一个代表团前往中国武汉,并警告说,病毒可能正在人与人之间传播。到1月底,世界卫生组织官员已宣布新冠肺炎疫情构成国际关注的突发公共卫生事件,这是世界卫生组织所能发出的最强烈的警告。

其次,世界卫生组织对中国的尊重,与对美国或其他成员国的尊重没有什么不同。世界卫生组织是召集机构,也是技术资源(机构),而不是全球性的监管机构或执行机构。它的成员们,以美国为首(的成员国),以这样的方式设计了该组织。

最后,更大的问题是,特朗普退出世界卫生组织,将把美国和世界其他国家在应对新冠肺炎疫情等健康威胁领域,置于更糟糕的处境中。

虽然特朗普上任以来,美国在外交上坚持奉行单边主义,动辄"欠费""断供"甚至"退群",次数之多让关心国际政治的"吃瓜群众"对此甚至已经感到了麻木,但诚如《纽约时报》以及诸多相关评论所说,特朗普在全球需要齐心协力对抗新冠肺炎疫情的紧要关头,在美国新冠病毒感染者人数早已突破 200 万人大关、在如此丢人事件上实现"美国优先"的紧要关头,退出一个正在努力协调和组织全球协同抗疫的国际组织,这是令人感到匪夷所思。

或许正是中国与世界卫生组织大公无私的通力合作,中国在抗疫斗争中的亮眼表现以及世界卫生组织对中国对世界抗疫斗争巨大贡献的客观评价,这些因素和"美国优先"的残酷现实一起刺激了美国政府,尤其是以特朗普总统为首的部分美国政要的脆弱心灵,让美国在全球抗疫斗争中的"拖后腿"行为与中国的无私表现构成了鲜明对比。

作为世界唯一超级大国和头号经济体的美国,在全球抗疫的关键时刻,在国际合作上如同孩童一般无理取闹,任性地拖欠世界卫生组织会费,无端攻击世界卫生组织,甚至公开声称要对世界卫生组织实行"断供",最终发展到了单方面宣布"退群"的地步。

早在 2020 年 4 月 14 日,美国总统特朗普在白宫新冠肺炎疫情简报会上,就罔顾新冠肺炎疫情下的国际合作,以世界卫生组织抗击疫情不力为由,表示暂停向其提供资金支持,一时国际舆论哗然。

而事实上,美国作为世界卫生组织的重要成员国,之前本来就一直在拖欠会费,这次的"断供"威胁本质上更像是一次事后补充的说明。世界卫生组织网站显示,"美国拖欠了 2019 年全年及 2020 年大部分会费,截至 2020 年 3 月 31 日,美国仍然拖欠约合 2.02 亿美元的会费"。2020 年 5 月 4 日,欧盟根据世界卫生组织倡议在布鲁塞尔召开了"应对新冠肺炎疫情国际认捐大会",本次大会共募集到约 74 亿欧元(约合人民币 567 亿元)的资金,用于新冠疫苗和新冠治疗研究。包括中国、英国、法国在内的40多个国家和国际组织代表都出席了会议，但唯独缺少了世界第一大经济体和全球疫情最严重的国家——美国，来自美国的盖茨基金会以私人机构的名义参加了会议。当被记者追问美国为何缺席这次大会的时候，两位美国高官仍然恬不知耻地声称"美国正在领导全球抗击新冠病毒"，然后顾左右而言他。

如果说上述种种作为是一个霸权主义国家在政府层面的"霸道"的话，接下来针对世界卫生组织及其总干事谭德塞的作为就只能用"下作"来形容了。由于世界卫生组织总干事谭德塞坚持客观公正地评价中国政府和人民在对抗新冠肺炎疫情中作出的贡献，2020年3月下旬，美国总统特朗普就曾经妄言，"世界卫生组织一直偏袒中国"。而在此之后，2020年4月7日，美国参议院外交关系委员会主席、联邦参议员吉姆·里奇呼吁对世界卫生组织就此次疫情的应对进行独立调查。里奇妄称，"由于对新冠肺炎（疫情）的公然应对不当，世界卫生组织不仅辜负了美国民众，同时还辜负了全世界""世界卫生组织已成为中国政府的政治傀儡，这是完全不可接受的"。

而这场下作闹剧到此为止还远远没有结束。就在这番颠倒黑白、指鹿为马的讲话发表之后不久，推特等海外社交平台和中文互联网上就分别出现了大量污蔑谭德塞个人"作风不正""有经济问题"的谣言。更有甚者，大量别有用心的网民蜂拥至谭德塞的个人推特和脸书账号页面，对他进行疯狂的人身攻击、造谣污蔑甚至是死亡威胁，以至于谭德塞本人在2020年4月8日接受媒体采访时直接指出，"我能告诉你，针对我的个人攻击早在2到3个月前就开始了。这包括对我的辱骂，甚至用种族歧视言论攻击我。说真的，我不在乎这些言论。我很高兴你提了这样的问题，也许我第一次公开回应人身攻击，甚至死亡威胁：我一点都不在乎"。

在这场全人类共同面临的灾难面前，一边是无私合作，而另一边却在利用这场已经导致了几十万人死亡的人间悲剧大搞政治议题、公然骂街。孰优孰劣，一目了然。

到底是什么，让特朗普及其政府，将本该彬彬有礼、温文尔雅，或者至少在台面上应该彬彬有礼、温文尔雅的外交和国际合作事务，搞成了小流氓好勇斗狠和泼妇骂街？或许，稍微研究一下某位美国外交官的小故事，就能让我们更好地理解这背后的原因。

2020年1月27日，美国驻丹麦使馆的推特页面发布了这样一条推文："今天是国际大屠杀纪念日，75年前，美国士兵解放了奥斯维辛集中营。"

由于奥斯维辛集中营位于第二次世界大战期间美军士兵从未踏足的波兰境内，这一无中生有的推文顿时招来了诸多网友的嘲笑。可而后的事情就有点让人笑不出来了：网友们顺藤摸瓜，扒出了现任美国驻丹麦大使的履历。

这位名叫卡拉·桑兹的大使时年59岁，20世纪80年代，她出演过美国肥皂剧《大胆而美丽》、电影《圣剑屠魔3》等。1990年，卡拉与洛杉矶地产大亨、百万富翁弗雷德·桑兹结婚，并于2015年弗雷德中风过世后继承了他的家产。作为特朗普的"迷妹"，她为特朗普的总统事业花了不少钱。2016年，卡拉作为特朗普经济顾问团的成员，不仅帮助特朗普募集竞选资金，本人还捐了好几笔，其中包括给小特朗普5400美元，给竞选团队25万美元，为特朗普的就职典礼，卡拉还送了10万美元出去。

作为回报，特朗普当选后，卡拉被任命为美国驻丹麦大使。事实上，总统在当选后将诸多"事少钱多"的职位"分肥"，授予没有任何相关工作经验的支持者和金主，这类操作在美国政坛已经是一种公开的秘密或者说潜规则了。而卡拉·桑兹也没有辜负特朗普的厚爱。2019年11月底北约峰会召开前,她向丹麦施压要求实现北约国防预算承诺、购买更多美国的F-35战斗机,丹麦国防大臣布拉姆森及各党派为此纷纷批评她"手太长""像个军火商人"。2019年12月10日,由于不希望曾经批评特朗普有关政策的美国北约问题专家斯洛安参会,她迫使有关方面取消了原定在丹麦哥本哈根举行的庆祝北约成立70周年国际会议。

一个驻北欧小国的大使尚且如此,总揽美国外交事务的国务卿蓬佩奥的履历就更加不堪了。事实上,在2018年3月13日被特朗普总统提名为国务卿之前,蓬佩奥没有过任何在外交相关机构任职的经历,而他在2017年1月24日宣誓就职的中央情报局局长一职,则是他首次在美国联邦一级机构中任职。这也就无怪乎蓬佩奥将他在中情局局长一职上学到的那些"颜色革命""街头政治"和满嘴撒谎的本事,作为自己的荣耀和骄傲,直到"暴论"不断,把国务卿干成中央情报局探员小头目的样子了。

实际上,自美国建国以来,这种"赢家通吃"的"分肥政治"由来已久,1883年美国国会通过《彭德尔顿法案》也即"文官制度法案"后,制度化的政党分赃制解体,但当选总统任人唯亲、以官职酬功的现象依然长期存在。第一次世界大战后当选的美国第29任总统沃伦·哈定就因为大量任用与自身关系良好的汽车、石油工业富豪和所谓"俄亥俄帮"担任内阁成员而导致丑闻频出,最终心力交瘁而死。第二次世界大战后,这种"分肥政治"逐渐收敛,当选总统一般将支持者们安排到驻欧洲小国大使等"事少钱多"但又地位较高的官职上。特朗普总统根据自身好恶肆无忌惮地向能够影响美国国策和联邦政府运转的关键位置上安插"关系户"的行为,可以说从某种程度上打破了这种"分肥政治"在二战后形成的潜规则。

说了这么多,最后吃亏最多的,还是美国的老百姓。

二、西方各扫门前雪

与中国深化国际合作形成鲜明对照的是,曾经作为"民主国家兵工厂"的美国,在全人类对抗新冠肺炎疫情的斗争中,却一直游离在世界联合抗疫战线之外,而且一些政客罔顾基本事实上演花式"甩锅",频频炮制"中国病毒论""中国隐瞒论""中国赔偿论",指责世界卫生组织和中国相互"勾结隐瞒疫情暴发",试图为自己抗疫不力的责任找到"替罪羊",把在共同的灾难面前本应全人类精诚合作、共同抗疫的美好图景硬生生搞成了一场花式"甩锅"大赛。

截至 2020 年 6 月 16 日 19 时,美国新冠肺炎累计确诊病例超过 218 万,累计死亡超过 11 万,特朗普总统用一种另类和悲哀的方式实现了自己选举中打出的"美国优先"口号。

在如此严峻的局势下,各路美国政要不去反思抗疫不力的错误,而是试图将责任推到中国头上。美国疫情发生后,美国总统特朗普频频在讲话中强调"中国病毒"这个词,而且还手动将演讲稿中的"Corona Virus"(冠状病毒)改写为"Chinese Virus"(中国病毒),"甩锅"之心昭然若揭。

有上行就有下效。

2020 年 4 月底,美国密苏里与密西西比两个传统上的共和党州宣称,将就美国新冠肺炎疫情暴发一事向联邦法院起诉中国,要求为其"毁灭性经济损失"给出现金赔偿。两名共和党议员在 4 月 16 日也提起草案,欲鼓动美国公民把中国政府告上联邦法院索赔,妄图以 19 世纪殖民战争的方式欺负中国。而总统特朗普竟煽风点火,宣称密苏里"肯定不会是最后一个(起诉的州)"。

而随着疫情失控加股市崩盘,共和党无法再期望用2016年的套路赢得选举,老剧本不会再有观众。于是,共和党就请专门的政治咨询机构为自己量身打造了一出新剧本。根据4月24日美国政治新闻网站Politico的爆料,共和党参议员全国委员会向各竞选团队发送了一份长达57页的备忘录(《红皮书》),建议共和党参议员参选人通过积极攻击中国来作为应对疫情危机的手段。《红皮书》给出的套路是,把选举对手与中国联系在一起,从以下几个方面攻击中国:一是中国"掩盖"真相导致疫情蔓延。二是竞争对手民主党人"对中国态度软弱"。三是共和党人将推动制裁中国的计划,理由是后者涉及传播病毒。

备忘录还补充建议,如果候选人被问及关于病毒的问题,就把责任往中国身上推,要巧妙传达出"新冠病毒是中国的一次'肇事逃逸(hit-and-run)',随后掩盖事实,导致成千上万人死亡"。至于普通的共和党员,《红皮书》也给出了精确的参考"台词"——"我很高兴特朗普总统很早就有所动作,禁止前往中国,我的民主党对手们绝不会支持这种做法,拜登和佩洛西将之批判为排外主义和种族歧视"。到时候,共和党员们在面对记者的时候,将这段话像复读机一样背诵就可以了,或者把这段话复制粘贴到社交网站,以壮共和党的声势。

就像电信诈骗团伙的"话术"都是有剧本一样,共和党的政治咨询机构也事先准备好了类似的《红皮书》。《红皮书》曝光后,大家才确信,美国政府"甩锅"中国,绝不是政客们狗急跳墙的情绪宣泄,而是一项有组织、有预谋的政治行动。但是,剧本都被曝光了,对票房肯定会有不利影响,毕竟不能把所有美国人都当成傻子。

如果大家还记得的话,当中国疫情发生的时候,美国第一个关闭了与中国交往的大门。时至今日,美国因抗疫不力成了世界上疫情最严重的国家。美国政客的疯狂"甩锅",丝毫无助于解决美国自身面临的紧迫问题。如果美国一意孤行,继续游离于世界抗疫战线之外,那只能在独行之路上越走越远,疫情也会越来越严重。

不光美国政客忙于党派斗争和"甩锅",在全球对抗疫情的过程中,包括美国在内的主要西方国家普遍难以在抗疫问题上达成共识,只能各自为战,"各扫门前雪",导致了种族主义和民粹主义的普遍抬头。在中国疫情刚刚发生的时候,美国第一个关闭了与中国交往的大门;欧洲疫情严重的时候,美国又赶紧背过脸去,急着与欧洲大陆国家这些往昔的盟友撇清关系。美国一直宣称自己"正在领导全球抗击新冠病毒",但是想想新加坡独立调查机构公布的数据,美国民众对政府抗疫举措的满意度只有41分,甚至低于全球45分的平均水平。让这样一个"学渣"指导世界各国"学习",有人会相信吗?美国自己门前的雪都扫不干净,一国不扫,何以扫天下?

实际上,美国声称对外国的援助多是"口惠而实不至",至今还藏在他们的"嘴炮"里。中国外交部发言人华春莹称,截至4月3日,"蓬佩奥和美方曾宣布向中国等一些国家提供1亿美元的援助,但是我们一个子都没见到"。巴勒斯坦驻法国大使4月22日表示,华盛顿承诺向加沙和约旦河西岸地区面临困难的医院提供数百万美元援助是完全的谎言,我们"这些医院尚未看到任何所谓的援助资金"。对丹麦这个国家,美国政府倒是信誓旦旦地说要给1210万美元的援助,顺带要在格陵兰岛开设领事馆。但是,对于美国千里送钱的做法,丹麦并没有表现得很高兴。相反,丹麦负责外交事务的官员表示,美国的做法意图激起格陵兰岛与丹麦政府的分歧。他表示,身为丹麦的亲密盟友,美国的做法显然已经越界了。美国醉翁之意不在酒,可问题是,人家也不在意你的酒啊!

"散装"欧盟的情况,也不让人省心。欧洲疫情暴发之初,意大利、西班牙、法国先后成为重灾区,各国在宣布禁止本国防疫物资出口的同时,将"团结扔进了垃圾桶",原来为了互通有无设置的贸易网络,成了互相"截胡"防疫物资的"暗杆"。瑞士被周边大国"摁在地上摩擦",先是消毒水被意大利扣了,接着是口罩和外科手套被德国扣了,何来尊严?各国之间彼此加强边境管制,废弃已久的检查站又重新活跃起来,让旨在方便各国公民自由通行的《申根协定》形同虚设。

进入2020年4月份,缓过神来的欧洲各国开始加强协作,先后四次举行视频峰会,并签署一项总额达5400亿欧元的救助计划。但是,各国又对基金的规模、来源与资金性质等问题争论不休,短期内难以取得共识。据英国《卫报》2020年4月23日报道,欧洲专家日前发出警告,若欧盟成员国之间的分歧继续存在,新冠肺炎疫情将比英国"脱欧"、难民涌入和2008年金融危机等情况更具破坏性。意大利总理孔特表示,"如果我们不抓住机会,为欧洲注入新的生命,欧盟瓦解的风险或将增加"。

欧美各扫门前雪也就算了,还看不得中国积极的对外援助。西方一些媒体炮制了一系列反华言论,说什么中国援助"是为过错赎罪,无须感恩";说什么中国的援助,是借美国缺位之机扩展全球影响力。有借抗疫物资质量问题质疑中国的援助效果的,比如,西班牙、捷克等国称中国试剂盒"准确率过低",而加拿大、荷兰等国也声称中国捐助的口罩"未达标"。这不禁让人想起了"农夫与蛇""东郭先生与狼""中国与某些西方国家"的故事。

三、宁教我负天下人

美国政客却为了一己之私、一党之私,掩盖疫情欺瞒世界,让美国成为全球疫情的"王炸"。美国新冠肺炎确诊人数和死亡人数均居全球首位,但美国的政客们在境内疫情信息的收集发布上,表现出异乎寻常的消极、被动和忌惮,美国政客口中的所谓"信息透明"越来越乱、越描越黑。2020年5月6日,《新闻联播》播出"国际锐评",犀利质疑美国欺瞒世界的丑恶行径。

疑点一:美方对境内疫情发展的时间线一直讳莫如深,避之唯恐不及,这不由令人质疑其疫情暴发的时间起点。

疑点二:美方对确诊病例、死亡人数等基本信息的披露避重就轻、含糊不清,甚至对防控专家搞起行政审查和打击报复。

疑点三:美国政府居然在光天化日之下对科学家禁言封口。这不仅违背科学精神,也明显在有意给美国自身抗疫制造麻烦。

疑点四:作为世界最发达国家,美国防疫物资采购与调配信息何以如此混乱?

锐评指出,桩桩件件,验证了美国所谓的"信息透明"恰恰是云山雾罩,如同一部正在续写的惊险小说。美国抗击疫情的宝贵时间就这样被一次次耽误了!人们已经看清,华盛顿的政客们一次次地隐瞒疫情信息,把一池抗疫之水搅浑,目的就是掩盖其施政无能、靠耍嘴皮子防疫的实质。当真实信息被刻意隐藏和歪曲,美国就迟迟难以瞄准病毒这个真正的敌人。面对一个个逝去的无辜生命,那些一心只有私利的美国政客们,难道不该被追责吗?

美国政府的欺瞒行为，瞒得了一时，瞒不了一世，正如中国的那句话："群众的眼睛是雪亮的。" 5月6日，新加坡独立民调机构Blackbox Research与国际消费者调查机构Toluna联合发布了各国民众对政府抗疫措施的满意度调查报告。该调查通过四个关键的表现指标——政治领导力、企业的领导力、社区与媒体，来评估各地民众对各经济体政府抗疫措施的满意度。报告显示，面对严峻的疫情，西方各国的民众普遍对其政府的抗疫举措不满。亚洲大部分经济体的综合得分则相对较高，其中中国大陆民众的满意度以85分位列榜首，西方各国的综合评分则普遍低于45分的全球平均水平，美国只有41分。法国著名政治学家多米尼克·莫伊西曾如此评价美国的抗疫举措："美国的表现不是差，而是指数级的差。"未来美国疫情的持续恶化，莫伊西会怎么修订自己的说法呢？

而到了2020年6月8日，美国哈佛大学医学院一研究团队在哈佛大学学术社区平台DASH公布的一篇漏洞百出的论文，则更是让全球民众对美国的质疑升到了最高点。单看标题，这篇"学术论文"就耸人听闻到了极点：武汉在2019年秋天就可能有新冠病毒迹象。但细看内容，论文的作者并未拿出任何值得一提的证据来证明这一指控。这篇论文仅仅是通过对比2018年10月和2019年10月这两个时间段，武汉多家医院停车场车辆数，以及这两个时间段内百度搜索"腹泻"等词数量，就认为新冠病毒2019年秋天就开始在武汉传播。

值得一提的是，这篇论文尚未获同行审批通过，并未发表。但就是这样一篇尚未"过审"的论文，却令人匪夷所思地获得了美国媒体的大量关注，甚至有媒体不假思索地就此得出结论，新冠病毒早在2019年8月就在武汉流行了。

对此，国家卫健委防控新冠肺炎高级别专家组专家曾光特别撰文，批评哈佛大学这篇荒谬论文让人不齿。他指出，该论文是在把病毒起源确定为武汉的前提下所做假设的，如果离开了这个前提，拿同样方法去对全世界其他的城市做同样的分析，特别是就近分析一下美国各大城市的情况，相信会得出多的数不胜数的类似结论。即使流行病学有宏观分析的生态学研究方法，该研究也是个典型的生态学谬误。

而在 2020 年 6 月 11 日的记者会上，面对中外记者的采访，外交部发言人华春莹也极具针对性地指出了这篇"学术论文"除了拿停车场的汽车数量来推断新冠肺炎可能最初发生的时间之外，还有几个非常显而易见的漏洞，是非常明显和低级的漏洞。

第一，哈佛大学的 DASH 学术平台只是开放性收集、保存和发布哈佛大学教研人员学术观点的资料库，而非有严格同行评议的刊物。有关论文能否代表哈佛医学院的正式观点和水准，恐怕要画一个大问号。

第二，有关论文的作者之一"恰巧"是独家报道该论文的美国广播公司的撰稿人，而且"恰巧"在这篇论文甚至还没有预发布之前就拿到了更多数据并进行了报道。

第三，美国广播公司的报道中图表上标注的时间居然是 2019 年 5 月。不知道这是无心疏忽，还是有什么别的问题？

第四，此篇论文认为关键证据之一的是"咳嗽"和"腹泻"的检索量。我注意到一些中国媒体就此做了一些深度调研，发现论文中引述的 2019 年 9 月对"咳嗽"和"腹泻"两个关键词的检索量增幅，还不如 2017 年和 2018 年同期的大。这是不是说明 2017 年武汉就已经发生了疫情呢？这真是非常奇怪的一种联想。

而华春莹之后的几个质疑，则更是发人深省：

事实上将病毒溯源疫情发生的调查研究，那么严肃的一个问题进行如此不严肃的处理，实在是让人感到奇怪。但是就是这么一个漏洞百出、粗制滥造的所谓的论文，却让美方的一些政客和媒体如获至宝，大肆地传播，把它当成中方隐瞒疫情的一个新的证据。这种非常可笑的现象背后，他的用意或者说操弄恐怕并不那么可笑。这应该是美方一些人协调组织蓄意地制造和散播针对中国的虚假信息的一个新的证据，应该遭到国际社会的一致谴责和抵制。

这篇论文的作者也许应该调转方向，好好去研究美国国内 2019 年德克里特堡生物实验室关闭与随后发生的电子烟疾病、大流感与新冠肺炎疫情之间有什么关系。这么一个重要的问题，为什么美方的科学家迄今还没有对此进行深入的科学调查和研究？为什么到现在美方的媒体没有对此进行深入独立、客观公正的调查和报道？这个问题可能值得深思。

到底是什么原因，让美国政要和诸多媒体即使只能用这样一篇错漏百出、逻辑可笑至极的"学术论文"当工具，也要将宣传中"新冠肺炎疫情在中国暴发的时间"强行前推到 2019 年 8 月？2019 年的秋天，美国本土到底发生了什么？哈佛大学"学术论文"无耻造谣背后的动机，细思起来真的令人不寒而栗。

第四节　人类命运共同体理念的三大制高点

自疫情蔓延以来,中国以最全面、最严格、最彻底的防控举措,改变了疫情快速扩散流行的危险进程,构建起牢固的中国防线,不仅为全世界抗疫积累经验、争取时间,而且深化国际合作,以实际行动为国际社会抗击疫情提供支持和援助,成为全球抗疫战线的中流砥柱。习近平总书记提出的人类命运共同体理念,在这次全球抗疫斗争中愈加深入人心,焕发出勃勃生机,不仅为后疫情时代新型全球化的构建提供了重要的理论空间,而且其自身所占据的三大制高点也更加鲜明。

一、理论的制高点

任何社会都是由人组成的,但是不同社会得以组成的理论基础和实践路径却大不相同,这就是为什么不同社会呈现出千差万别的面貌。作为资本主义社会逻辑起点的"人",是从封建共同体中分离出来的高度原子化的个人,按照从霍布斯到卢梭这些人的政治理论安排,他们按照全新的契约精神组成社会,并建立国家;按照从亚当·斯密到西斯蒙第这些人的经济理论安排,他们按照个人利益最大化的原则开展交往活动,建立起了繁荣富庶的资本主义经济体系。资产阶级按照这套政治经济原则,奔走于全球各地,打破世界各地区和各民族自给自足和闭关自守的状态,按照自己的样貌创造出了一个新世界,建立起了资本主义的全球秩序。

但是,资产阶级以追逐利润为目的建立起来的世界秩序,却存在相当大的不稳定性。资本主义国家内部的契约精神,在国际社会弱肉强食的丛林状态中荡然无存;资本可以实现全球流动,但利润却还是按照主权至上的原则流回发达国家,落后国家一直在贫穷动乱的第三世界里挣扎,看不到出头之日。一旦全球性灾难降临,国际社会的丛林法则就会撕下平日里的伪善面具,各国按照利益最大化的原则,该抢的抢,该打的打,最重要的是——保命。贸易保护主义、民族主义、民粹主义在全球泛滥开来,把资本主义国际秩序的大厦撞得乱石纷飞,把全人类一次次逼入世界大战的深渊之中。2015年,习近平主席在《俄罗斯报》发表题为《铭记历史,开创未来》的署名文章中指出,"第二次世界大战的惨痛教训告诉人们,弱肉强食、丛林法则不是人类共存之道。穷兵黩武、强权独霸不是人类和平之策。赢者通吃、零和博弈不是人类发展之路"。这次新冠肺炎疫情在全球蔓延以来,西方国家自私自利的个人主义再度灵魂附体,"无情"的美国和"散装"的欧盟,再次让马克思称为虚假的共同体的面目暴露无遗。

社会主义社会之所以超越资本主义社会,就在于它不是以原子化的个人,而是以社会化的人类作为社会的基础。在《关于费尔巴哈的提纲》中,马克思通过对费尔巴哈"类"概念的批判,指明了人之为人的类存在、类意识、类思维、类价值,打破了抽象化的原子化的个人,把"类"

发展成为社会化了的人类,从哲学上克服了资本主义社会由于个人的利己倾向所导致的无序状态。因此,马克思所指明的社会主义事业,从一开始就突破了民族国家的界限,旨在建立一个容纳全人类的自由人的联合体。换句话说,资本主义以原子化的个人为起点,建立起一个二维平面的整体;而社会主义则是以这个二维平面为起点,建立了一个三维空间的整体。

正是沿着马克思起手的这种视野和格局,列宁在十月革命后通过建立共产国际孜孜以求世界革命,当代中国马克思主义从提出和平与发展的时代主题,到构建和谐世界思想,最后发展到习近平总书记的人类命运共同体理念。人类命运共同体理念强调,人类的共同利益高于各民族的狭隘利益,国际道义高于民族主义,这天然地解构着旧有的主权至上的原则,为全球联合抗疫提供了充足的理论空间。正是由于人类命运共同体理念占据着理论上的制高点,故而中国能在新冠肺炎疫情肆虐全球之际,真正积极参与全球治理,尽自己力所能及的力量为国际社会抗击疫情提供支持和援助。

二、历史的制高点

五百年来,资本主义生产关系在全球扩张,它用发达便利的生产工具和交通工具"把一切民族甚至最野蛮的都卷入文明的旋涡";它用低廉商品的重炮"摧毁一切万里长城、征服野蛮人最顽强的仇外心理";它用世界语言消解各个民族和地方的文学,使之成为"世界的文学";它用资本主义的春秋笔法书写人类共同的历史,完成了"历史向世界历史的转变"。

然而,每当全球性的危机、瘟疫、灾难来临的时候,民族国家的幽灵又会再度活跃起来,跳上历史前台阻断世界融合的进程,使世界历史难以接近"历史的终结"。在资本主义时代,世界历史只能走完上半场。病毒没有国界,疫情不分种族,它们是人类共同的敌人,没有哪个人或哪个国家是一座孤岛。西方一些国家试图将新冠肺炎疫情这一公共卫生问题政治化,执意将病毒与某个国家和种族关联在一起,煽动种族主义和民粹主义,严重撕裂国际社会。在继世界大战、全球性经济危机之后,新冠肺炎疫情再次检验了资本主义世界历史的成色。人类命运共同体理念站在历史的制高点上,携"一带一路"世界级工程的声威,吹响了世界历史下半场开始的哨音,为地球村时代的人类如何共同生存和发展,提供了一种更趋合理的新思路和新方案。

中华民族五千年的历史和优秀传统文化,为人类命运共同体理念注入了浑厚的底蕴。中华民族向来有家国天下一体的特殊情怀,提出过天下大同、协和万邦的理念。人类命运共同体理念在继承中国古代圣贤相关论述的基础上,提出建设持久和平、普遍安全、共同繁荣、开放包容、清洁美丽的世界。这些理念符合中国的利益,同样也符合世界各国的共同利益。中国古人讲"以利相交,利尽则散;以势相交,势去则倾",这次新冠肺炎疫情将看似坚固的国际经济交往打得七零八散,西方国家缩回民族国家的保护壳中,以往的盟约和协定变成过眼云烟。唯有中国秉持人类命运共同体的理念,坚持与各国"以义相交,义利并举",在筑牢中国防线的同时,白衣执甲迎着疫情而去,积极援助疫情严重的国家和地区。它表明,随着中国经济的大幅进步和国家能力的不断提升,中国开始更多地考虑自身的大国责任。这也正是中华传统文化中"穷则独善其身,达则兼济天下"的现代诠释。

三、时代的制高点

当今时代面临百年未有之大变局,世界正经历新一轮大发展大变革大调整,大国战略博弈全面加剧,国际体系和国际秩序深度调整,人类文明发展面临的新机遇新挑战层出不穷,不确定不稳定因素明显增多。全球化带来全球性的问题,集中表现为治理赤字、信任赤字、和平赤字和发展赤字。这"四大赤字"相互渗透、相互转化、彼此交织,任何国家对此都难以独善其身、置身事外,西方国家主导的全球治理体系出现了明显式微和失灵的迹象。

人类命运共同体理念站在时代的制高点上,顺应历史潮流和时代要求,为陷入僵局的国际纷争提供解决思路,为打造惠及全人类的新型全球化提供中国方案。马克思曾经深刻地指出:"哲学家们只是用不同的方式解释世界,问题在于改变世界。"[①] 近年来,构建人类命运共同体理念,正在由承诺变为行动,由蓝图变为现实。中国以实际行动践行人类命运共同体的科学构想,推动形成更加公正合理的国际秩序,正在深刻改变着世界政治、经济、文化、生态发展格局。

美国前助理国务卿坎贝尔曾说,美国作为超级大国,靠的不仅仅是财富和实力,更靠它绝无仅有的三大法宝:一是国内有条不紊和卓有成效的治理;二是能够为世界各国提供公共物品;三是引领各国应对危机的能力和意愿。而在这次国际抗击新冠肺炎疫情的斗争中,美国三大法宝全部失灵,真正做到以上三点的,地球人都知道——中国。这再次昭示了中国特色社会主义的制度优势,以及人类命运共同体理念作为一种全球化替代性方案的现实性。

[①] 《马克思恩格斯选集》第1卷,人民出版社2012年版,第136页。

以党的十八大为标志,中国特色社会主义进入了新时代。新时代要有新气象,更要有新作为。习近平总书记指出,中国共产党是世界上最大的政党,大就要有大的样子。世界迎来百年未有之大变局,旧有的国际秩序显出颓败的迹象,新型全球化已然露出曙光,中国在人类命运共同体理念的指引下,应该也能够为人类社会和平与发展作出新的贡献。

APPENDIX

附录

中美抗疫对比图

中国

12.27 湖北省中西医结合医院向武汉市江汉区疾控中心报告不明原因肺炎病例。武汉市组织专家进行分析，认为上述病例系病毒性肺炎。

12.30 武汉市卫生健康委向辖区医疗机构发布《关于做好不明原因肺炎救治工作的紧急通知》。国家卫生健康委获悉有关信息后立即组织研究，迅速开展行动。

12.31 国家卫生健康委作出安排部署，派出工作组、专家组赶赴武汉市，指导做好疫情处置工作，开展现场调查。

2019年

美国

2020年

1.1 国家卫生健康委成立疫情应对处置领导小组。

1.2 国家卫生健康委制定《不明原因的病毒性肺炎防控"三早"方案》。

1.3 武汉市卫生健康委在官方网站公布,共发现44例不明原因的病毒性肺炎病例。国家卫生健康委组织中国疾控中心等4家科研单位对病例样本进行实验室平行检测,进一步开展病原鉴定。当日起,中国有关方面定期向世界卫生组织、有关国家和地区组织以及中国港澳台地区及时主动通报疫情信息。

1.4 国家卫生健康委会同湖北省卫生健康部门制定《不明原因的病毒性肺炎医疗救治工作手册》。

1.7 习近平总书记在主持召开中共中央政治局常务委员会会议时,对做好不明原因肺炎疫情防控工作提出要求。

附录 | 305

1.8 国家卫生健康委专家评估组初步确认新冠病毒为疫情病原。中美两国疾控中心负责人通电话，讨论双方技术交流合作事宜。

1.9 国家卫生健康委专家评估组对外发布武汉市不明原因的病毒性肺炎病原信息，病原体初步判断为新型冠状病毒。中国向世界卫生组织通报疫情信息，将病原学鉴定取得的初步进展分享给世界卫生组织。

1.10 中国疾控中心、中国科学院武汉病毒研究所等专业机构初步研发出检测试剂盒。国家卫生健康委、中国疾控中心负责人分别与世界卫生组织负责人就疫情应对处置工作通话，交流有关信息。

1.11 中国每日向世界卫生组织等通报疫情信息。

1.12 武汉市卫生健康委在情况通报中首次将『不明原因的病毒性肺炎』更名为『新型冠状病毒感染的肺炎』。

1.13 国务院总理李克强在主持召开国务院全体会议时,对做好疫情防控提出要求。国家卫生健康委召开会议,部署指导湖北省、武汉市进一步强化管控措施,加强口岸、车站等人员体温监测,减少人群聚集。香港、澳门、台湾考察团赴武汉市考察疫情防控工作。

1.14 国家卫生健康委召开全国电视电话会议,部署加强湖北省、武汉市疫情防控工作,做好全国疫情防范应对准备工作。

1.15 国家卫生健康委发布新型冠状病毒感染的肺炎第一版诊疗方案、防控方案。

1.16 武汉市对全部69所二级以上医院发热门诊就医和留观治疗的患者进行主动筛查。

1.17 国家卫生健康委派出7个督导组赴地方指导疫情防控工作。

1.18 国家卫生健康委发布新型冠状病毒感染的肺炎第二版诊疗方案。

1.18–19

国家卫生健康委组织国家医疗与防控高级别专家组赴武汉市实地考察疫情防控工作。19日深夜，高级别专家组经认真研判，明确新冠病毒出现人传人现象。

1.20

习近平总书记对新冠肺炎疫情作出重要指示，指出要把人民生命安全和身体健康放在第一位，坚决遏制疫情蔓延势头；强调要及时发布疫情信息，深化国际合作。国务院总理李克强主持召开国务院常务会议，进一步部署疫情防控工作。国务院联防联控机制召开电视电话会议，部署全国疫情防控工作。国家卫生健康委组织召开记者会，高级别专家组通报新冠病毒已出现人传人现象。国家卫生健康委发布《新型冠状病毒感染的肺炎防控方案（第二版）》。

1.21

美国出现第1例新冠肺炎确诊病例。

1.22

习近平总书记作出重要指示，要求立即对湖北省、武汉市人员流动和对外通道实行严格封闭的交通管控。国家卫生健康委发布《新型冠状病毒感染的肺炎诊疗方案（试行第三版）》。国家卫生健康委收到美方通报，美国国内发现首例确诊病例。

1.22

特朗普接受美国媒体CNBC采访时表示，自己对美国的防控措施充满信心。

1.23

武汉市疫情防控指挥部发布1号通告，当日10时起机场、火车站离汉通道暂时关闭。交通运输部发出紧急通知，全国暂停进入武汉市道路水路客运班线发班。1月23日至29日，全国各省份陆续启动重大突发公共卫生事件省级一级应急响应。

1.24

从各地和军队调集346支国家医疗队、4.26万名医务人员和965名公共卫生人员驰援湖北省和武汉市。

1.25

习近平总书记主持召开中共中央政治局常务委员会会议，明确提出『坚定信心、同舟共济、科学防治、精准施策』总要求，强调坚决打赢疫情防控阻击战；强调要按照集中患者、集中专家、集中资源、集中救治『四集中』原则，将重症病例集中到综合力量强的定点医疗机构进行救治，及时收治所有确诊病人。会议决定，中共中央成立应对疫情工作领导小组，在中央政治局常务委员会领导下开展工作。中共中央向湖北等疫情严重地区派出指导组，推动有关地方全面加强防控一线工作。国家卫生健康委发布通用、旅游、家庭、公共场所、公共交通工具、居家观察等6个公众预防指南。

1.25

特朗普在推特上发文对中国的应对措施大加赞赏，『中国一直很努力地去遏制新冠病毒的传播，美国十分感谢他们作出的努力和一直保持公开透明的过程。』

附录 | 309

1.30 国家卫生健康委发布《新型冠状病毒感染的肺炎重症患者集中救治方案》。

1.28 国家卫生健康委通过官方渠道告知美方，欢迎美国加入世界卫生组织联合专家组。

1.27 习近平总书记作出重要指示，要求党的各级组织和广大党员、干部，牢记人民利益高于一切，不忘初心、牢记使命，团结带领广大人民群众坚决贯彻落实党中央决策部署，全面贯彻『坚定信心、同舟共济、科学防治、精准施策』的要求，让党旗在防控疫情斗争第一线高高飘扬。受习近平总书记委托，李克强总理赴武汉市考察指导疫情防控工作并慰问疫情防控一线的医护人员。中央指导组进驻武汉市，全面加强对一线疫情防控的指导督导。

1.26 李克强总理主持召开中央应对疫情工作领导小组第一次全体会议。国务院办公厅印发通知，决定延长2020年春节假期，各地大专院校、中小学、幼儿园推迟开学。国家药监局应急审批通过4家企业4个新型冠状病毒检测产品，进一步扩大新型冠状病毒核酸检测试剂供给能力。

2.4 习近平总书记主持召开中央全面依法治国委员会第三次会议,强调要始终把人民生命安全和身体健康放在第一位,从立法、执法、司法、守法各环节发力,全面提高依法防控、依法治理能力,为疫情防控工作提供有力法治保障。国务院联防联控机制加强协调调度,供应湖北省医用N95口罩首次实现供大于需。国家卫生健康委发布《新型冠状病毒感染肺炎诊疗方案(试行第五版)》。

2.3 中国疾控中心负责人应约与美国国家过敏症和传染病研究所负责人通电话,交流疫情信息。

2.2 习近平总书记主持召开中共中央政治局常务委员会会议,指出要进一步完善和加强防控,严格落实早发现、早报告、早隔离、早治疗"四早"措施;强调要全力以赴救治患者,努力"提高收治率和治愈率""降低感染率和病亡率"。中央指导组从全国调集22支国家紧急医学救援队,在武汉市建设方舱医院。

1.31 在中央指导组指导下,武汉市部署实施确诊患者、疑似患者、发热患者、确诊患者的密切接触者"四类人员"分类集中管理,按照应收尽收、应治尽治、应检尽检、应隔尽隔"四应"要求,持续开展拉网排查、集中收治,清底排查三场攻坚战。

1.31 在世界卫生组织宣布疫情为国际关注的公共卫生突发事件后,美国宣布禁止访客从中国大陆入境,2月2日生效。

2.5 国家卫生健康委通过官方渠道告知美方,欢迎美国加入世界卫生组织联合专家组。

2.6 美国已知第 1 例死亡病例(5 月开棺验尸确认)。

2.7 国务院联防联控机制印发《关于进一步强化责任落实做好防治工作的通知》。国家卫生健康委发布《新型冠状病毒感染肺炎防控方案(第四版)》。

2.8 国家卫生健康委向中国驻外使领馆通报新型冠状病毒防控、诊疗、监测、流行病学调查、实验室检测等方案。

2.10 习近平总书记在北京调研指导新冠肺炎疫情防控工作,并通过视频连线武汉市金银潭医院、协和医院、火神山医院,强调要以更坚定的信心、更顽强的意志、更果断的措施,紧紧依靠人民群众,坚决打赢疫情防控的人民战争、总体战、阻击战,指出湖北和武汉是疫情防控的重中之重,是打赢疫情防控阻击战的决胜之地;强调要坚决抓好「外防输入、内防扩散」两大环节,尽最大可能切断传染源,尽最大可能控制疫情波及范围。

2.10 特朗普在新罕布什尔州的一场政治集会上宣布:「到 4 月,你知道,理论上,天气稍微暖和一点,它就会奇迹般地消失。」

2.11 国务院联防联控机制加强协调调度，供应湖北省医用防护服首次实现供大于求。

2.12 习近平总书记主持召开中共中央政治局常务委员会会议，指出疫情防控工作到了最吃劲的关键阶段，要毫不放松做好疫情防控重点工作，加强疫情特别严重或风险较大的地区防控；强调要围绕"提高收治率和治愈率""降低感染率和病亡率"，抓好疫情防控重点环节等。

2.14 习近平总书记主持召开中央全面深化改革委员会第十二次会议，指出确保人民生命安全和身体健康，是中国共产党治国理政的一项重大任务；强调要完善重大疫情防控体制机制，健全国家公共卫生应急管理体系。全国除湖北省以外其他省份新增确诊病例数实现"十连降"。

2.15 国务院新闻办公室首次在湖北省武汉市举行疫情防控新闻发布会。

2.16 由中国、德国、日本、韩国、尼日利亚、俄罗斯、新加坡、美国和世界卫生组织25名专家组成的中国—世界卫生组织联合专家考察组，利用9天时间，对北京、成都、广州、深圳和武汉等地进行实地考察调研。

附录 | 313

2.21 习近平总书记主持召开中共中央政治局会议,强调要针对不同区域情况,完善差异化防控策略,坚决打好湖北保卫战、武汉保卫战,加强力量薄弱地区防控,全力做好北京疫情防控工作;强调要建立与疫情防控相适应的经济社会运行秩序,有序推动复工复产。国务院联防联控机制印发《企事业单位复工复产疫情防控措施指南》,国家卫生健康委发布《新型冠状病毒肺炎防控方案(第五版)》。

2.19 习近平总书记主持召开中共中央政治局常务委员会会议,听取疫情防控工作汇报,研究统筹做好疫情防控和经济社会发展工作。国家卫生健康委发布《新型冠状病毒肺炎诊疗方案(试行第六版)》。武汉市新增治愈出院病例数首次大于新增确诊病例数。

2.18 全国新增治愈出院病例数超过新增确诊病例数,确诊病例数开始下降。

2.17 国务院联防联控机制印发《关于科学防治精准施策分区分级做好新冠肺炎疫情防控工作的指导意见》,部署各地区各部门做好分区分级精准防控,有序恢复生产生活秩序。

2.26 习近平总书记主持召开中共中央政治局常务委员会会议，强调要准确分析把握疫情和经济社会发展形势，紧紧抓住主要矛盾和矛盾的主要方面，确保打赢疫情防控的人民战争、总体战、阻击战，努力实现决胜全面建成小康社会、决战脱贫攻坚目标任务。

2.25 全面加强出入境卫生检疫工作，对出入境人员严格健康核验、体温监测、医学巡查、流行病学调查、医学排查、采样监测，防止疫情跨境传播。

2.24 中国—世界卫生组织联合专家考察组在北京举行新闻发布会，认为中国在减缓疫情扩散蔓延、阻断病毒人际传播方面取得明显效果，已经避免或至少推迟了数十万人感染新冠肺炎。

2.23 习近平总书记出席统筹推进新冠肺炎疫情防控和经济社会发展工作部署会议，通过视频直接面向全国17万名干部进行动员部署，强调要变压力为动力、善于化危为机，有序恢复生产生活秩序，强化「六稳」举措，加大政策调节力度，把发展巨大潜力和强大动能充分释放出来，努力实现今年经济社会发展目标任务。

2.21 各地因地制宜，陆续调低省级重大突发公共卫生事件响应级别，逐步取消通行限制。至2月24日，除湖北省、北京市外，其他省份主干公路卡点全部打通，运输秩序逐步恢复。

2.23 特朗普在推特上发文称，在美国，新冠病毒得到了彻底的控制。

2.27 习近平总书记主持召开中共中央政治局常务委员会会议，指出要加快建立同疫情防控相适应的经济社会运行秩序，完善相关举措，巩固和拓展来之不易的良好势头；强调要继续保持『内防扩散、外防输出』的防控策略。

2.28 国家卫生健康委发布《新型冠状病毒肺炎诊疗方案（试行第七版）》，强调加强中西医结合。

2.29 国务院联防联控机制印发《关于进一步落实分区分级差异化防控策略的通知》。

3.2 中国－世界卫生组织新型冠状病毒肺炎联合考察报告发布。报告高度评价了中国的防控措施。

3.3 习近平总书记在北京考察新冠肺炎防控科研攻关工作，强调要把新冠肺炎防控科研攻关作为一项重大而紧迫任务，在坚持科学性、确保安全性的基础上加快研发进度，为打赢疫情防控的人民战争、总体战、阻击战提供强大科技支撑。

3.4 全国除湖北省以外其他省份，湖北省除武汉市以外其他地市，新增确诊病例数首次双双降至个位数。

2.27 特朗普在新闻发布会上将新冠病毒比作『大号流感』，并声称：『总有一天它会消失，就像一个奇迹。』

2.28 特朗普在推特上发文称，新冠病毒是民主党扳倒他的『新骗局』。

3.6 习近平总书记出席决战决胜脱贫攻坚座谈会，指出到2020年现行标准下的农村贫困人口全部脱贫，是中共中央向全国人民作出的郑重承诺，必须如期实现。

3.7 国家卫生健康委发布《新型冠状病毒肺炎防控方案（第六版）》。

3.9 特朗普在推特上发文称，普通流感每年导致数万人死亡。"没有什么是停止的，生活和经济仍在继续"。

3.10 习近平总书记赴湖北省武汉市考察疫情防控工作，指出经过艰苦努力，湖北和武汉疫情防控形势发生积极向好变化，取得阶段性重要成果，但疫情防控任务依然艰巨繁重，要慎终如始、再接再厉、善作善成，坚决打赢湖北保卫战、武汉保卫战，强调打赢疫情防控人民战争要紧紧依靠人民，把群众发动起来，构筑起群防群控的人民防线。

3.10 美国新冠肺炎确诊病例突破1000例。

3.11—17 全国每日新增本土确诊病例数降至并维持在个位数。总体上，中国本轮疫情流行高峰已经过去，新增发病数持续下降，疫情总体保持在较低水平。

3.13 美国宣布进入国家紧急状态。

3.17 首批42支国家援鄂医疗队撤离武汉。全国新增本土确诊病例数降至100例以下，11日降至个位数。

附录 | 317

3.18 中共中央总书记习近平主持召开中共中央政治局会议,指出要因应国内外疫情防控新形势,及时完善疫情防控策略和应对举措,把重点放在『外防输入、内防反弹』上来,保持疫情防控持续向好态势;强调要在做好疫情防控的前提下,支持湖北有序复工复产,做好援企、稳岗、促就业、保民生等工作。

3.25 习近平总书记主持召开中共中央政治局常务委员会会议,听取疫情防控工作和当前经济形势的汇报,研究当前疫情防控和经济工作。自当日起,湖北省所有通道(市际、省界通道)检疫站点,撤除除武汉市以外地区解除离鄂通道管控措施,湖北省除武汉市以外地区逐步恢复正常生产生活秩序,离鄂人员凭湖北健康码『绿码』安全有序流动。

3.26 习近平主席出席二十国集团领导人特别峰会,发表题为《携手抗疫 共克时艰》的讲话。

3.27 中共中央总书记习近平主持召开中共中央政治局会议,强调要落实外防输入重点任务,完善应对输入性风险的防控策略和政策举措,决不能让来之不易的疫情防控持续向好形势发生逆转,指出要加强对境外中国公民疫情防控的指导和支持,保护他们的生命安全和身体健康。国务院办公厅印发《关于应对新冠肺炎疫情影响强化稳就业举措的实施意见》。

3.18 特朗普在白宫新闻发布会上,公然讲出『中国病毒』的谬论。

3.19 美国新冠肺炎确诊病例超过1万例。特朗普在白宫新闻发布会上,故意将讲稿中的新冠病毒手工改成『中国病毒』。

3.24 特朗普接受福克斯电视台采访时表示,决定不再将新冠病毒与中国联系起来,不再使用『中国病毒』这一说法

3.26 美国新增新冠肺炎确诊日增超过1万,确诊病例达到8.5万人,居全球最高。对此,特朗普宣称,确诊人数的上升是由于检测效率的提高。

3.28 美国新冠肺炎确诊病例超过10万例。

3.29—4.1 习近平总书记前往浙江就统筹推进新冠肺炎疫情防控和经济社会发展工作进行调研，指出要增强防控措施的针对性和实效性，筑起应对境外疫情输入风险的坚固防线；强调要在严格做好疫情防控工作的前提下，有力有序推动复工复产提速扩面，积极破解复工复产中的难点、堵点，推动全产业链联动复工。

4.1 中国海关在所有航空、水运、陆路口岸对全部入境人员实施核酸检测。

4.4 清明节，举行全国性哀悼活动，全国各地各族人民深切悼念抗击新冠肺炎疫情斗争牺牲烈士和逝世同胞。

4.7 中央应对疫情工作领导小组印发《关于在有效防控疫情的同时积极有序推进复工复产的指导意见》，国务院联防联控机制印发《全国不同风险地区企事业单位复工复产疫情防控措施指南》。各地做好复工复产相关疫情防控，分区分级恢复生产秩序。

附录 | 319

4.8 习近平总书记主持召开中共中央政治局常务委员会会议，指出要坚持底线思维，做好较长时间应对外部环境变化的思想准备和工作准备；强调"外防输入、内防反弹"防控工作决不能放松。从当日起，武汉市解除持续 76 天的离汉离鄂通道管控措施，有序恢复对外交通，逐步恢复正常生产生活秩序。

4.10 湖北省在院治疗的重症、危重症患者首次降至两位数。

4.14 李克强总理在北京出席东盟与中日韩（10+3）抗击新冠肺炎疫情领导人特别会议并发表讲话，介绍中国统筹推进疫情防控和经济社会发展的经验，提出全力加强防控合作，努力恢复经济发展，着力密切政策协调等合作倡议。

4.15 习近平总书记主持召开中共中央政治局常务委员会会议，听取疫情防控工作和当前经济形势汇报，研究疫情防控和经济工作。

4.17 习近平总书记主持召开中共中央政治局会议，强调要抓紧抓实抓细常态化疫情防控，因时因势完善"外防输入、内防反弹"各项措施并切实抓好落实，不断巩固疫情持续向好形势，强调要坚持稳中求进工作总基调，在稳的基础上积极进取，在常态化疫情防控中全面推进复工复产达产，恢复正常经济社会秩序，培育壮大新的增长点增长极，牢牢把握发展主动权。

4.14 特朗普宣布，美国暂停资助世界卫生组织，正式启动对世界卫生组织在应对疫情方面的调查。

4.16 特朗普宣布分阶段"重启"美国经济的指导方针，将何时取消居家令等限制措施的决定权授予各州州长。

4.18 国家统计局发布统计数据显示,经初步核算,我国第一季度国内生产总值 206504 亿元,按可比价格计算,同比下降 6.8%。

4.20—23 习近平总书记在陕西考察,指出要坚持稳中求进工作总基调,坚持新发展理念,扎实做好稳就业、稳金融、稳外贸、稳外资、稳投资、稳预期工作,努力克服新冠肺炎疫情带来的不利影响,确保完成决战决胜脱贫攻坚目标任务,全面建成小康社会。

4.23 李克强总理主持召开部分省市经济形势视频座谈会,推动做好当前经济社会发展工作。

4.26 武汉市所有新冠肺炎住院病例清零。

4.27 习近平总书记主持召开中央全面深化改革委员会第十三次会议,强调中国疫情防控和复工复产之所以能够有力推进,根本原因是中国共产党的领导和中国社会主义制度的优势发挥了无可比拟的重要作用,强调发展环境越是严峻复杂,越要坚定不移深化改革,健全各方面制度,完善治理体系,促进制度建设和治理效能更好转化融合,善于运用制度优势应对风险挑战冲击。

4.23 特朗普出席新冠疫情通报会时,即兴提议医学界研究以强光或紫外线照射、给患者体内注射消毒剂等方式治疗新冠肺炎,令舆论哗然。

4.27 经中共中央批准,国务院联防联控机制设立联络组,赴湖北省武汉市开展工作。

5.4 湖北省突发公共卫生事件应急响应级别由一级响应调整为二级响应。

5.2 世界卫生组织宣布,鉴于当前国际疫情形势,新冠肺炎疫情仍然构成"国际关注的突发公共卫生事件"。

5.1 京津冀地区突发公共卫生事件应急响应级别由一级响应调整为二级响应。

4.30 习近平总书记主持召开中共中央政治局常务委员会会议,指出经过艰苦卓绝的努力,湖北保卫战、武汉保卫战取得决定性成果,全国疫情防控阻击战取得重大战略成果;强调要抓好重点地区、重点群体疫情防控工作,有针对性加强输入性风险防控工作。

4.29 经中共中央总书记习近平和中共中央批准,中央指导组离鄂返京。

4.27 特朗普在记者会上扬言,有很多办法可以让中国承担责任,美国正在进行认真调查。这是特朗普首次公开表态"追责中国"。

4.28 美国新冠肺炎确诊病例破100万例。特朗普接受记者采访时表示,病例最终将降到"零"。

5.2 美国《大西洋》月刊刊文指出,美国此次应对新冠肺炎疫情却像是一个基础设施落后,政府运转失灵的国家。特朗普政府浪费了大量时间,其所作所为无非是说大话和撒谎。

5.14 习近平总书记主持召开中共中央政治局常务委员会会议，指出要加强重点地区、重点场所内防反弹工作；强调要针对境外疫情的新情况新趋势，采取更加灵活管用的措施，强化外防输入重点领域和薄弱环节。

5.11–12 习近平总书记赴山西进行调研，强调要努力克服新冠肺炎疫情带来的不利影响，在高质量转型发展上迈出更大步伐，确保完成决战决胜脱贫攻坚目标任务，全面建成小康社会。

5.8 中共中央召开党外人士座谈会，就新冠肺炎疫情防控工作听取各民主党派中央、全国工商联和无党派人士代表的意见和建议，习近平总书记主持座谈会并发表重要讲话。

5.7 国务院联防联控机制印发《关于做好新冠肺炎疫情常态化防控工作的指导意见》。

5.6 习近平总书记主持召开中共中央政治局常务委员会会议，指出在党中央坚强领导和全国各族人民大力支持下，中央指导组同湖北人民和武汉人民并肩作战，为打赢疫情防控的人民战争、总体战、阻击战作出了重要贡献；中共中央决定继续派出联络组，加强对湖北省和武汉市疫情防控后续工作指导支持，巩固疫情防控成果。

5.6 特朗普表示，新冠疫情是美国「经历过的最严重袭击」，甚于1941年日军偷袭珍珠港和2001年「9·11」恐怖袭击，但美国不可能无限期实行「居家令」和关闭「非必要营运」等防控措施。

5.15
习近平总书记主持召开中共中央政治局会议，讨论国务院拟提请第十三届全国人民代表大会第三次会议审议的《政府工作报告》稿，指出做好今年工作，要紧扣全面建成小康社会目标任务，统筹推进疫情防控和经济社会发展工作，坚定实施扩大内需战略，维护经济发展和社会稳定大局，确保完成决战决胜脱贫攻坚目标任务，全面建成小康社会。

5.18
习近平主席在第 73 届世界卫生大会视频会议开幕式上发表题为《团结合作战胜疫情 共同构建人类卫生健康共同体》的致辞。

5.21—27
全国政协十三届三次会议在北京举行。

5.22—28
十三届全国人大三次会议在北京举行。

5.18
特朗普表示，若世界卫生组织不致力于在未来 30 天内作出「实质性改进」，美方将终止向其缴纳会费并重新考虑是否留在世界卫生组织内。

5.27
美国新冠肺炎确诊病例超过 160 万例，死亡病例超过 10 万人。

5.29
特朗普宣布，美国将终止与世界卫生组织的关系。

6.10
美国新冠肺炎确诊病例超过 200 万例。

7.16 国家统计局公布数据显示,上半年我国国内生产总值456614亿元,同比下降1.6%,第二季度同比增长3.2%。总的来看,上半年我国经济逐步克服疫情带来的不利影响,经济运行呈恢复性增长和稳步复苏态势,发展韧性和活力进一步彰显。

7.8 美国新冠肺炎确诊病例超过300万例。特朗普在推特上发文称:"美国的新冠病毒死亡率是所有国家中最低的。"

7.7 特朗普表示,希望美国学校能在秋季重开校园,为此他将向各州州长施压。

7.6 特朗普在推特上发文,顽固重提"中国病毒"论,遭到网民的斥责。

7.4 特朗普发表独立日演讲妄称,"中国需要为疫情大流行负责",并宣称美国已经挺过疫情"回来了"。

6.20 特朗普在疫情后首场竞选集会上任性地给新冠病毒改名为"功夫流感",并强调新冠病毒检测是一把"双刃剑",检测越多确诊病例就越多,其已经要求官员放慢检测速度。上述言论引起舆论哗然。

附录 | 325

7.21 美国新冠肺炎确诊病例超过 400 万例。

8.6 特朗普签署行政命令称,移动应用程序抖音海外版(TikTok)和微信对美国国家安全构成威胁,将在 45 天后禁止任何美国个人或实体与 TikTok、微信及其中国母公司进行任何交易。

8.9 美国新冠肺炎确诊病例超过 500 万例。

8.14 特朗普再次签署行政命令,要求中国字节跳动公司在 90 天内剥离 TikTok 在美国运营的所有权益。

8.17 特朗普因片面夸大新西兰疫情遭到了新西兰总理阿德恩的『怼』。

8.23 特朗普声称,联邦政府已紧急授权新冠血浆疗法,称其为「历史性突破」。此举被指为借新冠疗法提振选情。

8.30 美国新冠肺炎确诊病例超过600万例。

9.2 美国国务卿蓬佩奥在接受福克斯新闻等媒体采访时,妄称中国剥削美国、摧毁美国就业,要求中国对疫情负责,限制中国外交官活动。

9.4 特朗普在白宫记者会上撒下没有根据的弥天大谎,妄称很多国家都没有如实上报本国的死亡人数,特别攻击中国就没有如实上报死亡人数,「中国的死亡人数比我们要多得多」。

9.7 特朗普在推特上发文称,相比其他国家,美国在抗击疫情方面开始获得高评价,新冠疫苗即将问世,而且会很快。

附录 | 327

9.6 全国抗击新冠肺炎疫情表彰大会隆重举行，习近平总书记向国家勋章和国家荣誉称号获得者颁授勋章奖章并发表重要讲话，强调在这场同严重疫情的殊死较量中，中国人民和中华民族以敢于斗争、敢于胜利的大无畏气概，铸就了生命至上、举国同心、舍生忘死、尊重科学、命运与共的伟大抗疫精神。

10.3 习近平主席向美国总统特朗普致慰问电。

9.25 美国新冠肺炎确诊病例超过700万例，死亡病例超过20万人。美国白宫发言人凯莉·麦肯尼表示：「我们之前认为，美国有可能会有200万人死于新冠肺炎，但事实是远没有达到这个数字。特朗普和白宫疫情特别小组的行动非常及时」

10.1 特朗普及其夫人梅拉尼娅新冠病毒检测结果均呈阳性，隔离进行治疗。

10.5 经过治疗，特朗普返回白宫。据媒体披露，治疗费超过10万美元。

10.26—29 党的十九届五中全会在北京召开，审议通过了《中共中央关于制定国民经济和社会发展第十四个五年规划和二〇三五年远景目标的建议》。

10.19 国家统计局中国经济运行『成绩单』，前三季度经济增速由负转正。初步核算，前三季度国内生产总值722786亿元，按可比价格计算，同比增长0.7%。第三季度同比增长4.9%。

10.30 美国新冠肺炎确诊病例超过900万例。

10.19 美国多家媒体披露，特朗普私下表示，福奇（编注：美国顶级传染病专家）就是一场『灾难』，也可能是一个『白痴』。美国人已经『厌倦』了新冠病毒，『厌倦』了福奇。

10.16 美国新冠肺炎确诊病例超过800万例。

10.15 蓬佩奥接受媒体采访时妄称，『中国已经为释放新冠病毒付出代价，但他们至今没有让我们找出病毒真正来源』。

附录 | 329

11.25 习近平主席致电祝贺拜登当选美国总统。

11.9 美国新冠肺炎确诊病例超过1000万例。

11.2 美国举行总统选举。在此次选举中，民主党总统候选人拜登经过激烈角逐，击败抗疫不力的现任总统、共和党候选人特朗普，成功当选美国下一任总统。

POSTSCRIPT

后记

2020年,注定是极不平凡的一年。新年的钟声敲响不久,一场突如其来、百年未有的疫情席卷大半个中国,至今仍在肆虐整个世界。这一年来,在以习近平同志为核心的党中央的坚强领导下,全体中国人民万众一心、奋勇抗疫,同时间赛跑,与病魔较量,付出巨大的代价和牺牲,取得抗击新冠肺炎疫情斗争重大战略成果,创造了人类同疾病斗争史上又一个英勇壮举!这段艰辛历程,是14亿中国人民刻骨铭心的共同记忆,必将载入中华民族史册。

历史是最好的教科书。经此一疫,中国人民不但走出了危机,更是走出了自信。正如习近平总书记所说,抗击新冠肺炎疫情斗争取得重大战略成果,充分展现了中国共产党领导和我国社会主义制度的显著优势,充分展现了中国人民和中华民族的伟大力量,充分展现了中华文明的深厚底蕴,充分展现了中国负责任大国的自觉担当,极大增强了全党全国各族人民的自信心和自豪感、凝聚力和向心力。

疫情期间,我有感而发,撰写了一篇文章《从中西方疫情防控看中国制度优势》。文章写完,意犹未尽,总感觉一篇文章难以说清楚西方无法比拟的中国优势,于是就策划并写下了本书。本书由我确定提纲、撰写部分初稿并最终统稿。绪论初稿由钟君撰写,第一章初稿由卢刚和闫光宇撰写,第二章初稿由马钟成和卢刚撰写,第三章初稿由陈尧和卢刚撰写,第四章初稿由钟君、马钟成、于雯雯、谢楠撰写,第五章初稿由李钊、何明明和张意梵撰写,第六章初稿由王灿撰写,第七章初稿由卢刚撰写。由于能力水平有限,难免有不足之处,敬请广大读者朋友批评指正。

钟　君

2020 年 10 月于北京

图书在版编目（CIP）数据

读懂中国优势 / 钟君主编 . -- 北京：东方出版社，2021.1
 ISBN 978-7-5207-2079-3
 Ⅰ . ①读… Ⅱ . ①钟… Ⅲ . ①政治－研究－中国②中国经济－研究 Ⅳ . ① D6 ② F12
 中国版本图书馆 CIP 数据核字 (2021) 第 013556 号

读懂中国优势
（DUDONG ZHONGGUOYOUSHI）

策　　划：	钟　君　姚　恋
责任编辑：	戴燕白　李志刚
插　　画：	秦　飞
出　　版：	东方出版社
发　　行：	人民东方出版传媒有限公司
地　　址：	北京市东城区朝阳门内大街 166 号
邮　　编：	100010
印　　刷：	北京联兴盛业印刷股份有限公司
版　　次：	2021 年 4 月第 1 版
印　　次：	2022 年 12 月第 3 次印刷
开　　本：	640 毫米 ×950 毫米　1/16
印　　张：	21.5
字　　数：	277 千字
书　　号：	ISBN 978-7-5207-2079-3
定　　价：	58.00 元
发行电话：	（010）85924663　85924644　85924641

版权所有，违者必究
如有印装质量问题，我社负责调换，请拨打电话：（010）85924602　85924603